Futebol:

Gestão e Treinamento

Dados Internacionais de Catalogação na Publicação (CIP)
(Câmara Brasileira do Livro, SP, Brasil)

Pereira, Dyane Paes
Futebol : gestão e treinamento / Dyane Paes Pereira, Paulo Roberto Alves Falk. -- 1. ed. -- São Paulo : Ícone, 2010.

ISBN 978-85-274-1118-9

1. Administração 2. Educação física 3. Futebol 4. Futebol - Treinamento 5. Grupos de trabalho 6. Liderança 7. Planejamento estratégico 8. Treinadores de futebol I. Falk, Paulo Roberto Alves. II. Título.

10-05396 CDD-796.334

Índices para catálogo sistemático:

1. Futebol : Gestão e treinamento : Esportes 796.334

Paulo Roberto Alves Falk
Dyane Paes Pereira

Futebol:
Gestão e Treinamento

1ª edição
Brasil – 2010

Ícone
editora

Projeto gráfico, capa e diagramação
Richard Veiga

Revisão
Cláudio J. A. Rodrigues

ÍCONE EDITORA LTDA.
Rua Anhanguera, 56 – Barra Funda
CEP: 01135-000 – São Paulo/SP
Fone/Fax.: (11) 3392-7771
www.iconeeditora.com.br
iconevendas@iconeeditora.com.br

Folha de Aprovação

A presente obra foi aprovada pelo Conselho Editorial, e a sua publicação na forma atual foi recomendada por ele.

Prefácio

O titulo do livro, Futebol, Gestão e Treinamento já sugere de forma clara e precisa o tema a ser abordado. Somos o país do futebol, de Pelé, Garrincha, Tostão e tantos outros. E a possibilidade de escrever sobre o futebol no país do futebol, tenho certeza, é uma grande responsabilidade.

As páginas que seguem mostram que seus autores, Paulo e Dyane, alcançaram seus objetivos, de maneira didática, organizada e com base sólida de conhecimentos e vivências, procuram passar as suas concepções de futebol, gestão e treinamento nesta área.

É fundamental que passemos a tratar nossa profissão (educação física) com dedicação, responsabilidade e profissionalismo, e neste sentido os autores também tem crédito, tendo em vista o esforço, a dedicação e perseverança para produzirem o material que hoje temos acesso.

A presente obra procura não ser apenas uma pesquisa bibliográfica sobre o futebol e sua estrutura, nem sugestões de atividades como receitas apenas. Busca sim, relacionar conceitos e conhecimentos sobre uma postura de profissional e de profissão, que precisamos ter, não somente nos campos de futebol, mas a cada dia. E nisso Paulo e Dyane mostram a cada dia em sua profissão, o resultado de suas inquietações e propostas sobre o futebol agora pode ser lido e analisado por todos nós.

O planejamento, as estratégias, a tática e técnica a ser desenvolvidos, passando pela liderança e gestão de pessoas são algumas das atribuições deste novo profissional. E este profissional tem influência direta nas equipes em que trabalhar. Seu papel passa a ser fundamental nesta estrutura, pois ele deixa de ser apenas aquele que treina e seleciona atletas e começa a ter uma visão e participação maior como gestor de pessoas.

Agradeço a oportunidade de prefaciar a obra de vocês, estão de parabéns pelo brilhante trabalho. Sucesso, muito sucesso em suas carreiras!

Francisco José Fornari Sousa
Professor Mestre

Os Autores

PAULO ROBERTO ALVES FALK

- Superior Completo Bacharel em Educação Física, pela Rede de Faculdades Integradas Univest – Facvest – Lages/SC.
- Registro no Conselho Regional de Educação Física sob o nº 012085 – G/SC.
- Treinador formado pelo Sindicato dos Treinadores Profissionais do Rio Grande do Sul/RS, sob o registro nº 2032 – A.
- Coordenador e técnico da escola de futebol conveniada ao Grêmio F.B.P.A. na cidade de Lages/SC nas categorias de base.

DYANE PAES PEREIRA

- Licenciatura Plena em Educação Física, pela Universidade do Planalto Catarinense – UNIPLAC, Lages/SC.
- Registro no Conselho Regional de Educação Física sob o nº 009229 – G/SC.
- Coordenadora e preparadora físico da escola de futebol conveniada ao Grêmio F.B.P.A. na cidade de Lages/SC nas categorias de base.

Sumário

2ª Parte – Treinamento, 89

1ª Parte – Gestão

1. TREINADOR DE FUTEBOL – UM GESTOR DE PESSOAS

"Cada dia que passa fico mais convencido de que a administração, o direito e o *marketing* esportivos deverão estar presentes nos currículos de cursos superiores."

Antonio Afif

Quando aceitamos desafios de liderar equipes precisamos saber tudo o que envolve esta decisão. Uma equipe é formada por pessoas de diferentes tipos físicos, intelectuais, psicológicos, com diversos objetivos que variam desde o básico para a sobrevivência até a realização pessoal. Para entendermos melhor estas diferenças entre cada indivíduo e suas aspirações na vida, utilizamos a pirâmide de Abraham H. Maslow (1908 – 1970) que enfoca a hierarquia das necessidades humanas. Em seu entendimento à medida que as necessidades primárias são alcançadas o indivíduo motiva-se a satisfazer a de nível superior, sempre buscando o objetivo principal que é alcançar o topo da pirâmide que é o item da auto-realização.

Definição das necessidades que compõem a pirâmide segundo Maslow:

- **Fisiológicas:** ligadas à sobrevivência, à perpetuação da espécie, apelando ao lado animal do ser humano. Envolve fatores como a fome, a sede, a sexualidade, o descanso, abrigo, proteção ao frio e ao calor em excesso, entre outros.
- **Segurança:** após satisfazer as necessidades fisiológicas, procura-se estabilidade, busca de proteção e fuga ao perigo.
- **Sociais:** após satisfazer as necessidades fisiológicas e de segurança, procura-se aceitação e participação por parte dos companheiros, obtém-se estas necessidades através do afeto, do amor e de amizades.
- **Estima:** necessidade de aprovação social, autoconfiança, *status* e prestígio, desenvolvendo no indivíduo a percepção de independência e autonomia.
- **Auto-realização:** indica ao indivíduo que ele possui suas necessidades primárias e algumas secundárias, motivando-o ao crescimento e realização do seu potencial.

Nesta teoria surgiram algumas críticas para o autor, por ter padronizado comportamentos e não levar em consideração a individualidade dos seres humanos. Implicando assim na observação do treinador desportivo desta individualidade, avaliando a capacidade de cada componente dentro da coletividade. O treinador deve ser o responsável por implantar o planejamento da formação de uma equipe, com indivíduos diferentes, mas em prol de um bem comum.

Mas antes de entrar no assunto principal do livro, buscaremos na história o surgimento deste líder, mentor ou simplesmente treinador. E ele vem de épocas longínquas, com objetivos semelhantes aos de hoje, pois desde aquela época os atletas estavam sempre à procura de um programa ideal de treinamento que lhes proporcionasse a vitória. O autor Phil Cousineau em seu livro – *O Ideal Olímpico e o Herói de Cada Dia* – na página 217, cita a frase que marca o primeiro relato que se tem notícia de conselhos dados a um atleta, datado de 700 a.C.: *"Graças à habilidade é que um condutor ultrapassa outro condutor",* frase de Nestor a seu filho na Ilíada de Homero, referindo-se às corridas de carro onde ao depositar a confiança em seu carro ou cavalos pode-se perder o controle numa curva e sair da pista. Porém, somente em 520 a.C. com o crescimento e sucesso dos festivais esportivos e a necessidade de especialização é que efetivamente um treinador teve papel determinante, mas seu valor foi diminuído e seu nome oculto. Contudo, ele foi relevante para a vitória do pugilista Glauco nos jogos daquele ano. Ainda recorrendo à história, a civilização grega tinha três denominações que caracterizavam os treinadores da época. Os *paidotribes* considerados os "polidores de rapazes", com habilidades de massagistas e conhecimentos em exercícios esportivos; os *aleiptes* especialistas em higiene, alimentação e fisioterapia; e os *gymnastes* conhecedores do "exercício nu" e que mais se aproximam dos atuais treinadores.

Desta forma podemos entender que o "treinador" tem seu papel relevante dentro do esporte e dos exercícios físicos há muito tempo e nesta evolução constante, hoje mais do que a preocupação com os elementos do jogo ele deve obter conhecimentos de áreas mais amplas que contribuam ao seu sucesso e ao desenvolvimento dos atletas sob seu comando. As origens do treinador de futebol não são específicas em livros do assunto. Recai sobre os militares e seus modelos de treinamentos físicos alguns referenciais sobre os primeiros orientadores físicos do desporto. O que importa mesmo é que os treinadores de futebol hoje são considerados elementos essenciais ao sucesso de uma equipe de futebol. Por isso nossa proposta neste livro é entender como conceitos provenientes da área da ADMINISTRAÇÃO podem e devem estar presentes no planejamento de treinadores de futebol. Trabalhos no campo da administração são observados desde o início do século XX e tem como destaque a proposta do norte-americano Frederick W. Taylor que destacava como preocupação primordial o aumento da produtividade por meio da eficiência máxima dos operários. A este autor é atribuída a Escola de Administração Científica. Em outra visão, mas com o mesmo intuito de organizar coletividades em torno de objetivos concretos, Henri Fayol tinha a proposta de aumento de eficiência da coletividade por meio de organização dos departamentos e funções. O importante é lembrar que esta proposta de organização se deve à industrialização das fábricas, considerada por J.M. Roberts em seu livro – *O Livro de Ouro da História do Mundo* – como o momento decisivo na história da humanidade. Esta fase exigiu a busca de novos materiais que mantinham o funcionamento das fábricas, como o carvão, o ferro e o algodão, acirrando assim os mercados de produção. Esta competitividade demandou maior eficiência e competência das organizações promovendo mudanças administrativas e maior observação às necessidades da mão-de--obra, pois seguindo a proposta seja de Fayol ou Taylor, o que move as fábricas são os seres humanos. Para exemplificar este sentimento de preocupação, utilizaremos uma frase de um dos grandes líderes e motivadores da atualidade, seja no esporte, seja no ramo empresarial onde profere palestras, o técnico da seleção brasileira de vôlei, Bernardinho, que tem como uma de suas frases mais marcantes: *"No fim das contas, são as pessoas que fazem a diferença"* (REZENDE, 2006).

Após contextualizar os treinadores esportivos, sua origem e importância e o início das organizações administrativas e sua importância no desenvolvimento das indústrias, pretendemos, no decorrer do livro, relacionar estes dois assuntos para auxiliar o planejamento de treinadores de futebol na montagem e administração de equipes de sucesso.

O FUTEBOL

> "Ao mesmo tempo em que o esporte se tornou indústria, foi desterrando a beleza que nasce da alegria de jogar só pelo prazer de jogar."
>
> ***Eduardo Galeano, 2004***

A frase acima demonstra a oposição de ideias que se criou sobre a profissionalização do futebol, defendida por muitos, porém odiada por outros. A realidade, no entanto, nos mostra que o futebol desorganizado não vence mais, o amadorismo não tem mais lugar neste esporte que hoje encanta e atrai multidões a estádios, que consomem produtos vinculados ao time do coração.

A seguir apresentamos um breve resumo sobre a história do futebol, sendo que nunca haverá consenso sobre local e data de sua real criação:

O Futebol, como é conhecido na atualidade, teve a sua origem oficial com a fundação da Associação de Futebol (The Football Association), em 26 de outubro de 1863, na Inglaterra, quando houve a definição daqueles que jogariam a bola, utilizando basicamente os pés, diferenciando do Rugby.

Há registros históricos de jogos com a bola que, segundo alguns estudiosos, podem ser considerados precursores do futebol, a saber:

1. Tsu-Chu (China);
2. Kemari (Japão);
3. Epyskiros (Grécia – Idade Antiga);
4. Harpastum (Roma – Idade Antiga);
5. Soule (França – Idade Média);
6. Cálcio (Itália – Idade Média); entre outros.

A evolução do futebol através dos tempos, já demonstra a busca pela organização deste esporte, ao citarmos os seguintes fatores podemos notar este intuito em sua evolução e desenvolvimento:

- Fundação da Associação de Futebol – 26 de outubro de 1863;
- Elaboração do Código de Futebol – 01 de dezembro de 1863;
- Instituição do Árbitro – 1868;
- Realização dos primeiros jogos internacionais entre países da Comunidade Britânica – 1872;
- Fundação da *International Football Association Board* – 1882;
- Utilização do primeiro Sistema Tático no Futebol (Clássico) – 1883;
- Introdução do Futebol no Brasil (Charles Miller/SP) – 1894;
- Modificação da Lei do Impedimento – 1925;
- Criação de um sistema tático inovador (WM) – 1925, buscando desde este momento surpreender o adversário.

No futebol atual encontramos em uma pesquisa do estudioso Silva (2006) relatando que a "Indústria" do futebol no âmbito profissional movimenta no mundo todo cerca de 250 bilhões de dólares anuais, sendo o Brasil o responsável por 1% desse valor. Apesar de toda a falta de organização esportiva no país somos responsáveis por esta fatia do mercado mundial no futebol. Podemos enumerar algumas das deficiências do Brasil em relação a países europeus e dos EUA, a falta de conhecimento e capacitação administrativa dos dirigentes pode ser considerada como um dos maiores problemas do segmento esportivo que, por diversas vezes chega a interferir diretamente no desempenho de técnicos, atletas e praticantes. Já em diversos países europeus e nos Estados Unidos, há uma crescente tendência para o oferecimento cada vez maior de cursos de formação profissional específica, já em nível de graduação, normalmente voltados às ciências do esporte, na área de Gestão Esportiva (Pires & Lopes, 2001; Pitts, 2001; Miller, Stoldt; Comfort, 2002). Do ponto de vista econômico encontramos vários problemas, que dificultam o desenvolvimento da atividade física e do esporte no Brasil, baseado no Atlas do Esporte (2006), podemos citar alguns problemas que impedem o maior crescimento do setor esportivo em nosso país: Entre várias formas de manifestação do esporte encontramos, o esporte de rendimento, que recebe recursos públicos e privados causando um desequilíbrio nos investimentos no esporte em geral, e ainda há a falta de *marketing* de empresas privadas as quais poderiam utilizar o esporte como meio de propagação de sua logo e serviços. Outro fator que posso citar diz respeito aos gestores esportivos que por falta de capacitação e conhecimento em suas funções desconhecem a força econômica e a capacidade de gerar empregos e renda. E por fim a inexistência de qualquer tipo de incentivo e segurança para o empreendedor esportivo no Brasil. Costa (2006), no mesmo Atlas do Esporte relata, que as academias de ginástica, apesar de prestarem um serviço de grande valor social e poderem ser consideradas como propagadoras de hábitos saudáveis e recomendados a todos, sendo por tanto instituições de prevenção de problemas de saúde, são tratadas como empresas comuns, igualadas a salões de beleza e bares. Segundo a legislação brasileira empresas de serviços esportivos são equiparadas a empresas de prestação de serviços, ou seja, denota assim desvalorização da categoria. Em conjunto a isso, a grade curricular de educação física não destina a devida atenção à gestão desportiva, formando assim profissionais do esporte sem o conhecimento necessário para um planejamento adequado fora das quatro linhas dos campos de futebol.

Em nosso ponto de vista o treinador de futebol atual, pode e deve ter atitudes pró-ativas, sendo formador de conceitos próprios, através de conhecimentos adquiridos na vivência (prática) e nos livros (teóricas).

O treinador de futebol deve entender que os conhecimentos adquiridos hoje podem estar ultrapassados amanhã. Por isso atualização, observação e memória organizacional farão a diferença em um bom papel como treinador.

Segundo Scaglia (2009) outro aspecto incontestável a um treinador de futebol é: estudar sobre Gestão e Liderança. Para ele é inconcebível e contraditório, sonhar ser um líder de sucesso sem se preparar para tal. Sem compreender o seu perfil de liderança, bem como dispôr de ferramentas para saber como liderar pessoas em diferentes situações díspares.

Desta forma o treinador necessita adquirir hábitos que facilitarão seu trabalho, como:

- Assistir a jogos de futebol com visão crítica e analítica;
- Anotar atitudes e táticas dos treinadores observados;
- Ter conhecimento sobre os sistemas e esquemas táticos que estão sendo utilizados;
- Ler sobre passado, presente e futuro do futebol;
- Ler artigos científicos;
- Participar de cursos, congressos, feiras que envolvem o futebol atual;
- Criar um scout próprio ou assumir um modelo que satisfaça suas necessidades;
- Ter fichas de atletas e suas principais características;
- Criar uma linha metodológica de trabalho que se adéque ao seu perfil.
- Criar seu próprio banco de dados organizacional.

Ao se adquirir estes hábitos, o treinador irá adquirir informações privilegiadas que darão muita qualidade em seu trabalho. Além do óbvio a qualquer treinador, que é estar ao máximo possível presente a jogos de futebol sejam profissionais, amadores ou categorias de base e presenciar treinamentos. No livro *Carlos Alberto Parreira – Formando Equipes Vencedoras* do autor Ricardo Gonzalez (p. 39) o autor cita que Parreira tinha consciência da necessidade de ir a clubes de futebol, observar treinamentos de jogadores e modelos de preparação física. Dizia ainda que o então estudante de educação física Parreira não media esforços para adquirir conhecimentos e seguia um conceito de um treinador de futebol americano chamado Joe Paterno que dizia aos seus jogadores na década de 50: "A vontade de vencer é importante. Mas a vontade de se preparar é fundamental."

A observação de diversas linhas de trabalho oportuniza a aquisição de vasto conhecimento sobre o futebol e a partir disto o treinador criará seus métodos. Desta forma aplicará todo o conhecimento adquirido por meio da teoria e da prática.

2. ATRIBUIÇÕES DO GESTOR – TREINADOR

"(...) um líder vive sob julgamento o tempo todo. Não estou dizendo que seja justo, porém pessoas observam tudo que o líder faz. Absolutamente tudo. Sua linguagem corporal e suas expressões faciais, seu tom de voz, as decisões que ele toma, suas perguntas e a forma como são feitas."

Steve Farber

Tachizawa, Ferreira e Fortuna (2001, p. 26) destacam que os gestores devem ser responsáveis e se valerem de novas formas de conduzir os interesses da organização e das pessoas. Os mesmos autores afirmam que "o desenvolvimento das pessoas será questão do novo líder, que estimulará a participação e a criatividade dos empregados no processo decisório. Este novo líder ou gestor deverá além de treinar a equipe, preocupar-se com a questão da participação do atleta, atuando como líder democrático e passível a sugestões e opiniões para a melhoria do local de trabalho.

Relembrando o já citado Henri Fayol, utilizaremos de seus estudos para citar elementos de responsabilidade do administrador, são eles:

- Prever;
- Organizar;
- Comandar;
- Coordenar;
- Controlar.

Estes cinco componentes que traduzidos para a área esportiva serão responsabilidade do treinador, são conceitos simples, mas que se forem seguidos podem determinar o sucesso deste líder.

- **Prever:** O treinador através de ferramentas pessoais, deve se orientar conforme os objetivos do clube. Ao programar objetivos futuros deve fazer um planejamento que seja contínuo e preciso. Porém ao se determinar falhas no planejamento inicial, o treinador deve ser humilde e flexível para promover mudanças ativas a fim de recolocar a equipe no caminho certo.
- **Organizar:** Organizar a equipe de trabalho, unificando as ações em busca dos objetivos planejados, reconhecer e aprimorar os materiais de trabalho tanto humanos quanto físicos, assim elaborar o planejamento, estruturá-lo e segui-lo na prática.
- **Comandar:** Ser proativo no comando da equipe, expondo a organização e o planejamento de forma clara e concisa, motivando aos comandados e a equipe de trabalho.
- **Coordenar:** Treinar a equipe, conforme sua organização e suas convicções sobre a melhor maneira de atuação e desenvolvimento do trabalho, explorando ao máximo as capacidades individuais em benefício da equipe.
- **Controlar:** Comparar os resultados obtidos com a previsão inicial, determinando a continuidade do planejamento inicial ou promovendo modificações no planejado com o intuito de chegar mais próximo aos objetivos previstos.

Em virtude de tratarmos com seres humanos em nossas equipes esportivas devemos entender que com frequência existirão no decorrer do planejado situações de desequilíbrio como: lesões, conflitos de relacionamento, descontentamento, baixa auto-estima, entre outros, contudo o treinador deverá ser ponderado e ter bom senso ao se deparar com estas situações. Para minimizar os erros de planejamento e de execução da proposta de trabalho citaremos os quatorzes princípios gerais da administração e como o treinador de futebol pode utilizá-los em sua rotina, norteando suas ações. Estes princípios também foram retirados do estudo de Fayol e são estes:

1. DIVISÃO DO TRABALHO

Administração: Especialização das tarefas.

Futebol: Atribuir funções individuais dentro da equipe e treiná-las.

2. AUTORIDADE E RESPONSABILIDADE

Administração: Direito de dar ordens e esperar obediência; a responsabilidade é consequência da autoridade e deve manter equilíbrio com ela.

Futebol: O treinador deve obter autoridade, sempre observando o respeito e o bom senso, fazendo suas convicções serem respeitadas e seguidas. Assumir a responsabilidade sobre o planejamento e atribuir responsabilidades é uma forma de se obter o respeito e a confiança da equipe de trabalho e seus comandados.

3. DISCIPLINA

Administração: Comportamento de respeito às normas e acordos estabelecidos.

Futebol: O disciplinador deve estabelecer normas de conduta, estas se estabelecidas conjuntamente com os atletas poderá facilitar futuras cobranças por desvios de comportamento. A flexibilidade na elaboração destas normas, porém, não pode desrespeitar suas convicções e preferências. Lembrando sempre que uma equipe disciplinada doa-se totalmente às propostas de trabalho.

4. UNIDADE DE COMANDO

Administração: Cada operário obedece a um superior e somente um.

Futebol: O treinador formará sua equipe de trabalho com auxiliares, preparadores e outras funções, porém, deve deixar claro aos atletas e membros da comissão que é o líder, sendo sua a decisão final.

5. UNIDADE DE DIREÇÃO

Administração: Um plano para cada grupo de atividades com o mesmo objetivo.

Futebol: O treinamento poderá ser individualizado ou por setores, conforme funções a serem executadas dentro do jogo, mas com o objetivo de se integrar dentro do grupo e exercer o papel determinado pelo treinador para o sucesso da equipe.

6. SUBORDINAÇÕES DOS INTERESSES INDIVIDUAIS AOS INTERESSES GERAIS

Administração: Não há citação sobre este item no referido estudo.

Futebol: Permito-me neste item citar uma frase do jornalista João Pedro Paes Leme, no capítulo 1 do livro – TRANSFORMANDO SUOR EM OURO – quando se refere à seleção brasileira de vôlei treinada pelo técnico Bernardinho, diz ele: "As possíveis vaidades e os melindres foram substituídos por um enorme senso de solidariedade – uma cumplicidade, no que pode haver de mais positivo na definição desse termo". O mesmo autor refere-se à seleção de vôlei como exemplo bem sucedido de gestão de pessoas, podendo servir de referência para qualquer empresa. Esta frase exemplifica a doação individual priorizando o grupo.

7. REMUNERAÇÃO DO PESSOAL

Administração: Justa e satisfatória.

Futebol: A remuneração dentro da equipe deve ser sempre justa e satisfatória, auxiliando na motivação ao trabalho. Os cuidados devem ser para que acordos salariais individuais sejam sigilosos, para que não haja nenhuma forma de inveja, nem estimule a desarmonia dentro da equipe.

8. CENTRALIZAÇÃO

Administração: Autoridade concentrada no topo da hierarquia.

Futebol: O treinador deve ser o topo da hierarquia, dentro do planejamento. Centralizando nele a responsabilidade sobre a liderança da equipe.

9. CADEIA ESCALAR

Administração: Autoridade vai do nível mais alto para o mais baixo.

Futebol: Como no item anterior, respeitar os níveis hierárquicos propostos pelo treinador no planejamento, normalmente dentro da equipe: Treinador – Comissão técnica – Atletas.

10. ORDEM

Administração: Um lugar para cada coisa e cada coisa em seu lugar.

Futebol: Definidas as funções individuais pelo bem coletivo, cada indivíduo deve contribuir ao máximo nestas atribuições pré-estabelecidas.

11. EQUIDADE

Administração: Justiça para obtenção da lealdade da equipe.

Futebol: Distribuir funções onde cada indivíduo tenha sua parcela de responsabilidade para o sucesso da equipe. Neste item é fundamental o conhecimento do treinador sobre a individualidade biológica de seus atletas, atribuindo funções com a certeza da possibilidade de execução, promovendo sempre o desenvolvimento do atleta sem exigências físicas fora da realidade. Ao analisar as capacidades físicas e exigências impostas em cada função é de extrema importância que este treinador seja profissional formado em educação física, com conhecimento prático e teórico do futebol.

12. ESTABILIDADE DO PESSOAL (NUMA FUNÇÃO)

Administração: Evitar o impacto negativo da rotatividade de pessoas.

Futebol: Ao se estruturar uma equipe e coordená-la conforme suas convicções deve-se sistematizar esta equipe com os componentes selecionados, desta forma não deve-se alterar componentes ao primeiro fracasso. Isto demonstra incerteza e provoca falta de confiança dos atletas no comandante. Na necessidade de promover mudanças, estas devem ser feitas de maneira gradual, pois mudanças súbitas, de ideias, componentes da equipe ou sistemas utilizados pode demonstrar desespero, promover a desorganização e evidenciar falta de planejamento.

13. INICIATIVA

Administração: Capacidade de planejar e assegurar o sucesso.

Futebol: O treinador ao aceitar o comando de uma equipe, sabe que terá objetivos e metas a cumprir. Ele precisa estar preparado para ser proativo tanto no planejamento, quanto nas modificações que sejam necessárias promover no decorrer do que foi planejado, com o intuito de alcançar os objetivos.

14. ESPÍRITO DE EQUIPE

Administração: Harmonia e união do grupo como forças da empresa.

Futebol: Harmonia e união do grupo como forças da equipe.

Estes quatorze itens programados para se organizar uma empresa que visa o sucesso, traduzidas para o contexto esportivo, apresentam e resumem muitas situações às quais os treinadores de futebol irão se deparar frequentemente. Seguindo estes princípios somados a alguns componentes que citaremos adiante, asseguram senão ótimos resultados, mas relacionamento interpessoal com os atletas de respeito e confiança mútuos.

Dando continuidade a conceitos que se referem aos treinadores de futebol, encontrei em Galeano (2004) a afirmação de que o treinador de futebol morreu, e hoje em seu papel está o TÉCNICO. Este tem a missão de evitar improvisos, controlar a liberdade e elevar ao máximo o rendimento dos jogadores. Devido à sua autoridade e cobrança os atletas precisaram disciplinar-se respeitando a profissionalização do futebol. Para o autor a necessidade dos resultados transforma o técnico em produto descartável no futebol. Apesar de discordar sobre a morte do treinador, por considerar que uma equipe de sucesso necessita da repetição e do treinamento sistemático, enfatizados pelo TREINADOR DE FUTEBOL, acreditamos que a cobrança de resultados e a profissionalização no futebol atual se devem a melhor preparação dos "TÉCNICOS" ou treinadores. Para Carravetta (2002) o treinador é o especialista mais próximo dos atletas, exerce influência no comportamento dos mesmos, por vezes é técnico, educador, conselheiro, estrategista e líder. Por vezes o treinador será ainda, como afirma Vieira (1987), o presidente do clube, diretor de esporte, roupeiro, pai, psicólogo, conselheiro social e líder. Isto se deve à falta de profissionais qualificados dentro dos clubes para exercer funções que fogem da responsabilidade dos treinadores. No Brasil, já notamos a presença de treinadores dentro das gestões dos clubes, auxiliando na formação não somente do elenco, mas das estruturas físicas do clube, da formação da comissão técnica integrada, da contratação de psicólogos, formando uma cultura organizacional que servirá mesmo após a saída deste treinador do clube. Deixar uma herança organizacional dentro do clube deve ser também objetivo do treinador-gestor.

No entendimento de (GUILHERME, A., 1975, p. 5):

> *"o treinador deve-se conduzir de tal modo que sirva aos praticantes de ontem como uma recordação agradável de sua juventude; aos praticantes de hoje, como um exemplo de sacrifício, de dedicação e de dignidade, e aos praticantes de amanhã, como uma esperança a mais em seu futuro".*

Capítulo 3

2. FUTEBOL E ESTRATÉGIA

"Sem uma estratégia, aprendemos somente com os erros, e às vezes o preço é muito alto."

Roberto Shinyashiki

Para se conquistar vitórias é necessário definir objetivos para se chegar ao gol, enfim planejar para conquistar. O sucesso não vem ao acaso. Para Shinyashiki (2007) em sua obra – *O Segredo dos Campeões* – estratégia é um termo proveniente da área militar, significa a arte do general do grego *estrategos,* sendo o processo de tomar decisões para vencer uma batalha.

Para Albuquerque (2002 p. 38) a estratégia é definida como "formulação da missão, dos objetivos da organização, bem como de políticos e de plano de ação para alcançá-los, considerando os impactos das forças dos ambientes e a competição".

A estratégia deve partir de um líder, que para isso deve possuir conhecimento amplo e atualizado do que se propõe a planejar. Conhecer a estrutura em que irá trabalhar como a política do clube, suas intenções e objetivos na temporada, sua história, seus torcedores e costumes locais, seus parceiros, colaboradores e patrocinadores, sua economia e todas as informações que possam lhe nortear o planejamento. Nos termos da administração o conhecimento que propomos aos treinadores obterem em seu futuro clube é chamado de **clima organizacional**. Para Tachizawa, Ferreira e Fortuna (2002, p. 239) clima organizacional é a qualidade ou propriedade do ambiente institucional que: a) é percebida ou experimentada pelos membros da organização; b) influência o comportamento dos mesmos. Mas um conceito mais completo e amplo dando a importância devida a este conceito está na ideia expressa por Sá Leitão, Guimarães e Rosal (1998, p. 5) onde dizem que "o somatório das percepções que os empregados têm de todo um contexto organizacional que influencia diretamente a convivência de cada indivíduo no ambiente de trabalho, trazendo consequências para os desempenhos individuais e, portanto, para o desempenho da organização".

Somente após obter estes conhecimentos e entrar digamos no clima organizacional do clube, é que o treinador deve aceitar uma proposta de trabalho deste clube. Com estas informações ele pode desenvolver uma estratégia adequada a cultura local e estruturar um trabalho condizente à realidade da instituição. A estratégia elaborada, partindo de embasamento em informações adequadas e em grande número, tem maiores possibilidades de se obter êxito. Conhecer todo o potencial do clube e obter informações dos concorrentes facilita a formulação de objetivos compatíveis com a realidade apresentada no clube.

Aspectos que envolvem a estratégia de uma equipe esportiva na esfera do treinamento são:

- Especificar as necessidades da equipe, suas deficiências e qualidades;
- Organizar o treinamento e seus períodos de preparação (transição, pré-competitivo, competitivo, entre outros);
- Priorizar o treinamento;
- Treinar;
- Preparar as ações entre o treinamento e o evento;
- Participar do evento (jogo): e dentro desta disputa considerar informações importantes para uma boa estratégia no âmbito do jogo:
    - ✓ Conhecer o potencial de sua própria equipe;
    - ✓ Conhecer o potencial do adversário;
    - ✓ Conhecer o ambiente da disputa;
    - ✓ Conhecer o outro comandante e sua forma de agir em situações de vantagem ou desvantagem.

Atento a estas informações podemos surpreender o adversário e evitar surpresas desagradáveis e irreversíveis.

- Rever o evento;
- Planejar o próximo evento.

Portanto:

Basear a estratégia na INFORMAÇÃO é um bom caminho estratégico.

Se pudermos resumir estratégia como a arte de planejar e decidir para vencer batalhas, inegavelmente estas decisões imprescindíveis ao sucesso de uma equipe cabem ao treinador. É importante salientar que qualquer que seja a forma de elaboração da estratégia ela deve ser baseada no conhecimento, intuição, convicção e detalhes que o treinador assimilou na preparação. No livro A alma do Penta do jornalista Ruy Carlos Ostermann, que relata as experiências de Felipão na conquista do pentacampeonato em 2002 pela seleção brasileira de futebol, a estratégia é elaborada da maneira mais simples possível, com papel e caneta. Lá podemos ver o "diário" do comandante do penta, que apesar de ser escrito de maneira simples nos traz relatos de experiências, muito conhecimento e principalmente as convicções de que o trabalho estava no rumo correto. Maior exemplo não há, de que com material acessível a todos (papel e caneta), mas com conhecimento adquirido ao longo de muito tempo de trabalho e com metodologia própria, além de liderança inquestionável, o sucesso é objetivo acessível.

4. SISTEMA TÁTICO

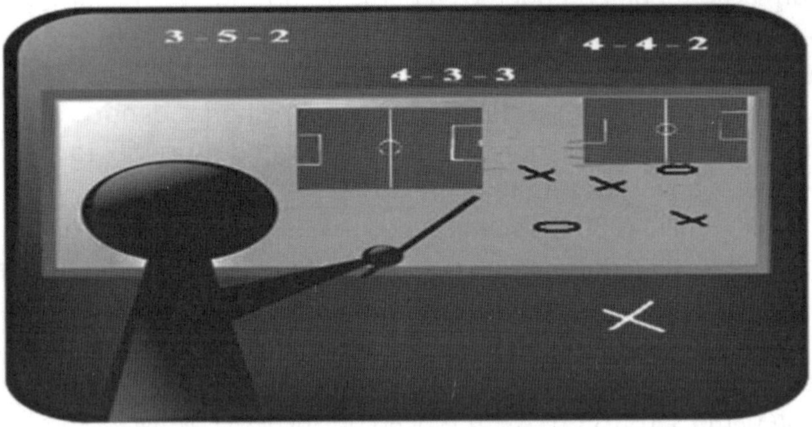

"Com talento ganhamos partidas. Com trabalho de equipe e inteligência, ganhamos campeonatos."
Michael Jordan

O ponto mais evidente e onde comumente vemos muitos treinadores serem denominados de estrategistas é a forma como moldam suas equipes através de sistemas táticos. Conhecer o adversário e seus próprios atletas bem como as condições em que o jogo será disputado, fornecerá subsídios à escolha do treinador por um determinado sistema na montagem de sua equipe.

Alguns conhecimentos são indispensáveis ao treinador de futebol na escolha do sistema tático para um jogo:

- Ambiente do jogo;
- Condições do gramado;
- Estado físico do adversário;
- Estado físico do próprio time;
- Sistema tático do adversário;
- Perfil do time adversário (pontos fortes e pontos fracos, jogadas ensaiadas, marcação e individualidades).

Estas são informações indispensáveis, porém, quanto maior o número de informações melhor amparado o treinador estará em suas decisões, diminuindo a probabilidade de erros na estruturação da equipe.

Drubscky (2003) diz que no futebol tudo é tática. Segundo ele a maioria das atitudes tomadas em um clube de futebol tem como objetivo alcançar dividendos táticos nos 90 minutos de jogo. Baseado nesta informação é que entendemos a participação cada vez maior dos treinadores na organização do clube como um todo e não somente na parte de treinamento da equipe. Treinadores-gestores têm a consciência de que o bom ambiente no clube ocasionará melhorias dentro de campo e consequentemente melhores resultados, trazendo sucesso ao treinador e aos atletas envolvidos neste contexto.

Para Emílio (2004) sistema tático é aquilo que define a dinâmica de jogo que o treinador escolhe para o seu time. O autor afirma que para que este sistema escolhido possa apresentar bons resultados, depende de uma boa elaboração tática. Esta preparação se conquista através de treinos táticos, onde os jogadores através de suas habilidades e técnica empregarão seus esforços em função do sucesso coletivo.

Os objetivos dos sistemas táticos teoricamente são simples e baseados em estratégias de guerra:

- Defender, anulando as ações ofensivas do adversário, se possível sempre em maior número;
- Atacar, realizando ações que permitam desestruturar e desequilibrar o sistema adversário, confundindo-o. Ocupar os espaços abertos e marcar o gol.

O que vemos na prática, porém, é algo muito diferente, os sistemas dividem o campo em três setores: defensivo, intermediário e ofensivo. A tendência atual consiste em preencher o setor intermediário ou meio-campo, com maior número de peças, preocupando-se em controlar o jogo antes de atacar.

Hoje não existe um sistema tático que garanta o sucesso de uma equipe, nem consenso entre especialistas sobre o melhor deles. Cada treinador deverá formatar sua equipe através de seus conhecimentos, convicções e avaliações técnicas, explorando os seus recursos humanos disponíveis. Ao definir o sistema tático de sua equipe o treinador precisa identificar dentro do grupo se existem atletas capazes de executar as funções necessárias em cada sistema e se há peças de reposição, para que na eventualidade de um atleta desfalcar o grupo, não seja necessário modificar todo o sistema predefinido. Dependendo do nível dos atletas e a forma como assimilam o aprendizado tático, o treinador poderá treinar mais de um sistema, criando uma equipe versátil, capacitada a modificar situações, dentro do mesmo jogo. Esta possibilidade deve ser analisada, pois atualmente os treinadores estudam e prevêem comportamentos de todas as equipes.

Vale a pena ressaltar um assunto que causa confusão nos termos futebolísticos, a diferença entre SISTEMA TÁTICO E ESQUEMA TÁTICO. Em nosso ponto de vista, sistema tático, além de tudo que já foi explanado, é um termo UNIVERSAL, onde é utilizado em qualquer parte do mundo com o mesmo sentido. Esquema tático, por sua vez, é a parte PESSOAL do sistema tático, onde o treinador demonstrará seu conhecimento, análise do adversário, criatividade e liderança sobre a equipe. Ele decide a partir de um sistema o posicionamento individual dentro de campo, as formas de marcação, as saídas de jogo, jogadas ensaiadas, etc.

Então:

Sistema Tático = Universal
Esquema Tático = Pessoal

EXEMPLOS

Sistema tático: 4-4-2
Esquema tático:

4-4-2 COM MEIO-CAMPO EM LINHA

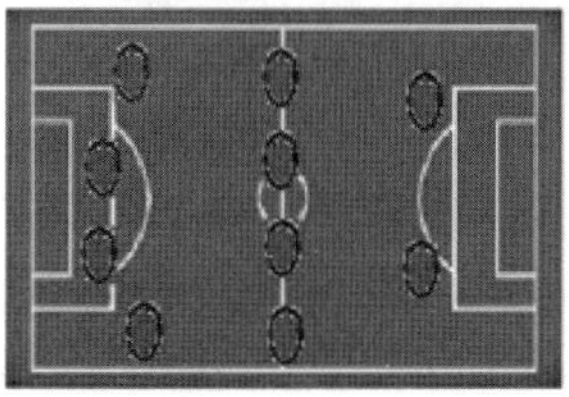

4-4-2 COM MEIO CAMPO QUADRADO

4-4-2 COM MEIO-CAMPO LOSANGO

O esquema tático define também as funções dos jogadores e determina a escalação. Pegando como exemplo o 4-4-2 (quadrado) o meio-campo será composto de dois volantes e dois meias de armação, enquanto o 4-4-2 (losango) terá um volante, dois meias de armação e um meia avançado (ponta de lança). O meio de campo com formação em linha deverá ter jogadores versáteis que atuem na marcação e armação de jogo com a mesma qualidade.

Alguns dos sistemas táticos mais utilizados atualmente:

1. 3-5-2

Esse sistema foi muito utilizado a partir da Copa de 1990 na Itália, pois muitas seleções o utilizaram naquele torneio. Veio como uma alternativa para marcar o 4-4-2, visto que os 3 zagueiros garantiriam a sobra a todo momento. Os "laterais" nesse sistema passam a ser chamados de alas porque ganham novas funções tanto na parte defensiva quando deve marcar mais "por dentro" quanto na parte ofensiva quando tem participação ativa na armação do jogo. A inteligência e as características dos alas são fundamentais para que esse sistema de jogo funcione.

2. 3-4-3

Apesar de todos os novos esquemas táticos, o 3-4-3 ainda não ficou extinto, agora o 3-4-3 é um dos esquemas táticos para que, caso uma equipe esteja perdendo uma partida, o treinador poderá colocar mais um atacante e avançar os laterais para o meio-campo. Hoje o 3-4-3 funciona assim: Os três defensores ficam atrás, um lateral avança e outro fecha o meio-campo, um meia avança e outro fica de sobra caso venha rebote, os três atacantes avançam, e dois deles (quando seu time não está no ataque) voltam ao meio-campo, para ajudar na marcação, deixando um na frente.

3. 4-3-3

O **4-3-3** é conhecido como um esquema tático com quatro jogadores na defesa, três jogadores no meio-campo (com um ou dois volantes) e três jogadores no ataque (dois pontas e um atacante). O esquema 4-3-3 mostrou-se mais eficiênte nas equipes em que os jogadores de ataque, especialmente os que atuavam pelos flancos do campo, eram velozes, dinâmicos e capazes de ajudar na marcação. O fato de o meio-campo, teoricamente, ser composto por três jogadores faz com que a equipe dependa muito de um meia de ligação talentoso, pois se os outros dois homens de meio forem mais marcadores do que técnicos, as jogadas de ataque, em sua maioria, dependerão do jogador de criação. No entanto, muitas das equipes que adotam o esquema na atualidade apresentam volantes (também conhecidos como "volantes modernos"), polivalentes, versáteis e capazes de auxiliar na criação de jogadas ofensivas. Ainda no aspecto ofensivo, é muito conhecida a possibilidade de triangulação entre laterais e atacantes que atuem pelos flancos, criando jogadas de grande eficiência se efutuadas com velocidade e inteligência.

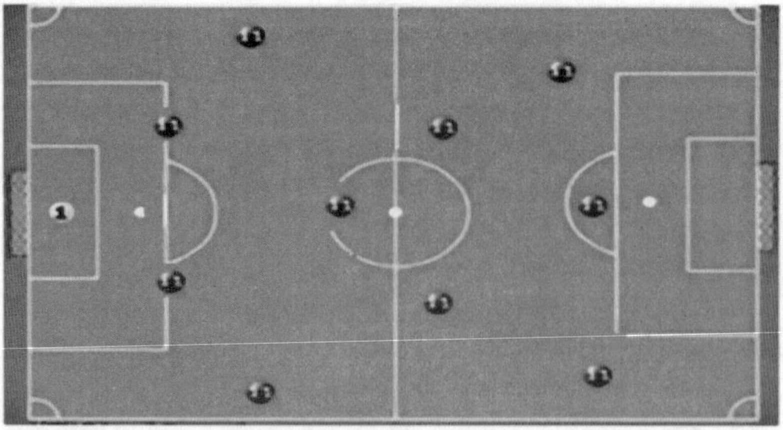

4. 4-4-2

É uma derivação do 4-3-3, com o recuo de um dos antigos pontas para ajudar a marcação no meio-campo. As jogadas pelas extremidades passam a ser construídas pelos laterais, pois estes ganham cobertura dos volantes. Pode se formar o meio-campo com um ou dois volantes e os meias são os principais armadores do time. Normalmente forma-se o ataque com um jogador de área e um de ampla movimentação

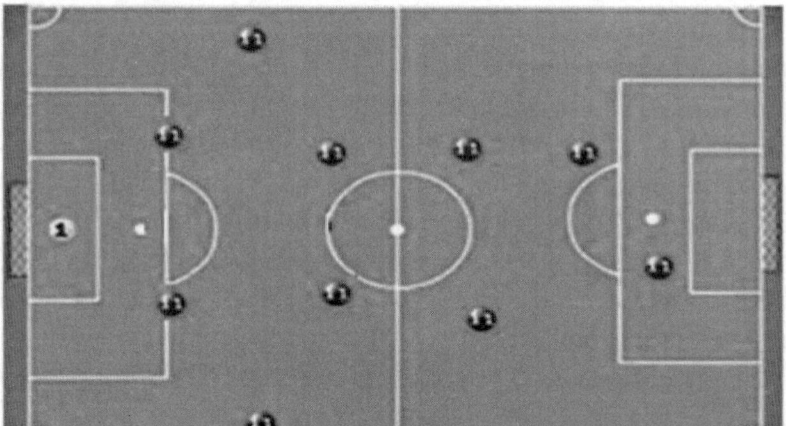

Ainda segundo Drubscky (2003) este vasto universo de táticas de futebol envolve questões como: a) escalação do time; b) sistema tático de jogo; c) esquematizações táticas; d) detalhes extra-campo; e) elementos

psicológicos; f) intuição; g) conceitos e segredos. Estes são os elementos que farão parte da decisão do treinador na melhor escolha tática à sua equipe.

Para exemplificar esta responsabilidade do treinador e informações que baseiam a escolha da tática da equipe, podemos utilizar de Felipão na Copa de 2002, que apesar de todas as críticas e dúvidas, confiou em suas convicções e intuição escalando Ronaldo como peça chave daquela equipe. No próprio livro *Ronaldo – Glória e Drama no Futebol Globalizado* do autor Jorge Caldeira (p.311) um trecho do livro diz:

> *"A partir da vitória contra a Inglaterra muito pouca gente tinha qualquer duvida a respeito das crenças de Luiz Felipe Scolari, nem sobre o futebol brasileiro."*

Sobre o trabalho do treinador de futebol sempre haverá desconfiança, como afirma o estudo de Becker Jr (2000) no ambiente esportivo cada torcedor, por menor que seja a sua escolaridade ou experiência na área, acredita que sabe tudo sobre a matéria e ainda da arte de treinar. Assim, cada torcedor opina, julga e critica abertamente o treinador de sua equipe. Mas o treinador deve ser fiel as suas crenças e nada melhor do que como fez Felipão em 2002, provar dentro dos campos, através de vitórias que é necessário estudo, preparação, dedicação e conhecimento do menor detalhe até a maior complexidade de informações que o futebol possui.

5. PLANEJAMENTO

"O que eu manteria apesar do fracasso? O que eu mudaria apesar do sucesso?"

Steve Farber

O planejamento deve estabelecer o ponto inicial da temporada de um clube de futebol. Este planejamento deve ser baseado no clima organizacional e nos recursos disponíveis para executar o método de trabalho do treinador, deverão contemplar etapas para que se atinjam os objetivos. Philip KOTLER (1975), um dos defensores da sua utilização, propõe o seguinte conceito: "O Planejamento Estratégico é uma metodologia gerencial que permite estabelecer a direção a ser seguida pela Organização, visando maior grau de interação com o ambiente". Ao direcionar o grupo em uma meta específica, concentram-se os esforços e atenções para atingí-los, envolvendo toda a força de trabalho em um objetivo comum.

Segundo Eduardo (2007) o planejamento é um processo contínuo e dinâmico que consiste em um conjunto de ações intencionais, integradas, coordenadas e orientadas para tornar realidade um objetivo futuro, de forma a possibilitar a tomada de decisões antecipadamente. Chiavenato (2003) considera que as batalhas e lutas ao longo dos séculos, levaram os militares a pensar antes de agir. As guerras passaram a ser planejadas antecipadamente diminuindo o risco de erros que naquelas ocasiões poderiam resultar em catástrofes. Podemos entender com estes conceitos e pela origem do uso deste procedimento, a importância de se planejar. Prever a temporada, seus compromissos e objetivos, organizar e planificar métodos de desenvolvimento, coordenação e controle da equipe buscando alcançar as metas.

Melhor exemplificando e lhe dando uma ferramenta simples para que possa refletir sobre sua forma de planejar, através de algumas questões onde notará se sua forma de agir está coerente ao planejamento inicial, identificando se você esta à altura da missão que aceitou, de gerenciar atletas de uma equipe, sugiro que se faça as seguintes perguntas.

Eis as questões:

- Você tem uma ideia clara e objetiva do destino de sua equipe?
  [ ] Sim [ ] Não
- Estabeleceu metas?
  [ ] Sim [ ] Não
- Está satisfeito com as metas que estabeleceu para sua equipe, de acordo com o potencial analisado na pré-temporada?
  [ ] Sim [ ] Não
- Tem um método de anotação e avaliação para acompanhar o progresso da equipe em relação às metas?
  [ ] Sim [ ] Não
- Os valores e competências que aprecia estão claros e nítidos em sua mente?
  [ ] Sim [ ] Não
- Anotou os valores que admira?
  [ ] Sim [ ] Não
- Quando a equipe precisar de modificações, terá você competência e coragem pra fazer?
  [ ] Sim [ ] Não

Se todas as respostas forem sim, você demonstra que planejou sua equipe e estará rumo ao sucesso e ao desempenho de sua missão de forma competente. Se somente algumas forem sim, reflita e determine se existem outras ações que possam trazer benefícios no caminho às metas. Agora se todas as respostas foram não, boa sorte, pois precisará dela, já que o planejamento não faz parte de seu método de trabalho.

É claro que existem outros modelos e ferramentas que se adaptam a cada líder, mas a ideia é convencer da importância do planejamento seja qual o caminho que você escolher. Pois dentro do futebol moderno não se admite mais clubes sem planejamentos de curto, médio ou longo prazo. Hoje o clube deve entender que funciona como uma empresa e para isso administrar um clube de futebol envolve também o PLANEJAMENTO. Pensar com imediatismo, porém sem esquecer que o futuro deve ser construído desde hoje, é obrigação do planejamento das equipes que pretendem ter sucesso duradouro.

O treinador-gestor ao chegar a um clube de futebol deve implantar sua metodologia e planejar imediatamente o inicio de seu trabalho, construindo uma base sólida que sustentará o clube ao longo do tempo de contrato previamente estipulado entre clube e treinador.

ATITUDES DE CURTO PRAZO

- Reconhecer a identidade do clube, sua organização, cultura, torcida e principalmente os objetivos na temporada e anos seguintes;
- Identificar a infra-estrutura do clube e solicitar as melhorias/modificações necessárias;
- Expor a metodologia do trabalho ao Departamento de Futebol;
- Formar e promover a integração da Comissão Técnica;
- Definir o grupo de atletas, que se enquadrem no método de trabalho proposto e de acordo com o orçamento do clube;
- Reconhecimento e organização da memória do clube;
- Exploração máxima do potencial dos funcionários do clube, das categorias de base e das possibilidades de melhorias internas no clube.
- Participação de torneios, campeonatos e competições de credibilidade, que possam fortalecer a marca e o nome do clube.
- Explorar a rede de "olheiros" do clube e/ou convênios com escolinhas de futebol ou centros de formação de atletas.

ATITUDES DE MÉDIO PRAZO

- Analisar os efeitos das medidas de curto prazo e restabelecer metas e promover melhorias;
- Recrutar jogadores com o perfil do clube e jogadores formados no clube;
- Capacitar funcionários e comissão técnica através de cursos e aperfeiçoamentos do futebol, atualizando o conhecimento;
- Incentivar e oferecer suporte técnico, organizacional e material aos parceiros e conveniados ao clube de forma a obter a máxima qualidade do serviço parceiro.

ATITUDES DE LONGO PRAZO

- Elevar as metas do clube, em relação a títulos, número de associados, torcedores, produtos franqueados, estrutura física e organizacional do clube;
- Tornar-se referencia na formação de atletas e na qualidade dos serviços referentes ao futebol;
- Fortalecer a marca do clube, atraindo investidores e patrocinadores.

PLANEJANDO A TEMPORADA

Dentro do clube de futebol, após a formação da comissão técnica, treinador e preparador físico em conjunto, deverão avaliar as necessidades do grupo de atletas de acordo com os objetivos traçados para a temporada que se inicia, dividindo-a em quatro fases, sendo elas:

- **Fase Básica:** Volume de treinamento alto, com baixa intensidade, com objetivo de adquirir condicionamento físico e readaptação neuro-muscular aos gestos motores específicos do futebol, enfatizando a parte técnica e jogos recreativos;
- **Fase Pré-Competitiva:** Volume de treinamento alto, com média intensidade, com objetivo de aproximar o condicionamento físico do ideal, com lapidação técnica e sistematização tática;
- **Fase Competitiva:** Volume de treinamento médio, de alta intensidade, visando à manutenção das capacidades físicas elevadas e do condicionamento técnico. Correções de sistemas e esquemas táticos, posicionamento e marcação.
- **Fase Transitória:** Envolve o período após o término das competições e período de férias, ocasionando a perda das capacidades físicas e técnicas ideais adquiridas durante a temporada.

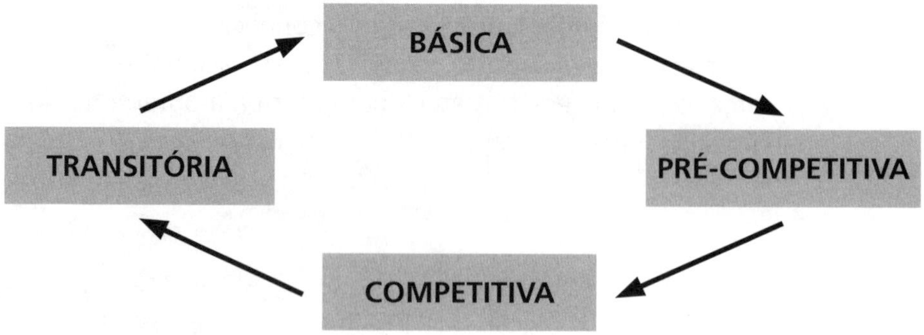

Este esquema demonstra que as fases de preparação apesar de divididas em etapas, sempre formarão um ciclo que deverá ser respeitado para que os objetivos sejam atingidos de forma planejada e contínua.

PLANEJANDO SESSÕES DE TREINAMENTO

O planejamento da sessão de treinamento deve ser realizado previamente à sua aplicação, para uma otimização do tempo, dos materiais e das informações do que será treinado e desenvolvido no treinamento. Uma ferramenta básica aos treinadores de futebol é o plano de aula ou de sessão que conterá informações relevantes à montagem do treino. Disponibilizamos um modelo simples e eficaz na montagem das sessões, lembrando que estes planos também poderão servir de base de informações para que o desenvolvimento físico – técnico e tático possam ser acompanhados e consultados através do arquivamento destes por toda a comissão técnica.

ESPORTE CLUBE ORGANIZAÇÃO

RUA: PLANEJAMENTO E FUTEBOL, Nº10
CIDADE: ESTRATÉGIA - BRASIL

DESCRIÇÃO DO GERAL:

QUANTIDADE DE ATLETAS:_______

TEMPO/CLIMA:_______________

DATA:___/___/_____.

TEMPO DE TREINO:___

SESSÃO DOS TREINOS:	DESCRIÇÃO
AQUECIMENTO	( ) JOGOS LUDICOS ( ) ALONGAMENTO ( ) ATIVIDADES COORDENATIVAS
DESENVOLVIMENTO FÍSICO	( ) VELOCIDADE ( ) RESISTÊNCIA ( ) FORÇA ( ) EQUILIBRIO ( ) COORDENAÇÃO MOTORA
DESENVOLVIMENTO TÁTICO	( ) MOVIMENTOS DE JOGO ( ) TREINAMENTO DE FUNÇÕES ( ) TREINO ALEMÃO
COLETIVO	( ) UM TOQUE ( ) DOIS TOQUES ( ) JOGO LIVRE
FECHAMENTO	( ) ALONGAMENTO FINAL ( ) FEEDBACK + ATLETA DO DIA

OBSERVAÇÕES:____

____

____

MATERIAL UTILIZADO:

( ) CONES

( ) BOLAS

( ) COLETES

( ) ESTACAS

( ) OUTROS _________

PROFISSIONAL RESPONSÁVEL

6. LIDERANÇA

"Liderar é a arte de organizar pessoas em torno de um propósito em comum, arriscando-se quando isto tem de ser feito."

Esta palavra pode definir o papel primordial do treinador de futebol dentro de uma equipe. O líder deve estar à frente da equipe assumindo a responsabilidade sobre o desenvolvimento e o bom desempenho dos atletas e consequentemente da equipe. Os gestores ou líderes de equipes devem ser representantes éticos e legítimos das instituições em que trabalham. Estes líderes precisam estar atentos as novas tendências do mercado, onde atuarão na organização de grupos ou equipes. Para Barretto e Pongeluppe (2006) grupos podem ser organizações designadas para determinados projetos e se dissolverem depois de cumpridas as metas. Equipes no conceito dos autores são pessoas que atuam juntas no dia-a-dia e gerenciadas pelo mesmo gestor. E Casado (2002) ainda refere-se a time composto de membros com habilidades, compartilham valores, alto nível de comprometimento, indo além da realização de tarefas e atribuições individuais. O futebol atual apresenta os três tipos de organizações, os grupos são times formados para uma única competição, dissolvendo-se ao final destas. As equipes e times são conceitos semelhantes, exemplificando-se nos clubes que treinam diariamente em busca do objetivo proposto no planejamento.

1. EQUIPES EFETIVAS

O líder atual deve ter suas formas de trabalhar e desenvolver seus métodos para construir uma equipe efetiva. A equipe efetiva estará disciplinada e totalmente orientada na busca dos objetivos traçados por seu líder, resolvendo seus conflitos, colocando os interesses do grupo acima dos individuais, participar ativamente nas decisões e ações da equipe, sempre respeitando as ordens do líder. Machado (1998) correlaciona variáveis da efetividade: comunicação aberta, conflitos, habilidades, características de personalidade dos membros, cooperação, nível de esforço conjunto, conhecimentos e habilidades dos membros e uso de estratégias para o desempenho. Acredita-se que a efetividade da equipe está relacionada à satisfação dos seus membros no ambiente de trabalho. Um fator que compromete uma equipe efetiva, para Robbins (1999) é o número excessivo de componentes, isso dificulta a interação construtiva e o desenvolvimento de coesão, comprometimento e responsabilidade mútua, essenciais ao desempenho de excelência.

Fatores que desenvolvem uma equipe efetiva:

- **Confiança:** a confiança entre os membros da equipe e seu líder é fundamental para o sucesso;
- **Criatividade:** diversidade de experiências, habilidades e conhecimentos estão associados à criatividade;
- **Resolução de conflitos de forma aberta;**
- **Equidade:** todos os membros da equipe devem ser respeitados e valorizados, com possibilidades de ascensão.

2. CARACTERÍSTICAS DE UM LÍDER

Associa-se liderança ao processo de influenciar outras pessoas para a realização de determinados objetivos. Muitas teorias surgiram para definir as características do líder, veremos algumas delas:

- **Teoria dos Traços:** determina características como traços físicos, intelectuais, sociais e outros.
- **Teorias Comportamentais:** compreende três tipos de líderes:

- **Autocrático:** centralizador toma decisões sozinho;
- **Democrático:** envolve o grupo nas decisões, incentiva a participação, orienta para o desenvolvimento do grupo;
- ***Laissez-faire:*** não assume papel de líder, deixa o grupo atuar como desejar.
- **Teorias Contingenciais:** Foca no fenômeno de liderança considera três aspectos: o líder, os liderados e o contexto da liderança.

  Na teoria contingencial existem três modelos:
  1. **Caminho-objetivo:** o líder auxilia no alcance dos objetivos, oferece aos liderados apoio e direção. Este modelo tem ligação estreita entre liderança e motivação.
  2. **Liderança-situacional:** o líder seleciona o estilo de atuação mais adequado ao nível de preparo ou de maturidade dos seguidores;
  3. **Participação do líder:** relação entre o comportamento do líder e o grau de participação dos liderados no processo decisório. Dentro deste modelo existem cinco estilos de liderança:
     - ✓ **Autocrático I:** decisão tomada pelo líder;
     - ✓ **Autocrático II:** líder solicita sugestões, mas decide sozinho;
     - ✓ **Consultivo I:** líder compartilha a situação com cada membro do grupo isoladamente, pede sugestões, mas decide sozinho;
     - ✓ **Consultivo II:** líder reúne o grupo e discute situação, porém decide sozinho;
     - ✓ **Grupo II:** líder reúne o grupo, discutem e identificam alternativas de ação e buscam consenso sobre a melhor decisão.

Existem ainda os líderes carismáticos que encontram aceitação incondicional, obediência espontânea e crença em sua capacidade pelo grupo. Os líderes transformacionais que possibilitam transformações no grupo e nele próprio e o líder transacional que possibilita transações gratificantes para ele e para sua equipe. Para Ron Jenson em seu livro – *A Arte de Viver e Ter Sucesso* – o princípio de liderança mais consistente do mundo é sustentar o rumo, para ele grandes líderes são, na verdade apenas líderes comuns que não desistem.

Já vimos os modelos de líderes, características e objetivos, você pode ter se identificado com algum dos perfis ou com vários deles, isso não importa o que vale é que você seja atuante e responsável no que se propõe a fazer transmitir lealdade, confiança, adquirindo desta forma o respeito da equipe, facilitando seu trabalho.

Devemos ressaltar que um treinador pode assumir as características de um líder a partir da observação e experiências diversas. Uma equipe pode se desenvolver e adquirir maneiras para realizar desempenho em alto nível e o líder precisa estimular e apoiar esse desenvolvimento.

O treinador de futebol é líder em tempo integral, no dia a dia, nos treinamentos, nos jogos. Ele é modelo, mentor e facilitador do desenvolvimento dos atletas e através do seu conhecimento e dedicação conquistará automaticamente o respeito de seus liderados.

Jackson e Hugh Delehanty (1997) propõem que a luta que todo treinador enfrenta é fazer com que os membros da equipe, que em geral buscam glória individual, entreguem-se inteiramente ao esforço grupal. O trabalho em equipe é algo complicado, pois o treinador tem em suas mãos um grupo composto de diferentes personalidades, estilos e conceitos de vida, competências, habilidades variadas e graus de conhecimento, atenção e concentração em diferentes níveis, todos devendo atuar em função do objetivo por ele proposto.

Para o treinador que procura entender o pensamento dos seus atletas sobre os modos de conduta do seu líder, deverá aplicar o questionário formulado por Chelladurai e Saleh (1980) chamado de Leadership Scale for Sports – LLS, onde através das respostas fornecidas pelos atletas, ele obterá dados que demonstram a opinião do grupo sobre a forma de conduta do seu comandante. Dentre as condutas que poderão ser selecionadas, encontramos:

- **Conduta Educativa:** Treinamento exigente e duro, de repetição e insistência, auxiliando na melhoria das técnicas e táticas do esporte. Através dos ensinamentos teóricos ele promove a coesão do grupo.
- **Conduta Democrática:** Concede a participação aos atletas nas decisões das metas do grupo. Também é aberto a sugestões sobre a prática e estratégias de jogo.
- **Conduta Autocrática:** Independente nas decisões, enfatiza e demonstra sua autoridade.
- **Conduta de Apoio Social:** Preocupa-se com o atleta em sua individualidade, bem-estar, com a criação de ambientes positivos e tende a ter relações de afeto com o grupo.
- **Conduta de Feedback Positivo:** Reconhece e recompensa a boa atuação ou execução do que foi treinado.

O resultado deste questionário demonstrará de forma clara o sentimento do atleta em relação ao seu líder, definindo a maneira de conduta que este treinador deverá adotar perante seu grupo.

Para reconhecermos as dificuldades e todo o processo de pressão sobre o Treinador como líder de uma equipe e gestor de pessoas e informações ligadas ao futebol, de acordo com Costa (2006) dentro do contexto do futebol, o treinador, pelo caráter determinante das suas ações e funções no processo de liderança, sofre o impacto direto do público na sua atividade e atua em um clima de constantes mudanças, no qual uma derrota pode significar uma demissão ou até mesmo uma rejeição nacional. Ainda seguindo estudos, Smith e Smoll (2005) salientam que o treinador/líder tem impacto relevante na produção do atleta, mas para isso é necessária a confiança do atleta em seu líder.

Por isso desempenhar esta função em alto nível exige conhecimentos que vão além dos campos de futebol. O treinador deverá entender como pensam seus jogadores e ter um bom relacionamento social com seus comandados.

Para exemplificar podemos citar alguns exemplos de liderança no futebol e vejo como um dos maiores Luiz Felipe Scolari, em reportagem datada de 13/06/2002, Ricardo Cozac escreveu para o *site* Universia.com.br que o Brasil na Copa de 2002, era um líder sem liderança, mas lendo a reportagem notamos que ele refere-se a uma liderança dentro do campo, já que como ele mesmo diz:

"Não temos uma liderança dentro de campo. Todo o paternalismo, voz ativa e comando que o técnico Luis Felipe Scolari procura exercer fora de campo, falta sempre no momento em que mais precisamos." E ele ainda ressalta que "Um 'Dunga' de 94 cairia como uma luva nesta equipe. Falta uma liderança que seja capaz de tranquilizar e organizar uma defesa vulnerável psicológica e taticamente. O Brasil carece de um líder nato dentro de campo." Comprovou-se depois pelo resultado que a liderança do treinador bastou e o Brasil conquistou o Pentacampeonato. Somente neste texto podemos encontrar a citação de dois líderes, Scolari como treinador e Dunga como atleta e hoje atuando como treinador da seleção vem comprovando esta liderança.

Depois de tudo o que foi relatado sobre a importância da liderança do treinador, você deverá buscar sua forma de liderar e estar à frente do projeto que propôs a seus comandados, sempre com conhecimento, convicção e otimismo, demonstrando que seu planejamento visa o sucesso do grupo acima de qualquer individualidade. Assim obterá a confiança do grupo e dos **líderes** do grupo e poderá desenvolver seu trabalho no melhor ambiente possível, extraindo todo o potencial de seus atletas e funcionários engajados na busca pelo sucesso da equipe.

7. GESTÃO DE COMPETÊNCIAS

"O sucesso é a realização progressiva de tudo o que você está destinado a ser e a fazer."

Ron Jenson

Um dos principais papéis dos treinadores de futebol é entender a capacidade e competência de cada atleta seu para somente então definir as funções individuais dentro da equipe. Existem formas de se definir estas capacidades além das características físicas que veremos no quadro a seguir. Baseado em Leal (2002) desenvolvemos este quadro do perfil dos jogadores brasileiros:

GOLEIROS – Preferencialmente longilíneo, ambidestro, membros superiores compridos, principalmente as mãos e dedos, velocidade de membros e de reação, força explosiva, resistência muscular localizada e anaeróbia alática, agilidade e coordenação. Percorre cerca de 4km durante um jogo. Alta demanda de energia anaeróbia por ser exigido dele exercícios curtos, porém intensos.

LATERAIS – Estatura mediana, membros inferiores longos, velocidade, resistência em velocidade, potência muscular, resistência muscular localizada, potência anaeróbia, agilidade e ritmo. Percorrem cerca de 9,7km por jogo e precisam manter a alta solicitação energética por longo período.

ZAGUEIROS – Longilíneo, ambidestro, força muscular explosiva e de recuperação, resistência orgânica e de velocidade, coordenação. Percorrem de 9,1 a 9,6km por partida.

MEIAS – Estatura mediana, ambidestro, força explosiva, resistência aeróbia e muscular localizada, agilidade, coordenação e ritmo. Percorrem de 10,2 a 11km por partida, demandam alta solicitação energética.

ATACANTES – Estatura mediana, exceto atacante especialista em cabeceio, ambidestro, velocidade, velocidade de reação, resistência em velocidade, força explosiva, agilidade, coordenação e equilíbrio. Percorrem cerca de 10,5km por partida.

Ao determinar o perfil dos jogadores o treinador poderá identificar se o atleta tem perfil compatível à função, assim determinando seu posicionamento dentro da equipe. Outra forma muito utilizada no futebol são os SCOUTS, palavra em inglês que significa EXPIAR, EXPLORAR, estes possuem diversos modelos e cada comissão técnica adota um modelo que considera apropriado e mais completo para realizar seu trabalho. A melhor definição que encontrei de SCOUT é a de Cunha, Binotto e Barros (2001) que definem *scout* como um método numérico que processa dados sobre determinada equipe durante as partidas, como número de passes, faltas, desarmes, ou seja, recolhe informações de várias situações envolvidas num jogo. As análises feitas sobre estas informações servirão de base para os treinamentos diários. Vale ressaltar que o *scout* pode ser feito sobre a própria equipe ou sobre a equipe adversária, o importante é que seja um instrumento que possibilite informações relevantes ao sucesso da equipe. O SCOUT contendo informações uteis, dará ao treinador a tradução em dados das informações vistas na prática do esporte. De posse destas informações, aliadas ao conhecimento do treinador, este terá muita segurança na continuidade do trabalho e no desenvolvimento de sua equipe perante os adversários.

Para Brandão e Bahry (2005) quando se fala em combinação sinérgica de conhecimentos, habilidades e atitudes expressas no desempenho, sinalizam que é a partir do desempenho no trabalho que os profissionais demonstram as competências. Estes mesmos autores referem-se também ao mapeamento de competências. Para eles mapear é identificar com uso de diferentes técnicas, as competências que as pessoas detêm e as que necessitam desenvolver para realizar as competências organizacionais. No futebol os métodos de verificação de competências individuais podem ser: vídeos, observações técnicas, treinamento e *scouts*. Alguns autores definem a competência como a habilidade em fazer alguma coisa contribuindo para objetivos estratégicos. Cabe ao treinador resolver e selecionar os atletas conforme competências por ele observadas. As competências observadas pelo treinador estão relacionadas a rendimento físico, técnico ou tático. Muitos estudos demonstram e pesquisas científicas tem mostrado, que ao utilizar exercícios específicos, pautados em dados quantitativos dos elementos do jogo de futebol, o treinador de futebol consegue obter uma melhor performance técnica dos jogadores e consequentemente na preparação global da equipe. Em uma comissão técnica o responsável pelo recolhimento dos dados e preenchimento do SCOUT deverá ser o próprio treinador ou integrante da comissão técnica totalmente integrado e conhecedor das preferências e aspirações do treinador.

A seguir disponibilizamos um modelo de scout adaptado:

Identificação			
Jogo	Visitante ( )		Mandante ( )
Sistema de jogo	4-4-2 ( )	3-5-2 ( )	4-3-3 ( )

Reposição de bola		
Vinda de	Por cima	Por baixo
Escanteio		
Chute		
Cabeceio		
Tiro de meta		
Cruzamento		
Direita		
Esquerda		
Setor do campo		
Defensivo		
Armação		
Ataque		
Classificação		
Eficiente		
Ineficiente		
Jogador		

Inversão de bola			
		Por cima	Por baixo
Esquerda p/ direita	Def		
	Arm		
	Ata		
Direita p/ esquerda	Def		
	Arm		
	Ata		
Esquerda-meio-direita	Def		
	Arm		
	Ata		
Direita-meio-esquerda	Def		
	Arm		
	Ata		
Jogador			

Ultrapassagens		
	Direita	Esquerda
Jogador		
Cruzamentos		
	Direita	Esquerda
Jogador		
Jogadas de linha de fundo		
	Direita	Esquerda
Jogador		

	Ultrapassagens	Cruzamentos	Jogadas de linha de fundo
Eficientes			
Ineficiente			

Escanteios		
Lado da cobrança	Direita	Esquerda
1º pau		
2º pau		
Meio		
Jogada curta		
Faltas		
	Direita	Esquerda
Chute direto		
Jogada ensaiada		
Cobrança rápida		
Jogadas de ataque originadas de um lateral		
Linha de fundo		
Direto na área		

Contra-ataques originados de:			
	Roubadas de bola	Erros de passe	Reposições de bola
Jogador que puxa o contra-ataque			

Manobras defensivas			
Marcação			
Tipos de marcação	Por zona ( )	Individual ( )	Mista ( )
Formas de marcação	Pressão ( )	Intermediária ( )	Espera ( )

Legenda:

V – volante
Mr – meia de armação
Ma – meia atacante
L – lateral
Li – líbero
A – atacante
AAD – atacante aberto na direita
AAE – atacante aberto na esquerda
AC – atacante central
Def – setor defensivo
Arm – setor de armação
Ata – setor de ataque.

Fonte: efdeportes.com
Autoria: Ferreira, Paoli e da Costa(2008).

Este modelo de *scout*, adaptamos de Ferreira, Paoli e da Costa (2008) que traz inserido nele um montante de informações considerável para um jogo de futebol. Desde elementos básicos, até sistemas táticos e variações ocorridas no decorrer da partida. Por ser amplo, este modelo deve ser utilizado após o "scoutista" possuir certa experiência de preenchimento destas informações, então sugerimos ao treinador começar com algo menos complexo e mais facilitado de preenchimento. Uma forma válida de experimentar e treinar o preenchimento destes *scouts* é ao assistir jogos televisionados preencher um *scout* e depois compará-lo em *sites* especializados em estatísticas.

O *scout* tático, qualquer treinador poderá fazer o seu próprio, desenhando um campo de futebol e observando o posicionamento tático das equipes. Este desenho, conjuntamente com as informações de variações e movimentações ofensivas e defensivas poderá determinar o sistema e o esquema tático de jogo da equipe observada.

Ao lembrarmos que estas informações estarão nos abastecendo de dados sobre a competência das equipes dentro de campo, devemos sistematizar em nossa comissão técnica a utilização de *scouts*, planilhas e *softwares* que permitam o enriquecimento de nosso trabalho.

8. SELEÇÃO

Capítulo 8

"Ame os jogadores ou perca o jogo."
William Maritime

Este item observado em diversos segmentos da sociedade, ganha proporções maiores e mais cuidadosas quando necessitamos obter resultados. Para Leal (2001) "o futebol é uma atividade extremamente profissional, que movimenta altas somas de dinheiro e propicia o sustento de profissionais de diferentes segmentos da sociedade". Cunha (2009) define que assim como em todas as profissões, o futebol exige resultados positivos e esses resultados são alcançados por meio das vitórias e títulos. Sempre que falarmos em selecionar algo significa que temos opções de escolha, o treinador deve buscar elementos que se aproximem ao máximo ao modelo pretendido. Isto além de SELEÇÃO significa que o treinador está se utilizando de estratégia organizacional. No futebol quando se fala em seleção exige-se que seus componentes sejam os melhores jogadores em atuação no país, porém muitas vezes modelos selecionados pelo público não são preferências do treinador. Ao adotar um sistema tático e suas variações, o treinador seleciona modelos que possam cumprir suas convicções e funções por ele determinadas ao selecionado. O treinador pode selecionar pelas competências Físicas, Técnicas e Táticas. Limongi – França e Arellano (2002) observam que os selecionados nem sempre são aqueles com índices mais elevados de aptidões, mas sim as que possuem maior afinidade com relação às expectativas para a função ou atividade.

Dentro do tópico SELEÇÃO encontramos o termo RECRUTAMENTO, que significa para alguns autores da área como atração de pessoas. Os treinadores de futebol devem ter o poder de atrair pessoas através de seu planejamento, organização e propostas de trabalho.

Na metodologia da ADMINISTRAÇÃO existem dois modelos de recrutamento: INTERNO e EXTERNO. O modelo interno é quando acreditamos que as pessoas com características que necessitamos estejam na própria organização. O modelo de recrutamento externo busca candidatos no mercado. Limongi – França e Arellano (2002) revelam vantagens dos dois modelos de recrutamento.

RECRUTAMENTO INTERNO	RECRUTAMENTO EXTERNO
Menor custo direto	Novas personalidades e talentos
Conhecimento prévio do perfil de desempenho do candidato	Inovação da composição das equipes de trabalho
Estímulo à preparação para a promoção, proporcionando medidas especiais de treinamento e criando um clima sadio de progresso profissional	Atualização de estilo e tendências do mercado
Melhora do moral interno	
Demonstração de valorização do pessoal que já compõe a empresa	

Trazendo ao contexto do futebol entendemos que os dois modelos têm suas vantagens.

O modelo de Recrutamento Interno:

- **Menor custo direto:** por recrutar atletas das categorias de base, além de uma avaliação profunda sobre o elenco.
- **Conhecimento prévio do perfil de desempenho do candidato:** os atletas das categorias de base ou já presentes no elenco, são conhecidos do treinador e dos profissionais do clube, desta forma já tem suas qualidades, defeitos e características conhecidas no clube.

- **Estímulo à preparação para a promoção, proporcionando medidas especiais de treinamento e criando um clima sadio de progresso profissional:** ao se promover atletas de base ou jogadores do elenco que estão no momento desacreditados, proporciona o entusiasmo do grupo e o empenho de todos a buscar um lugar junto aos atletas do clube. Demonstra que o treinador proporcionará chance de ascensão aos atletas condicionados.
- **Melhora do moral interno:** melhora do ambiente do clube, clima de confiança mútua entre treinador e jogadores.
- **Demonstração de valorização do pessoal que já compõe a empresa:** valorização do grupo e do trabalho dos atletas e comissão técnica da base.

O modelo de recrutamento externo:

- **Novas personalidades e talentos:** as contratações que chegam de outros clubes quando orientadas pelo treinador, satisfazem exatamente o perfil necessário ao grupo se encaixando diretamente na equipe. Estes atletas trazem diferentes talentos para agregar ao grupo.
- **Inovação da composição das equipes de trabalho:** após adaptarem-se ao clube, estes novos componentes trazem experiências novas e culturas de outros times e locais.
- **Atualização de estilo e tendências do mercado:** as contratações trazem ao grupo jogadores expostos no mercado, com diferentes estilos e atualizados no futebol.

Para Barretto e Pongeluppe (2006) o recrutamento interno parece ser mais vantajoso por envolver menor custo, mas se não atender às necessidades de pessoal para determinada função é preferível recrutar externamente, caso contrário, o custo será maior no futuro.

Assim também é no futebol, confiar no grupo e analisar que este é suficiente para atingir os objetivos após o início do planejamento levará o clube a contratar jogadores desprezados pelo mercado por insuficiência de competências ou o clube terá que desembolsar grandes recursos para reforçar a equipe. Por isso ao chegar ao clube, entender o clima organizacional e todas as informações que colheu, o treinador deve analisar a equipe e procurar alternativas que componham este grupo a fim de atingir os objetivos almejados no planejamento.

Porém quando falamos em selecionar e citamos o treinador como principal responsável por elas, pois é ele quem forma a equipe que irá trabalhar, devemos lembrar que a contratação é feita pelo clube, sendo necessário obter o aval do presidente. Faissal *et. al.* (2005) destacam que os gestores atuam como porta-vozes da organização, de modo que eles retratam as estratégias organizacionais. Desta forma a seleção não é feita para o gestor, mas para a organização.

A seleção realizada pelo treinador ao implantar um sistema tático dentro de uma equipe deve envolver um processo de identificação de jogadores que demonstram níveis compatíveis para a inclusão no clube e uma mais especificamente no posicionamento determinado pelo treinador.

Para Gomes e Achour Junior (1998) no livro Seleção de talentos nos desportos: Fundamentos Teóricos, a avaliação de talentos deve-se discernir as aptidões apresentadas pelo atleta no momento da seleção com as suas possibilidades potenciais competitivas no futuro. No futebol brasileiro atual pouco se tem permitido que o treinador selecione atletas com base no futuro, pois nenhum resultado senão a vitória é aceito. Então as famosas "apostas" dos treinadores brasileiros em futuros craques perdeu espaço e notamos algumas de nossas promessas indo embora antes mesmo de um espaço no time principal do seu clube formador. Não são poucos os jogadores brasileiros que ouvimos falar somente após destacaram-se em clubes europeus.

Notamos no país a utilização de processos de seleção de jogadores de diversas formas, mas em sua grande maioria são baseadas no conhecimento empírico de ex-atletas ou "olheiros". Apesar de o futebol ter evoluído de forma significativa, ainda não foi possível, pelo nosso saber, encontrar um processo de seleção eficaz para a identificação de jogadores (Reilly e Bangsbo, 2000). A atual tendência mercadológica com o futebol europeu leva clubes brasileiros a selecionar baseado na estatura ou maturação física, levando em consideração o potencial físico futuro do atleta, em detrimento das habilidades técnicas e táticas ou inteligência de jogo. Então a seleção do talento, fica condicionada ao bom porte físico, desenvolvendo assim um modelo de jogador comercial, porém muitas vezes com deficiências técnicas e táticas. Paoli (2007) define o jogador talentoso como àquele que possui habilidades motoras, técnicas, físicas, intelectuais e emocionais, acima da média de um determinado grupo, sendo identificado por meio de uma já desenvolvida aptidão demonstrada e formada num ambiente esportivo específico. Baseado em Weineck (2000) este talento para desenvolver-se e fazer valer sua SELEÇÃO deverá ser bem orientado e treinado de maneiras diversificadas e de maneira dinâmica, fornecendo a base necessária ao seu desenvolvimento.

Para entendermos realmente a importância de selecionarmos corretamente nossos atletas, Bérgamo (2004, p. 55) define:

> *(...) tão importante quanto selecionar é determinar a possibilidade de estabilidade dos resultados observados, pois a seleção do indivíduo que apresenta os melhores resultados naquele determinado momento, não garante necessariamente a manutenção deste mesmo posto durante o período da vida, quando comparados aos indivíduos da mesma faixa etária, especialmente se estiveram em momentos diferentes de maturação. Com isso, poder-se-ia estar perdendo um talento esportivo por desconsiderar-se as relações entre o desempenho esportivo e a idade biológica do atleta.*

Baseado nestas informações e pela pratica na seleção de talentos do futebol, desenvolvemos uma tabela de requisitos básicos a jogadores de diferentes categorias, facilitando o mapeamento das características e qualidades dos jovens jogadores, fornecendo informações que poderão auxiliar no processo de SELEÇÃO de jovens atletas, minimizando os possíveis erros de avaliação.

TALENTOS ESPORTIVOS

Ao lembrar que o futebol de alto nível difere-se do futebol lúdico, sabemos que poucos são os meninos que estão aptos a praticar o futebol competitivo e de alto rendimento, que trazem para a responsabilidade do jovem as competições, o estresse, a torcida, os negócios, o sucesso entre outros fatores que o profissionalismo deste esporte gera no pretendente. O talento possui as capacidades físicas, técnicas e competitivas elevadas e ainda se bem estimulado pode desenvolvê-las a ponto de tornar-se grande profissional do futebol.

Os pontos avaliados na busca destes talentos são principalmente:

1. Qualidade técnica;
2. Competitividade e Participação;
3. Disciplina;
4. Velocidade;
5. Inteligência de jogo;
6. Força;
7. Biotipo;
8. Conhecimentos táticos.

Tabela contendo faixa etária e exigências para cada uma delas:

CRITÉRIOS	FAIXA ETÁRIA				
	SUB-10 E SUB-11	SUB-12 E SUB-13	SUB-14 E SUB-15	JUVENIL	JUNIORES
Qualidade técnica	X	X	X	X	X
Competitividade	X	X	X	X	X
Disciplina	X	X	X	X	X
Velocidade		X	X	X	X
Inteligência de jogo		X	X	X	X
Força				X	X
Biotipo			X	X	X
Conhecimentos táticos			X	X	X

Algumas variáveis não são possíveis de avaliar por não possuírem protocolos (testes específicos) como a inteligência de jogo e o posicionamento tático que ficarão a cargo dos observadores técnicos que realizarão as avaliações técnicas.

9. TREINAMENTO E DESENVOLVIMENTO

"Conforme você melhora, o jogo fica maior."
Andrew Matthews

Estes dois conceitos são considerados a essência da área de gestão de pessoas. São definidos por Nadler (1984) como: "O treinamento é voltado para a melhoria do desempenho no trabalho e o desenvolvimento se relaciona ao crescimento do indivíduo. Na nossa visão e traduzindo estes conceitos para os campos de futebol, acreditamos que estes termos se interligam e tornam-se uma via de mão dupla, pois, ao treinar o indivíduo desenvolve-se, e a consequente melhora do desempenho tornará o treino de melhor qualidade, ocasionando o que se espera do treinamento no desenvolvimento da equipe.

Assim consideramos que o treinamento desenvolve o indivíduo que desenvolve o treinamento e tem o produto final uma equipe efetiva e bem treinada.

O treinamento deve ter objetivos básicos, porém, determinados ao desenvolvimento dos atletas e melhora no desempenho, estes são alguns itens que podem orientar seu planejamento do treino e devem possibilitar estes benefícios aos atletas:

- Bom relacionamento com o grupo;
- Agregar novos conhecimentos;
- Preparação física, técnica e táticas;
- Adquirir habilidades físicas, técnicas e táticas;

- Reconhecer as exigências do esporte;
- Estimular a criatividade, inteligência de jogo, visão periférica, visão de jogo;
- Entre outros.

Citamos alguns itens que devem fazer parte do treinamento dos atletas, mas cada treinador criará seu método de planejamento baseado no material humano e recursos materiais em mãos. Para exemplificar o que move o planejamento do treinamento, Borges-Andrade (1996, p. 117) propõe um sistema contínuo com três fases principais:

O sistema de treinamento e seus componentes.

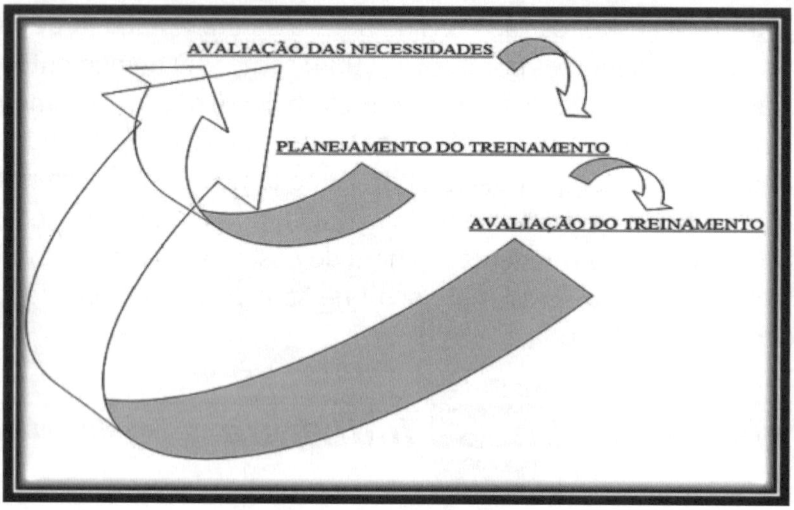

Fonte: Borges-Andrade (1996, p. 117).

Na descrição do autor, inicia-se este processo avaliando as necessidades do grupo, faz-se um planejamento do treinamento adequado a satisfazer estas necessidades e posteriormente avalia-se a qualidade do treinamento. Esta avaliação fornecerá informações para o planejamento de novos treinamentos, assim como evidenciará necessidades de mudanças e aperfeiçoamentos do programa de treinos.

Entendemos este sistema como algo muito próximo ao que podemos utilizar no futebol, mas aplicaria dentro do segundo item a palavra EXECUÇÃO do treinamento, para deixar explícito o momento onde se aplica a parte prática do treinamento efetivo, então o esquema ficaria assim:

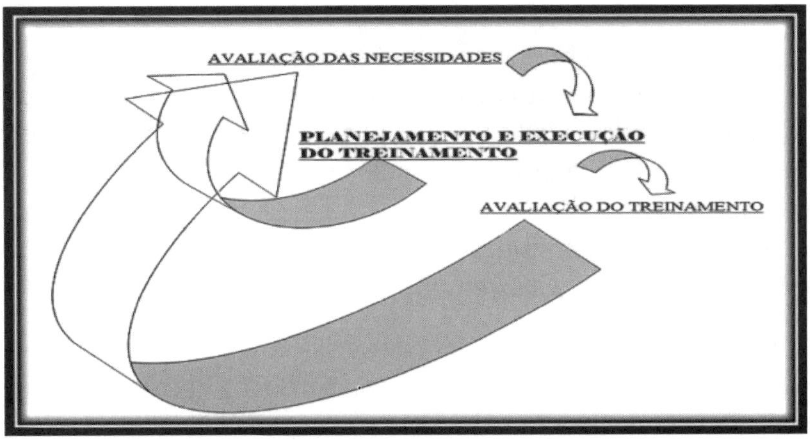

Os itens contidos no esquema são:

1. **Avaliação das necessidades:** será feita através de observações, planilhas, resultados dos testes de pré-temporada aplicados aos atletas antes do planejamento inicial;

2. **Planejamento das ações de treinamento:** após analisar as necessidades de treinamento, o treinador coordenará o planejamento e a execução dos treinamentos. Alguns aspectos são imprescindíveis para realizar um bom programa de treinos:
   - Abordar uma necessidade específica de cada vez;
   - Definir o objetivo do treinamento;
   - Dividir em partes o trabalho a ser desenvolvido;
   - Determinar o conteúdo do treinamento;
   - Escolher o método do treinamento;
   - Definir os recursos disponíveis;
   - Definir o número de atletas participantes, o local, o volume e a intensidade do treinamento.

Com a necessidade de estruturar o treinamento é importante que este seja feito em conjunto com toda a comissão técnica, formando uma equipe multidisciplinar, sendo cada um especialista em uma área específica, responsável por diferentes etapas de uma sessão de treino.

3. **Avaliação do treinamento:** o modelo de avaliação usado por gestores desde 1959 determina quatro níveis a serem avaliados:

- Avaliação de Reação: como o próprio nome diz, refere-se a entender como cada atleta reage ao treinamento;
- Aprendizagem: para se entender o nível alcançado pela aprendizagem, deve ser feito um comparativo dos testes realizados antes do início do treinamento com os índices atuais;
- Comportamento: identificar a mudança de comportamento dos desempenhos em função do treinamento;
- Resultados: indica a extensão dos resultados devido ao treinamento.

Utilizando-se desta ferramenta de avaliação do treinamento devemos observar o desenvolvimento das capacidades físicas, técnicas e táticas dos atletas.

- **Físicas:** cabe principalmente a analise do preparador físico, porém quando a equipe não possuir um, o treinador deverá avaliar a evolução das principais capacidades físicas relacionadas ao futebol, como as capacidades coordenativas, de velocidade, de força, resistências, flexibilidade e as capacidades de aprendizagem dos elementos do jogo.
- **Técnicas:** O treinamento técnico do futebol é uma das preparações do jogador à modalidade, normalmente envolvendo a bola o atleta passa a ter contato direto com exigências específicas do jogo desenvolvendo e aperfeiçoando a técnica, habilidade e improviso para desenvolver bem suas funções no campo de jogo são elementos do jogo e de extrema importância para qualificar o atleta dentro do futebol. São eles os passes, as assistências, as finalizações, as roubadas de bola, os cabeceios, as recepções ou domínios. São treináveis e o desenvolvimento individual dos atletas em cada fundamento técnico trará maior qualidade ao coletivo, tornando uma equipe mais efetiva em busca dos objetivos.
- **Táticas:** são as movimentações coletivas, realizadas individualmente com um propósito comum de todos os atletas conforme orientado pelo treinador. A disciplina tática, definida pelo posicionamento ofensivo e defensivo, as movimentações (ultrapassagens, triangulações, etc), a marcação (pressão, intermediária, campo defensivo), a visão de jogo coletivo, jogadas ensaiadas, entre outros aspectos que o treinador deve desenvolver em seus atletas.

10. GESTÃO DE DESEMPENHO

"Quando a equipe está em sintonia, tudo evolui lindamente, como se participássemos de uma dança sincronizada."

Pelé

A gestão de desempenho é uma forma substituta da avaliação do desempenho, aliás, ela incorpora a avaliação e vai além, gerenciando o desempenho, identificando as deficiências e traçando ações para eliminá-las. Este tipo de ação permite avaliar o potencial humano, prever comportamentos e desempenhos futuros e analisar a força da equipe. O treinador de futebol preocupado com o desenvolvimento da equipe e de seus atletas individualmente, que trabalha com a memória organizacional, terá a partir destas informações armazenadas como avaliar seus atletas, destacando informações físicas, técnicas, táticas e psicológicas conduzindo ações (treinamentos) com o objetivo de qualificar o indivíduo para que este possa de maneira efetiva contribuir ao sucesso da equipe, ou seja, a análise individualizada terá como foco o aprimoramento das peças para que atuem dentro do grupo com sua máxima eficiência.

Souza *et al.* (2005) salientam que nem sempre o desempenho apresentado no trabalho é compatível com o que a organização espera e, portanto, torna-se essencial avaliar os fatores geradores dessas discrepâncias, para tomar decisões a fim de solucionar os problemas existentes. O treinador deverá utilizar de todo o seu conhecimento e experiência para entender, partindo das informações coletadas, os problemas que afetam o desempenho do atleta. O líder tem essa missão de dar visibilidade aos fatos, que provavelmente os outros nunca veriam.

Algumas causas do mau desempenho podem ser:

- Do indivíduo;
- Do grupo;
- Do treinador;
- Fatores externos.

Existem algumas situações que levam o atleta a desempenhar insatisfatoriamente seu trabalho:

- Função incompatível com perfil;
- Desmotivação;
- Ausência de integração no grupo;
- Desestruturação do planejamento;
- Ausência de clareza nos propósitos.

AVALIANDO O DESEMPENHO

Cada avaliador terá um ponto de vista diferente, por isso é necessário que se criem padrões e critérios de avaliação iguais para todos os avaliados. Os erros nestas avaliações produzirão informações inverídicas, trazendo consequências danosas ao desenvolvimento da equipe. É muito importante em uma avaliação deixar de lado as preferências pessoais, avaliando o desempenho e não a pessoa. Se analisarmos o indivíduo poderemos considerar aspectos como o seu passado, sua simpatia ou antipatia, suas preferências, gostos e hobbies, enquanto o que realmente nos interessa é o desempenho. Por isso se o avaliador não for o próprio treinador, deverá ser alguém de confiança com amplo conhecimento e sintonizado ao treinador na busca de atletas com as melhores performances.

Muchinsky (2004), Tachizawa, Ferreira e Fortuna (2001) e Robbins (1999) citam e conceituam alguns erros de avaliação.

- **Efeito halo:** avaliador toma apenas um aspecto no qual o profissional se destaca ou apresenta desempenho inadequado e generaliza para todos os outros. Ele sub ou superavalia os desempenhos de acordo com a imagem que criou dessa pessoa.
- **Leniência:** avaliador abranda seu julgamento a respeito dos avaliados, evita opiniões autênticas.
- **Erro de tendência central:** avaliador faz uma avaliação média de suas equipes, evita atribuir notas altas ou baixas, mesmo que retra-

tem a realidade. Portanto, tanto faz ter desempenho de excelência como medíocre, a avaliação será sempre mediana.

- **Falsidade:** avaliador oculta ou distorce propositadamente informações sobre o avaliado, a fim de beneficiá-lo ou prejudicá-lo.
- **Critério único:** avaliador analisa somente uma entre tantas tarefas do avaliado.

Qualquer que seja o erro cometido na avaliação prejudicará o atleta individualmente, a equipe e o trabalho do treinador.

11. GESTÃO DO CONHECIMENTO

"De certo modo, o fracasso é a estrada para o sucesso, visto que toda descoberta do que é falso nos leva a buscar seriamente o que é verdadeiro."

John Keats

Neste item que compõe os sistemas de gestão que podem servir de auxiliares no processo de desenvolvimento dos treinadores de futebol, devemos entender a forma como podemos nos servir de informações adquiridas e transformá-las em potenciais instrumentos de sucesso. Duas expressões são utilizadas para definir o valor da obtenção de informações da área administrativa, e em nosso caso da área desportiva. São elas: a VANTAGEM COMPETITIVA e a INTELIGÊNCIA COMPETITIVA. Em termos voltados à ADMINISTRAÇÃO a vantagem competitiva segundo Carbone *et al.* (2005, p. 37) "é uma situação de superioridade, em termos de desempenho, de uma empresa em relação aos seus concorrentes. A inovação é vista como fator que possibilita essa vantagem que por sua vez depende do conhecimento".

Por sua vez a inteligência competitiva é a maneira como aproveitamos a vantagem competitiva, transformando as informações obtidas em conhecimento, revertidos a um planejamento embasado neste conhecimento adquirido (Tarapanoff, Araujo Jr e Cornier, 2000).

Para conseguirmos compreender a proposta de Alvim (2000), devemos conceituar alguns itens:

Muitos autores ressaltam que dados são observações não organizadas do mundo e informações são dados relevantes que podem ser aplicados e utilizados de alguma forma. Para Alvim (2000) o conhecimento é uma informação com valor agregado e passível de aplicação. Ele criou um esquema que demonstra a forma de utilização das informações para que esta seja aproveitada da melhor maneira possível por quem as possui.

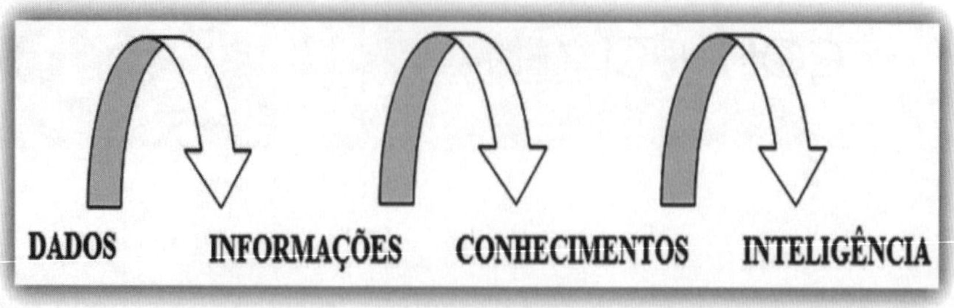

Dentro do contexto do futebol podemos adquirir estas informações de diferentes maneiras:

- Observadores técnicos;
- *Scouts*;
- Vídeos.

A observação pode ser feita:

- Em tempo Real:
  - ✓ Direta: ao vivo no local do jogo;
  - ✓ Indireta: pela televisão
- Em tempo posterior:
  - ✓ Observador não está presente e se utiliza de material complementar (vídeos) para registro dos dados.

O treinador do clube deverá formar um sistema de análise que combine com seu estilo e formas de trabalho.

Este sistema deve conter:

- Objetivo da observação;
- Recolhimento de Dados: tipo, qualidade e quantidade;
- Formas de apresentação do conhecimento registrado;
- Dados descartados;
- Formação de uma base de dados;
- Informações repassadas e a forma de utilizá-las em benefício próprio.

A análise das informações de um jogo que interessa o recolhimento dos dados significativos pode ser demonstrada através do esquema:

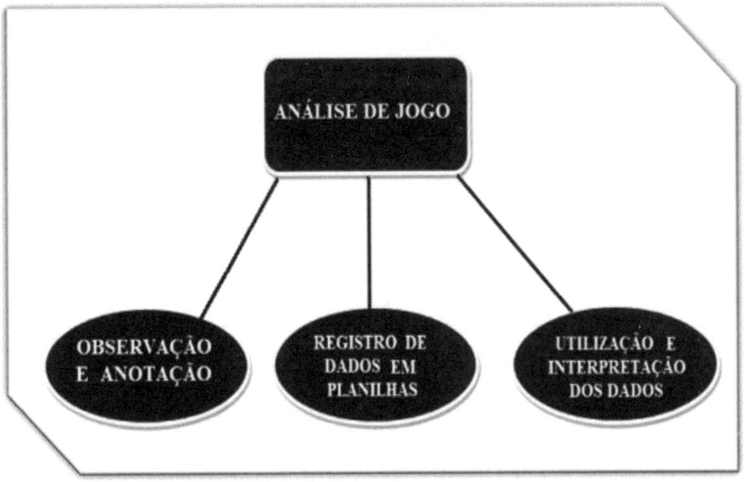

Estas informações devem ser traduzidas em conhecimento e partindo da vivência teórica e prática do treinador, executadas na evolução da sua equipe, perante os adversários. Estas informações adquiridas através de observações e *scouts* podem ser referentes ao adversário ou a correção de erros de minha própria equipe. Estas informações podem ocorrer em três níveis, segundo Fleury e Oliveira Jr. (2002): Nível da Organização, do grupo e do indivíduo. Este esquema de informações obedece a uma ordem, onde as informações obtidas pelo treinador são repassadas ao grupo e depois individualizadas sempre buscando a evolução da equipe.

Este processo contínuo de informações dentro da equipe proporciona a correção de erros e aperfeiçoamento da equipe. Para muitos autores a base do conhecimento é a disseminação das experiências individuais. Desta forma podemos entender que é muito importante que o esquema de troca de informações seja um ciclo e as informações individuais determinantes para ajustes e detalhes que podem decidir uma partida em favor da própria equipe.

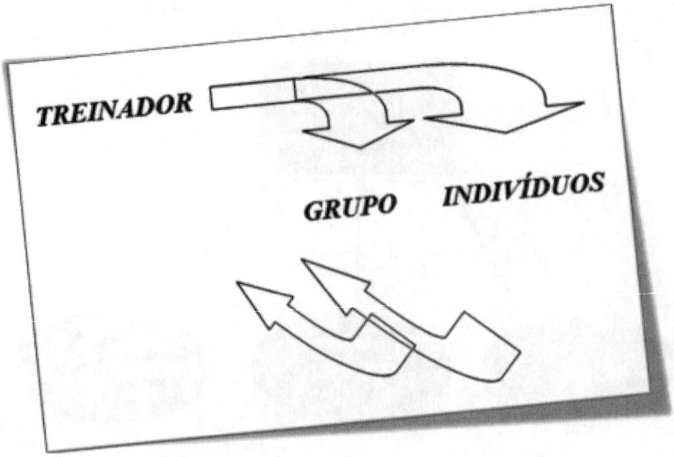

Este ciclo deve ser colocado em prática utilizando as informações dentro da própria equipe, para informações sobre o adversário a responsabilidade é da comissão técnica e levam em considerações fatores que facilitam a identificação das características do oponente. Para realizar esta tarefa com maior facilidade o treinador deve elaborar um relatório de observação dos jogos que devem constar itens fundamentais a analise do adversário, como:

- Descrição do Jogo: adversário, local do jogo, horário, clima, fase do campeonato, entre outras;
- Desenho tático do adversário: sistema tático, esquema tático, posicionamento, marcação;
- Características Individuais;
- Características Coletivas;
- Jogadas ensaiadas;
- Histórico do jogo.

Observando estes itens o treinador terá uma boa base das informações principais do oponente, destacando os pontos fortes e fracos do adversário, desta forma deve preparar a preleção na semana do jogo contendo informações e imagens que serão repassadas aos atletas.

Preparação para os jogos:

- Seleção dos últimos jogos da equipe;
- Seleção dos últimos jogos do adversário;
- Compacto com as principais jogadas do último jogo da equipe;
- Compacto com as principais jogadas do último jogo do adversário;
- Seleção de gols e bolas paradas;
- Seleção de gols e bolas paradas do adversário;

- Seleção de jogadas individuais de destaque (equipe e adversário);
- Seleção de lances para correção da equipe.

Após a realização desta preleção com imagens, o treinador deve preparar o treino considerando as informações obtidas nos vídeos e scouts. Por isso é de extrema importância a correta edição das imagens principais e que destaquem de forma sucinta as principais jogadas a serem evitadas e as formas de explorar os pontos fracos do oponente. É necessário valorizar o potencial do rival, porém concentrar a equipe em seu próprio desempenho. Após a visualização das informações e troca de ideias entre atletas e equipe técnica, caberá ao treinador montar um treinamento adequado e correspondente ao apresentado nas imagens. É fundamental que a equipe técnica saiba tudo sobre o adversário e para o treinamento deve-se dar tempo necessário para que os atletas simulem as situações de jogo contra o oponente. Dentro do próprio treino os jogadores devem participar do processo decisório das ações tomadas perante o adversário. Formando o ciclo de informações que visualizamos anteriormente.

12. MEMÓRIA ORGANIZACIONAL

"A vida só pode ser entendida olhando para trás, mas deve ser vivida para a frente."

Soren Kirkegaard

Um grande número de informações e conhecimento organizacional aumenta muito a chance de enfrentar adversidades e desafios do ramo atuante com boas perspectivas de alcançar o sucesso. Algumas empresas buscam construir a sua própria memória organizacional com informações relevantes, sobre histórico da organização, quadro e perfil de funcionários e experiências de sucesso e de fracasso. Oliveira e Forte (2004) revelam que a gestão de conhecimento compreende uma área de estudo multidisciplinar que visa à integração de diversas áreas que compõem uma organização e que abrange sua criação, compartilhamento e armazenagem. No futebol toda a comissão técnica pode valer-se desta memória e histórico de informações, o treinador terá informações de ordem técnica e tática, histórico de resultados e desempenhos coletivos e individuais. Além da preparação física que terá dados relevantes à performance física de atletas. Estas informações multidisciplinares que abrangem toda a comissão técnica devem ser compartilhadas e oferecidas de modo resumido aos atletas e após sua análise armazenadas em banco de dados que formarão a memória organizacional do clube. Na criação desta memória organizacional devemos levar em consideração três pontos principais, segundo Fleury e Oliveira Jr. (2002):

- Aquisição e desenvolvimento de conhecimento;
- Disseminação de conhecimento;
- Construção da memória organizacional.

Para a aquisição e desenvolvimento do conhecimento podemos utilizar recursos que facilitarão a planificação dos dados coletados. A aquisição do conhecimento se deve a técnicas de observação e registro de dados com diferentes formas de obtenção:

- Registro manual;
- Registro manual e oral;
- Utilização posterior do computador;
- Utilização simultânea do computador;
- Utilização do computador com comando vocal;
- Utilização do computador e tecnologia de vídeo.

Estas são as formas que podemos utilizar pra colher os dados observados. Podemos notar que os métodos variam de acordo com a possibilidade financeira do clube onde estiver trabalhando, porém o registro manual não requer custo algum e trará benefícios ao trabalho de aperfeiçoamento da equipe. O observador ou treinador que fará as anotações dos dados deverá ter algumas qualidades que trarão informações mais exatas dos fatos. As características fundamentais são: ATENTO, INFORMADO, ORGANIZADO, DISCRETO, ATUALIZADO, ÓTIMA MEMORIZAÇÃO, CONCENTRADO, E TER CONHECIMENTOS TÉCNICOS E TÁTICOS DO FUTEBOL.

Onde se refere à disseminação do conhecimento, ela realiza-se através de quatro processos:

- Pela comunicação e circulação de conhecimentos entre as pessoas na organização;
- Pelo treinamento;
- Pela rotatividade de pessoas na organização;
- Pelo trabalho em equipes diversas, trocando experiências com pessoas de diferentes culturas e formações.

Segundo Godik (1996) a necessidade de registro e das análises das ações individuais técnico-tática foi apresentada pela primeira vez em 1936, a proposta era fixar a quantidade de passes e outras técnicas do jogo, bem como a efetividade dessas técnicas na evolução das ações de ataque e defesa. O treinador deverá ser o responsável pela criação deste banco de dados dentro do clube, pois estudos referem-se à memorização dos treinadores em lances de jogo em torno de 45% do ocorrido, comprovando assim a limitação de nossas memórias. Considerando ainda fatores emocionais e psicológicos, pressão da torcida, busca por resultados satisfatórios, acentua-se a importância da utilização do banco de dados dentro da organização onde o treinador esta atuando. Assim ele poderá utilizar das informações da melhor maneira e no momento em que desejar. Com este conhecimento adquirido ele poderá basear seu planejamento estratégico em informações coletadas dentro do próprio clube. Ao deixar o clube, ali ficará o registro do seu trabalho, o desenvolvimento de seus atletas e um histórico de informações valioso para o clube.

Possíveis equipamentos para uma memória organizacional:

- Bloco de anotações;
- Gravador;
- Câmera de vídeo;
- Máquina fotográfica;
- Computador;
- Ilha de edição.

13. MOTIVAÇÃO

"Cada desastre em sua vida não é exatamente um desastre, mas uma situação à espera de uma nova maneira de pensar."

Andrew Matthews

O treinador procura despertar a motivação de seus atletas para que realizem o treinamento diário determinados a desenvolverem-se. Para entendermos este termo Motivação utilizaremos a citação dos autores Schermerhorn Jr., Hunt e Osborn (1999, p.86) destacam que "motivação se refere às forças internas da pessoa, responsáveis pelo nível, direção e persistência do esforço despendido no trabalho". Ao se determinar que a motivação seja interna, muitos esforços para desenvolver nos esportistas esta vontade de crescer parecem ser em vão, por isso precisamos entender que não é só de estímulos internos que se produz motivação nos atletas.

A motivação pode ser INTRÍNSECA E EXTRÍNSECA:

- **Intrínseca:** caracterizada pelo envolvimento do indivíduo em uma tarefa, gerado pelo prazer provocado pela atividade.
- **Extrínseca:** caracterizada por estímulos externos, como prêmios e recompensas.

Podemos entender através da definição de Muchinsky (2004, p. 402) como tratar com este assunto em nosso cotidiano:

> "Em conclusão, a motivação no trabalho tem uma multiplicidade de causas e catalisadores e não existem soluções simples ou uma maneira correta de motivar um indivíduo ou grupo".

Para Bernardinho em seu livro – *Transformando Suor em Ouro* – p. 115, a motivação baseia-se em dois pilares: o primeiro deles é a necessidade. Se você precisa, vai se dedicar. O segundo é a paixão. Se você gosta, ama o que faz, vai querer melhorar sempre.

Portanto são duas situações que devem ser analisadas e partem da vontade do próprio atleta. Mas nós acreditamos que algumas atitudes do treinador podem levar a uma maior motivação dos atletas:

- Organização;
- Convicção do planejamento;
- Clareza de ideias;
- Disciplina e harmonia do grupo;
- Postura;
- Ética e lealdade;
- Entre outros.

Para isto, o treinador deverá demonstrar todo o seu potencial e todo conhecimento que possui sobre futebol, mas isso não basta para estar à frente de uma equipe o líder precisa entender as emoções, o intelecto e o físico de seus atletas. Líderes despreparados e sem as qualificações necessárias para comandar e motivar positivamente seus atletas estão destinados ao fracasso. Para mim não existe maneira melhor de motivar os atletas do que com vitórias, mas para isso precisamos de trabalho, seriedade, disciplina, treinamento e coesão de grupo em busca deste sucesso. Para Rees e Meer (1997) não importa qual seja o resultado final da partida, mas comentários bem escolhidos após o término do jogo podem elevar a moral da equipe para uma partida subsequente.

14. CRIATIVIDADE

"A melhor maneira de predizer o futuro é criá-lo."
Peter Drucker

Nos permitimos abrir um pequeno capítulo deste livro para falar de uma qualidade e competência que ainda faz a diferença positivamente, aliada ao planejamento e disciplina no trabalho, a criatividade. Para Bruno-Faria (2003) criatividade diz respeito ao processo de gerar e desenvolver ideias com grau de novidade e valor para a organização.

Um treinador criativo consegue sair de situações imprevistas com maior facilidade e êxito, buscando soluções dentro dos seus próprios recursos momentâneos. Para se tornar criativo o líder precisa ter atitudes que se tornem habituais em sua maneira de agir, algumas atitudes que auxiliam no costume de ser criativo são:

- Decida ser criativo;
- Busque a todo o momento soluções e alternativas;
- Anote suas ideias;
- Analise estas ideias;
- Identifique seus reais problemas;
- Veja os problemas como oportunidades de desenvolver-se;
- Tente o óbvio;
- Se o caminho óbvio não der certo, arrisque-se;
- Seja diferente, mas aja com coerência;
- Pense de forma pouco convencional;
- Reflita antes de decidir;
- Não se cobre demasiadamente ao errar;
- Aprenda com os erros e não repita estes erros;
- Seja paciente e persistente.

Estas atitudes baseadas no livro de Ernie Zelinski, – *O Sucesso é mais Simples do que Você Pensa* – permitirão ao treinador ser criativo, dentro de seu trabalho e planejamento, sendo uma ótima ferramenta para atingir o sucesso. Seja criativo, dedique-se ao trabalho e a sorte será sua aliada.

Um dos maiores exemplos de criatividade no futebol foi observado no mundial de 1974, a seleção holandesa apresentou um futebol inovador descrito por Galeano (2004) como uma equipe onde *"todos atacavam e todos defendiam, espalhando-se e unindo-se vertiginosamente em leque, e o adversário perdia as pistas diante de uma equipe onde cada um era onze"*. Aquela equipe formada pelo treinador Rinus Michels encantou o mundo e chegou a final onde foi derrotada pela Alemanha, mas a criatividade e inovação da "Laranja Mecânica" marcaram o futebol. Rinus Michels sempre que questionado sobre sua invenção mencionava que pôde fazer aquilo, pois contava com atletas de excelente preparo físico e inteligência superiores. Importante ao treinador é avaliar a capacidade de seus comandados e a aceitação por parte dos atletas sobre as inovações e propostas, pois de nada adianta uma ideia brilhante sem compreensão ou esforço. Outra formação criativa que podemos encontrar na história do futebol é da seleção brasileira em 1970, onde o Brasil contava com muitos craques que jogavam em seus clubes em funções semelhantes. Zagallo então treinador, definiu a formação nacional com Pelé, Rivellino, Tostão e Jairzinho que em seus clubes atuavam de formas semelhantes. Nota-se o interesse do treinador em escalar a qualidade técnica e adaptar os atletas em suas funções, pois notadamente todos estes atletas eram acima da média e de muita inteligência de jogo.

Hoje está cada vez mais difícil ao treinador ser criativo, pois com a disseminação das informações, sistemas táticos e esquemas táticos são observados em bancos de dados dos clubes onde treinadores dedicam-se a decifrar o adversário. Cabe hoje aos líderes criarem alternativas nos intervalos ou em situações extremas, como expulsões, lesões ou algo incomum ao jogo. Mas esta criatividade têm se mostrado de grande valor e treinadores com esta facilidade de criar alternativas à vitória são bem vistos no mercado profissional. Então estude, observe, arrisque e não tenha medo de surpreender seu adversário, criando a sua forma de vencer.

"Uma sociedade baseada apenas na produção é meramente produtiva, não criativa."

Albert Camus

15. ÉTICA

"Esqueça-se do seu cargo, esqueça-se da sua posição e fale com o coração."

Steve Farber

A ética deve ser considerada um dos elementos essenciais do relacionamento humano e quando negligenciada provoca consequências indesejáveis e promove a desarmonia do ambiente de trabalho. O termo ética refere-se à reflexão sobre princípios diferenciados entre o correto e o incorreto em nossas ações no convívio com o próximo. Muitas discussões que podemos ver na sociedade e nos meios de comunicação sobre as transformações contemporâneas no mundo demonstram a dificuldade de discernimento entre o certo e o errado. Para Varella (2002, p. 127) a ética "... consiste numa reflexão crítica que permite a escolha da melhor forma de agir. Essa reflexão tem por objetivo a moral, os valores e os princípios que na prática estabelecem as regras do agir em recursos humanos." Este mesmo autor propõe um quadro relacionado à ética na gestão de pessoas e a forma correta de agir:

Quadro – Ações de gestão de pessoas decorrentes dos princípios de um código de ética.

TÍTULO DE REFERÊNCIA	PRINCÍPIO
Seleção de pessoas	Este processo deve oferecer oportunidades iguais a todos sem discriminação de cor, raça, sexo, religião e nacionalidade. Não deve ocorrer discriminação de aparência, idade, orientação sexual, deficiência física, estado civil, número de filhos ou posição social.

TÍTULO DE REFERÊNCIA	PRINCÍPIO
Compromisso com valores	As pessoas devem ser selecionadas também pelo alinhamento com os valores da organização.
Avaliação das pessoas	A imparcialidade e a justiça são importantes na avaliação de subordinados. As opiniões devem ser fornecidas em condições de respeito. Se possível oferecer conselhos para desenvolvimento da carreira do atleta.
Remuneração	A remuneração deve ser justa e suficiente.
Relações Trabalhistas	Respeitar os direitos dos atletas e cumprir com acordos e contratos.
Demissão	O processo de demissão deve ser digno, comunicar pessoalmente, individualizado e com privacidade. Orientação para a continuidade da carreira também faz parte de atitudes éticas.

Fonte: adaptado de Varella (2002, p.131-135).

Qualquer gestor deverá considerar estes princípios ao agir com seus subordinados mantendo a postura leal perante o que se espera dele. O treinador de futebol deverá manter esta conduta, desde a chegada de um atleta ao clube até uma possível dispensa ou demissão. Desta forma sempre será respeitado e terá a confiança de seus comandados. Para Milkovich e Boudreau (2000) a imparcialidade no tratamento, contratação, promoção, treinamento e remuneração dos comandados promove o senso de ética e justiça, pois consideram que o sentimento de injustiça pode afetar as atitudes e o comportamento dos empregados. Para eles as consequências disto geram: absenteísmo, baixa motivação, falta de preocupação e qualidade, ausência de sugestões para melhoria no trabalho, falta de comprometimento e até mesmo sabotagem. Ou seja, tudo o que pode comprometer a construção de nossa equipe efetiva. Então o treinador de futebol deve ter cuidados extremos no sentido de ser ético em suas ações para que seu trabalho seja baseado na confiança e lealdade dos seus atletas. Dentro dos princípios da ética, devemos ter o cuidado para não cometermos um erro considerado por alguns autores como "um fenômeno destruidor do ambiente de trabalho", provoca desgastes psicológicos e danos ao crescimento da equipe. Este fenômeno é chamado de ASSÉDIO MORAL.

A definição deste termo é proposta por Hirigoyen (2005, p. 65):

> "Toda e qualquer conduta abusiva manifestando-se, sobretudo por comportamentos, palavras, gestos, escritos que possam trazer dano à personalidade, à dignidade ou a integridade física ou psíquica de uma pessoa, pôr em perigo seu emprego ou degradar o ambiente de trabalho."

Este fato pode ocorrer sempre que houver relação interpessoal e seus efeitos podem ser irreversíveis na construção de um bom relacionamento com os atletas, desta forma o treinador deverá utilizar todo o seu bom-senso no trato com seus comandados, trabalhando com respeito. Uma forma frequente de ocorrer o assédio moral, são brincadeiras em momentos equivocados, mal interpretada por qualquer um dos pontos de vista será desagradável e ocasionará em um ambiente desconfortável a todos. O treinador deve evitar estas atitudes, ter postura profissional e deixar este tipo de atitude à ambientes informais que permitam estas particularidades.

Outras maneiras de configurar assédio moral:

- Ignorar o atleta;
- Desqualificar o atleta;
- Diminuir a autoconfiança do atleta;
- Submeter o atleta a tarefas desqualificantes;
- Induzir o atleta ao erro para constrangê-lo;
- Prejudicar a imagem do atleta;
- Entre outros.

Mas é importante ressaltar que fatos isolados ocasionados por nervosismo ou mau-humor momentâneos não representa assédio moral, mas sim atitudes constantes e frequentes deste tipo de comportamento. Quando ocorrer este tipo de situação, o treinador deverá pedir desculpas, buscar uma solução para que não volte a ocorrer esta atitude, pois sabemos que conflitos são inerentes ao relacionamento interpessoal, mas deve ser resolvido sem prejudicar e desequilibrar o grupo e ambiente de trabalho. O treinador/gestor deve entender que agir de maneira ética com seus atletas é correto, porém isso não significa que não terá problemas de relacionamento. A criatividade em usar todo o seu potencial de líder pode fazer a diferença para produzir um trabalho de excelência em um clima saudável.

16. INTRODUÇÃO AO FUTEBOL ATUAL

"Quem só teoriza, não sabe. Quem só pratica, repete. O saber nasce da conjugação da teoria e da prática."

Manuel Sérgio

O futebol é um dos esportes mais populares no mundo. Praticado em centenas de países, este esporte desperta tanto interesse em função de sua forma de disputa atraente. O futebol como atividade física proporciona diversos benefícios, mas se praticado corretamente. As implicações deste esporte passam pelos conhecimentos técnicos sobre a prática desportiva saudável através da orientação de profissionais da Educação Física, adequar à intensidade, a duração e a frequência em que a atividade é realizada para cada faixa etária e os objetivos a serem atingidos favorecem a uma prática esportiva saudável. Ao se utilizar de escolas de esportes podem-se beneficiar crianças e adolescentes, de diversos fatores ligados ao condicionamento físico, por tratar-se de atividade ampla de movimentações orientadas por profissionais formados e especializados para a prática da modalidade oferecida, segundo Paim (2001) encontra-se nos clubes de iniciação desportiva, através das competições e treinamentos direcionados, que favoreça o progresso pessoal do atleta, o ambiente ideal para o desenvolvimento dessas características. Barbosa (1991) coloca as seguintes vantagens do esporte: estimula a socialização, serve como um "antídoto" natural de vícios, ocasiona maior empenho na busca de objetivos, reforça a auto-estima, ajuda a equilibrar a ingestão e o gasto de calorias e leva a uma menor predisposição a moléstias, pois o profissional de Educação

Física busca utilizar na sua metodologia de trabalho procedimentos diagnósticos, técnicas e instrumentos de mensuração e avaliação funcional e motora, entendendo sobre a biomecânica dos movimentos realizados no desporto, sua composição corporal bem como da aplicação de cargas e dinâmicas de treinamento sempre auxiliando na execução dos movimentos buscando dar auxílio e segurança ao aluno/atleta. Neste sentido este livro pretende informar alunos/atletas e treinadores de forma integral, atuando na educação física, moral, intelectual e psicológica, formando cidadãos através do esporte. Greco (2000) afirma que as crianças e adolescentes que não têm potencial para o esporte de alto rendimento devem ser orientadas para que o utilizem como forma de lazer e saúde. Por isso incluímos neste livro exercícios físicos aplicados na prática por profissionais formados com o objetivo de formar atletas, mas também divertir através de movimentos da modalidade. Veremos adiante exercícios de treinamento das capacidades físicas utilizando-se de movimentações semelhantes ao do jogo de futebol propriamente dito, buscando aperfeiçoar os fundamentos técnicos. Muitas literaturas atuais e o que vemos seguidamente na prática é que no caso específico do futebol, não se deve esquecer a utilização da bola no treinamento físico. Os exercícios físicos com bola aproximam-se do jogo e tem um efeito benéfico (Kunze, 1987). Para Golomazov e Shirva (1996), treinar a velocidade com bola aumenta a precisão do chute.

1. OBJETIVOS DE ESCOLAS DE FUTEBOL

- Área de Promoção do Lazer e da Saúde;
- Área de Iniciação Desportiva;
- Área de Formação Desportiva.

1.1. OBJETIVOS DOS COORDENADORES TÉCNICOS

1. Estipular propostas de trabalho, baseadas em conhecimento científico;
2. Desenvolver controle periódico através de testes físicos e técnicos por meio de protocolos válidos na literatura;
3. Organizar banco de dados para nortear as ações e fornecer dados corretos a pais e alunos;
4. Possibilitar condições físicas ideais;
5. Possibilitar local para a prática de atividades físicas e de lazer;
6. Possibilitar a detecção de novos talentos.

17. LUDICIDADE X RENDIMENTO

Neste ponto queremos diferenciar o lúdico do rendimento, uma das problemáticas que mais assombra os profissionais de escolas de iniciação ao futebol. Discutem-se alguns objetivos sobre jogos e brincadeiras no futebol e suas atitudes nas idades respectivas de aprendizado; de acordo com esta perspectiva deve-se dentro de escolas de futebol demonstrar como é fundamental a diversificação de experiências motoras aos aprendizes desta modalidade, que trarão um amplo conhecimento sobre as necessidades físicas impostas pelo desporto, como o conhecimento sobre o próprio corpo e suas capacidades físicas que auxiliarão no bom desempenho das funções requeridas. Através de livros e estudos sabemos da importância de se periodizar corretamente de acordo com a idade dos participantes. Todo ser humano gosta de jogar, competir, participar e neste momento é que o lúdico tem sua participação fundamental, pois englobam vários benefícios como o aprimoramento físico, a evolução da capacidade motora, a cooperação e o convívio em grupo, entre tantos outros. O lúdico faz parte do comportamento característico da infância, por isso todos os profissionais devem levar em consideração esta utilização no ensino. Quando está brincando a criança se permite criar, e nesta criação desenvolve potenciais físicos, mas principalmente cognitivos, aprendendo a tomar decisões e refletir sobre a melhor forma de praticar. Portanto a assimilação de gestos e evolução das capacidades físicas através de exercícios inerentes ao futebol de forma que utilizem a bola, principal objeto do jogo e que fascina as crianças, devem ser considerados no momento de montagem de programas de treinamentos a praticantes do futebol. É importante salientarmos que em escolas de futebol, não se matriculam somente aspirantes a profissionalização nesta modalidade, mas também crianças que procuram formas de lazer e mais ainda atividades físicas que lhe proporcionem saúde e bem-estar com o próprio corpo, já que hoje uma das epidemias que assustam e estão presentes em todas as camadas sociais é a obesidade infantil. Por isso jogar sem fazer a preparação física seria um erro de certa forma, pois observamos dentro de jogos de futebol, atletas que se esforçam e outros nem tanto, sendo as exigências físicas diferentes para cada atleta. Por isso exercícios com bola que divertem e possibilitam a análise particular de cada atleta, facilitará a observação do treinador das necessidades individuais de seus alunos.

1. TALENTOS ESPORTIVOS

Para Cunha (2009) o futebol moderno deixou de ser apenas uma diversão ou forma de exercício físico, para se tornar uma profissão. Como todas as profissões, o futebol exige resultados positivos e esses resultados são alcançados por meio das vitórias e títulos. Para isso é necessário que o treinador tenha conhecimento sobre seus jogadores de forma que possa adequar o planejamento físico, técnico e tático conforme as aptidões dos atletas selecionados. De acordo com Pavanelli (2004) o treinamento deve observar critérios do futebol, com suas características próprias, isso não implica que seus jogadores sejam especialistas em velocidade, que tenham a capacidade aeróbia de um maratonista, mas sim uma forma equilibrada dessas capacidades, melhorando a prática do futebol e demonstrando competência técnica individual que chamamos de talento.

Para que o treinador possa montar sua equipe de acordo com sua expectativa de uma equipe ideal deverá selecionar os talentos que comporão o grupo. Para esta seleção enumeramos os métodos mais utilizados por profissionais do futebol:

1. **Peneiras:** neste método de detecção o profissional poderá organizar uma partida ou várias de tempos reduzidos observando um grande numero de atletas em um mesmo dia ou período. Neste método faz-se necessário o acompanhamento de um profissional experiente devido ao curto tempo de participação dos atletas na seleção.
2. **Observação Técnica:** este processo difere-se das peneiras, pois normalmente utiliza-se de períodos mais longos de avaliação, normalmente uma semana, sendo observados os critérios físicos, técnicos e disciplinares. Neste modelo podem-se utilizar fichas de avaliação e ao final da semana selecionam-se os atletas que preencheram os requisitos pré-programados entre a comissão técnica.

3. **Edições de Imagens:** para este processo o atleta utiliza de edição de imagens selecionadas em jogos e treinos, enviando-as a clubes, observadores técnicos, olheiros, etc.

Atualmente dentro destes três métodos são as maiores chances de se detectar talentos para o futebol. Consideramos o segundo método o mais indicado por haver um maior embasamento formando um critério de avaliação claro, preciso e organizado das informações podendo ser utilizadas no momento ou posterior busca de perfis de atletas.

Hoje observa-se a evolução da profissão "olheiro" para a de "observador técnico", acabando com o empirismo na troca por profissionais com conceitos claros sobre as necessidades do futebol atual, com critérios de avaliação, banco de dados, organização das informações dando credibilidade ao processo seletivo de talentos.

Sugerimos uma tabela descrita anteriormente no capítulo VIII, no tópico TALENTOS ESPORTIVOS, que contém os pontos que deverão ser avaliados na busca destes talentos de acordo com a faixa etária especifica.

2. AVALIAÇÕES DE RESPONSABILIDADE DO TREINADOR DE FUTEBOL

Entre as especificidades do exercício profissional do Educador Físico, as avaliações são atribuições designadas a ele. Através da mensuração dos dados coletados permite ao treinador criar um programa de treino baseado em dados fidedignos, conhecimento teórico e prático, minimizando erros e obtendo êxito nos objetivos traçados no planejamento. Resumindo, para Farinatti (1995), o professor de educação física deve obter conhecimentos para saber identificar as necessidades e limitações de seus alunos, para assim adequar um programa de trabalho as necessidades de seus alunos.

2.1. AVALIAÇÕES TÉCNICAS

Estas avaliações serão executadas através dos acompanhamentos em treinos, jogos amistosos e competitivos e aplicadas com **scouts** às seguintes variáveis:

- Passes;
  - ✓ Certos;
  - ✓ Errados;

- Roubadas de bola;
  - ✓ Total (posse de bola da própria equipe);
  - ✓ Parcial (desvio para a lateral, linha de fundo)
- Assistência;
- Finalização;
  - ✓ Na meta;
  - ✓ Fora da meta;
- Gols;
- Faltas cometidas, faltas sofridas;
- Cartões amarelos, vermelhos.

2.2. AVALIAÇÃO DO CONHECIMENTO TÁTICO (OBSERVAÇÃO PELA COMISSÃO TÉCNICA)

1. Marcação;
2. Movimentação;
3. Posicionamento tático ofensivo e defensivo (disciplina tática);
4. Visão de jogo;
5. Criatividade no jogo;
6. Inteligência de jogo.

2.3. AVALIAÇÃO PSICOLÓGICA (CONTROLE EMOCIONAL)

1. Atitude nos jogos;
2. Atitude quando está vencendo o jogo;
3. Atitude quando está perdendo o jogo;
4. Atitude nos treinos;
5. Superação nos jogos;
6. Capacidade de concentração e motivação;

2.4. AVALIAÇÕES DISCIPLINARES

1. Relacionamento com a comissão técnica;
2. Interação com o grupo;
3. Interação com os funcionários;
4. Disciplina no alojamento;
5. Higiene;

2.5. VISÃO PEDAGÓGICA SOBRE AS AVALIAÇÕES

Neste ponto, após detalharmos as diferenças dos objetivos de alunos de escolas de futebol entre ludicidade e rendimento e explicitarmos formas de avaliação destes jovens aprendizes da modalidade, devemos entender nossa importância como verdadeiros "gestores" das pretensões destes alunos na expectativa de tornarem-se jogadores de futebol. Nossa visão pedagógica sobre as avaliações devem considerar fatores como:

- **Desenvolvimento das capacidades físicas:** acreditamos ser este o principal item a ser observado, tanto para os talentos como para os alunos que integram os quadros com intuito de desenvolvimento físico, trazendo benefícios à saúde, por lazer ou socialização.
- **Formação dos hábitos motores:** através dos fundamentos do futebol e exercícios específicos da modalidade, devem-se formar hábitos motores para o desenvolvimento correto das funções do esporte, mas também desenvolvê-los trazendo benefícios no cotidiano para sua vida toda. A coordenação, o conhecimento sobre o próprio corpo e todas as capacidades físicas que o esporte condiciona.
- **Personalidade do atleta:** auxiliar no desenvolvimento da criatividade, originalidade, individualidade, sociabilidade, sendo uma ferramenta na educação dos alunos.

18. TESTES E AVALIAÇÕES

O principal motivo que leva o profissional do futebol a avaliar, é conhecer a situação atual do atleta, para então planificar as estratégias de treinamento, objetivando o desenvolvimento contínuo desejado. Na pré-temporada os testes demonstram os níveis atuais do atleta e as perdas de desempenho resultantes do período de transição (férias, finais de ano, etc), durante os treinamentos os testes indicam se estamos no caminho correto planificado após as avaliações da pré-temporada ou se devemos realizar ajustes aos treinamentos visando os objetivos.

A partir de avaliações e testes com protocolos válidos o treinador obterá as seguintes informações e tomará algumas providencias:

- Informações atuais do desempenho do atleta;
- Planificar o treinamento baseado em informações corretas e precisas;
- Controlar o desenvolvimento do desempenho;
- Registrar a evolução dos indivíduos e do coletivo;
- Descobrir e verificar a efetividade dos treinamentos;
- Comparar os atletas com os níveis do protocolo do teste;
- Dividir os grupos por necessidades específicas;
- Motivar os atletas em busca do melhor desempenho;
- Objetivar os melhores resultados.

Segundo VIANA e RIGUEIRA (1990, p. 19):

> *"Somente é possível almejar resultados de alto nível, em qualquer desporto, quando ao se elaborar o planejamento se tenha em mãos dados reais e estatísticos sobre as potencialidades dos atletas que compõem a equipe com a qual se trabalhará. Para tal se torna necessário que se tenha um ponto de partida, o que seria conseguido por meio da elaboração de uma bateria de testes que se incluiriam atividades físicas,*

orgânicas e motoras, estritamente ligadas ao futebol, para posteriormente serem comparados por meio de sistemáticas reavaliações, dentro dos treinamentos executados".

Estes são os principais motivadores das realizações periódicas de testes e avaliações, pois servem como norteadores no que se refere ao desempenho físico do atleta e orientam o preparador físico sobre os procedimentos que deverão ser adotados para que haja o desenvolvimento individual e coletivo. Importante para que saiba o conteúdo, volume e intensidade a serem trabalhados com os atletas do grupo na tentativa de formar atletas com o perfil ideal a atingir o máximo rendimento da modalidade. Devemos entender que os atletas de forma geral não aceitam os treinos sem bola, onde preferem o trabalho específico com bola. Mas como cita Leal (2001) "Hoje, por se tratar de profissionais melhor formados e bem informados, aceitam com maior naturalidade e gosto as práticas sem bola". E é nesse contexto que devemos comprovar a eficiência e importância do estudo para que a aceitação dos atletas seja plena.

TESTES

Citaremos a seguir testes que poderão auxiliar na obtenção de informações importantes à modalidade futebol de campo, com sua metodologia e formas de aplicação.

- **Teste dos 400m:** Como a corrida de 400 metros leva entre 1 e 2 minutos para ser realizada se enquadra entre a utilização dos sistemas energéticos aeróbio (50%) e anaeróbio lático (40%) e anaeróbio alático (10%). Desta forma entendemos como um trabalho de corrida de 400 metros pode contribuir para o desenvolvimento de todas as formas de energia utilizadas no futebol. A corrida de 400 metros utilizada para mensurar níveis de atividade sub-máxima nos alunos seguindo uma sequência de atividades, que consiste em aquecimento breve de aproximadamente 10 minutos, com alongamento. Após é realizado em pista de pedra ao redor do campo de futebol. O atleta recebe o sinal Prepara – Vai do monitor do teste. Outro avaliador dará inicio à cronometragem de tempo, finalizando e anotando após o término do percurso. De um ponto zero o indivíduo partirá da inércia e percorrerá uma distância de 400 metros procurando desenvolver a maior velocidade possível, completando o percurso no menor tempo possível. Segundo BARBANTI (1996 p, 11) o futebol possui 88% da energia adquirida do sistema aeróbio e 12% do sistema anaeróbio, sendo que, das distâncias totais que um atleta percorre durante um jogo 98% ocorrem sem posse de bola. Sendo assim o deslocamento sem bola é importantíssimo no futebolista e podemos através da corrida dos 400 metros rasos entender que é fundamental existir uma velocidade prolongada mantida por um esforço submáximo, assim os corredores devem apresentar características essenciais como estilo próprio, velocidade, resistência, espírito de luta e critério para administrar as próprias forças, com intuito de reservar energia suficiente para um final.

- **Avaliação do I.M.C.:** Conforme Heyward e Stolarczyk (2000), uma das metas dos professores de educação física e saúde é a de serem capazes de interpretar os resultados da composição corporal de seus alunos bem como para os pais. Servindo como auxiliares nesta prevenção à epidemia de obesidade e sobrepeso, os responsáveis por escolas desportivas podem aplicar estes testes e avaliações como forma de informação e alerta a possíveis distúrbios decorrentes da obesidade. Para tal verificação utilizaremos o índice de Massa Corporal (I.M.C.) verificando através da fórmula IMC = peso (kg)/altura^2 (m). Deve ser utilizada a classificação do IMC, segundo a Organização Mundial da Saúde (1997). Para isto deve ser averiguado peso em quilogramas e estatura em metros de todos os alunos da amostra, para em seguida mensurar através da formula e classificá-los de acordo com a tabela.

- ***Rast test*:** Para explicar a utilização deste teste e sua importância na modalidade praticada nos baseamos em Bompa (2005) que resume como os principais benefícios no treinamento de potência, a prevenção de lesões, a melhora da velocidade, a agilidade nas trocas de direções, a reação, a potência de impulsão e a precisão no passe e no chute. Acreditamos que com isso, explica-se a importância da potência no futebol. Pretende-se demonstrar através do teste Running Anaerobic Sprint Test – R.A.S.T. (Zacharogiannis *et al.*, 2004), valores de potência máxima, média e mínima em membros inferiores e também determinar o índice de fadiga, relacionado à quantidade de piques em velocidade máxima que o atleta pode suportar dentro de uma mesma partida de futebol. Para se realizar este teste existem alguns procedimentos que seguem o protocolo criado para que o teste seja o mais fidedigno possível na avaliação dos atletas. A sequência de procedimentos é esta: o atleta deve ser pesado antes do teste, após isso realizar um aquecimento de 10 (dez) minutos antes da sessão de testes, com mais 5 (cinco) minutos de recuperação. Após esta sequência é dado inicio ao teste. O teste consiste em 6 (seis) corridas de máxima velocidade (sprint) em 35 (trinta e cinco) metros de distância no menor tempo possível. A cada sprint é verificado o tempo de cada intervalo. Depois de cada sprint o atleta tem 10 segundos de descanso. Todos os tempos são anotados e depois calculados através das fórmulas específicas do teste.

Fórmulas

Velocidade: distância/tempo;

Aceleração: velocidade/tempo;

Força: peso/aceleração;

Potência: A potência (P; W) para cada esforço foi obtida através do produto entre a massa corporal total do atleta (MC; kg) e a distancia de cada esforço elevada ao quadrado (35 m). O resultado deve ser divido pelo tempo de cada esforço (T; s) elevado ao cubo.

$$\text{Equação} - P\ (W) = \frac{MC \times 35^2}{T^3}$$

O cálculo da potência das seis corridas é então determinado:

Potência Máxima: o valor mais alto;

Potência Mínima: o valor mais baixo;

Potência Média: a soma de todos os seis valores de potência, dividido por seis;

Índice de fadiga: (potência máxima – potência mínima)/tempo total para as 6 (seis) corridas de curta distância.

- **Teste 50m:** Alguns autores destacam que apesar da importância de todas as qualidades físicas, a velocidade é enfatizada como uma das principais (Floriano, 2007 *apud* Alves, 2004). A extrema importância desta valência física no futebol é evidenciada por Schmid e Alejo (2002) onde nos mostram que, o futebol requer força, potência, velocidade, agilidade e resistência. Destacam que, apesar da importância dessas capacidades, a velocidade é talvez a mais importante. O simples fato de essa capacidade estar em evidência pode mudar uma partida. A padronização do teste seguiu a que foi proposta por JOHNSON e NELSON (1979) *apud* Matsudo (1987). Este é um teste máximo, ou seja, deve ser realizado na máxima velocidade e passar a faixa de chegada também na máxima velocidade, a posição de saída em afastamento ântero-posterior das pernas e com o pé da frente o mais próximo possível da faixa. A voz de comando será pelas palavras "Atenção! Já!", sendo acionado o cronômetro no momento que for pronunciado "Já!" e parado no momento em que o avaliado cruzar a faixa de chegada. Caso ocorra qualquer problema no teste e tenha que ser repetido, haverá um intervalo mínimo de 5 (cinco) minutos. Será permitida apenas uma tentativa, e o resultado do teste será o tempo de percurso dos 50 metros com precisão de centésimo de segundo.

Tabela contendo os níveis e classificações do teste:

	Excelente	Muito Bom	Bom	Regular	Fraco
Novatos	< 5,8	5,8	5,9	6,0	6,1
Experientes	< 5,4	5,4	5,5	5,6	5,7

Fonte: Johnson e Nelson, 1979 *apud* Matsudo (1987).

- **Teste de R.M.L.:** Segundo Nahas (1989), os componentes da aptidão física podem ser reunidos em dois grupos: os componentes relacionados à saúde (resistência cardiorrespiratória, composição corporal, flexibilidade, força e resistência muscular localizada). Para mensurar o nível de resistência muscular localizada do abdômen utiliza-se o teste de repetições de sessenta segundos, proposto por Mathwes (1986). O movimento inicia com o avaliado na posição deitada, em decúbito dorsal sobre um colchonete ou similar, com os joelhos flexionados, os braços cruzados em frente ao peito, pés apoiados pelo avaliador ou auxiliar, e o movimento termina com a flexão completa do tronco e cotovelos tocando os joelhos, sendo considerada uma repetição. O indivíduo deve executar este movimento o maior número de repetições no período proposto, sendo anotado em planilha o número final de repetições dentro dos 60 segundos.

Classificação do número de repetições para o teste de R.M.L.:

Resistência abdominal em 60 segundos	
Elevada	≥38
Média/baixa	≤37

Fonte: Guedes D.P.; Composição corporal: princípios e técnicas de mensuração. Londrina: APEF; 1994.

- **Teste do salto horizontal:** Haywood & Getchell (2004), ressaltam que nas escolas desportivas os testes de força são muitas vezes utilizados, onde o peso corporal é utilizado como resistência. Komi (2000) e Goubel (1997) afirmam que uma forma de avaliar a potência muscular nos membros inferiores, através de um método não-invasivo, é o teste de salto vertical e horizontal, cuja confiabilidade tem sido relatada em vários estudos. Para isto podemos utilizar o teste de salto horizontal de Matsudo (1995). Segundo Fleck e Kraemer (1999) e Kubo *et al.* (1999): "A potência é a velocidade com que se desempenha o trabalho de determinado segmento, ou seja, a potência gerada por um salto vertical é o produto do peso corporal de um sujeito pela altura de sua saída do chão, dividido pelo tempo que demorou a executar a repetição". Metodologia: Atleta em pé, pés ligeiramente afastados e paralelos, ponta dos pés logo atrás da linha. O atleta realiza um movimento de balanceio dos braços – à vontade – como movimento preparatório, semiflexionando os joelhos. O salto era realizado lançando os braços para frente, estendendo o quadril, joelhos e tornozelos – por consequência do balanceio permitido, o atleta utiliza-se da energia elástica acumulada após a rápida extensão mecânica dos músculos extensores seguida do movimento descrito acima – O objetivo é alcançar a máxima projeção horizontal.

- **Teste *shuttle run*:** Simplício (2004), afirma em seu estudo, que o futebol é um esporte que se caracteriza por movimentos rápidos, deslocamentos curtos e com bruscas mudanças de direção (drible), com e sem bola, exige um nível elevado das qualidades físicas, velocidade, força e agilidade. A agilidade pode ser mensurada atra-

vés do teste *shuttle run* com bola (SRB) específico para o futebol, proposto por Caicedo e colaboradores (1993).
Metodologia: Após o apito do avaliador o atleta deverá sair em direção a primeira bola e conduzi-la de volta ao local de saída retornar para buscar a outra e deixá-la no mesmo ponto. A bola deverá ser conduzida próxima do pé, não podendo chutá-la e ao chegar ela deverá ficar parada. Será feita duas tentativas sendo adotado o menor tempo como o melhor resultado. A distância compreendida entre as linhas é de 9,14m. A mensuração do tempo deve ser feita em segundos.

Os testes acima são os mais indicados pelos autores por serem de fácil aplicação e com a utilização de materiais de fácil acesso, por possuírem protocolos validos e recrutarem informações para a organização da temporada de treinos com exercícios próprios para o desenvolvimento de cada valência avaliada.

19. PERFIL DO JOGADOR BRASILEIRO E SUAS CARACTERÍSTICAS FÍSICAS

Dentro do trabalho de condicionamento físico no futebol a composição corporal do jogador é muito importante, pois o excesso de peso atua como uma sobrecarga durante a atividade, pois a modalidade de alto rendimento exige cada vez mais, atletas rápidos, fortes que possam resistir a grandes cargas por todo o período de jogo com o mesmo nível de rendimento apresentado no início da partida.

Observa-se na composição corporal dos jogadores que a musculatura do quadríceps é visivelmente mais desenvolvida, dessa forma sendo relacionada com a velocidade do chute e consequentemente resistência contra a fadiga.

Em relação a estatura observa-se que a tendência é a de jogadores com estatura cada vez mais alta principalmente para zagueiros e goleiros, já para os atacantes a velocidade faz-se necessário sendo que os laterais e meios campistas de um modo geral são de estatura mais baixa e com maior controle de bola. Sendo assim os zagueiros tem como característica a força e os atacantes a velocidade bem como a flexibilidade como característica predominante para os goleiros.

No estudo abaixo Leal (2002), define o perfil físico e condicionamento físico dos atletas por posicionamento em campo.

Na definição a seguir, de Leal (2002), citaremos o perfil físico de atletas profissionais do futebol nacional, consideramos uma informação importante aos treinadores de futebol. Porém enfatizamos que o profissional atuante em escola de futebol deve levar em consideração que os alunos estão com sua formação física incompleta. Então, deve ter em sua metodologia de trabalho que o aluno é quem define o posicionamento em campo, podendo atuar na função de sua preferência ou em diversas funções até que se identifique com uma específica.

GOLEIROS – Preferencialmente longilíneo, ambidestro, membros superiores compridos, principalmente as mãos e dedos, velocidade de membros e de reação, força explosiva, resistência muscular localizada e anaeróbia alática, agilidade e coordenação. Percorre cerca de 4km durante um jogo. Alta demanda de energia anaeróbia por ser exigido dele exercícios curtos, porém intensos.

LATERAIS – Estatura mediana, membros inferiores longos, velocidade, resistência em velocidade, potência muscular, resistência muscular localizada, potência anaeróbia, agilidade e ritmo. Percorrem cerca de 9,7km por jogo e precisam manter a alta solicitação energética por longo período.

ZAGUEIROS – Longilíneo, ambidestro, força muscular explosiva e de recuperação, resistência orgânica e de velocidade, coordenação. Percorrem de 9,1 a 9,6km por partida.

MEIAS – Estatura mediana, ambidestro, força explosiva, resistência aeróbia e muscular localizada, agilidade, coordenação e ritmo. Percorrem de 10,2 a 11km por partida, demandam alta solicitação energética.

ATACANTES – Estatura mediana, exceto atacante especialista em cabeceio, ambidestro, velocidade, velocidade de reação, resistência em velocidade, força explosiva, agilidade, coordenação e equilíbrio. Percorrem cerca de 10,5km por partida.

SUGESTÃO: CRONOGRAMA DE TREINOS PARA ESCOLAS DE FUTEBOL

O treinador ao organizar seu cronograma de treino deve levar em consideração a faixa etária a ser trabalhada, relacionando a isso o binômio volume × intensidade, frequência semanal de treinos, repouso, entre outros componentes. Sugerimos os modelos abaixo que incluem numa mesma sessão treinos físicos, técnicos, táticos e os coletivos fundamentais à motivação dos jovens alunos/atletas.

Tabela do volume de trabalho por sessão de treino:

Volume de Trabalho \ Faixa Etária	10 e 11 anos (tempo)	12 e 13 anos (tempo)	14 e 15 anos (tempo)	16 e 17 anos (tempo)
Aquecimento	15 min. (c/ jogos lúdicos)	15 min.	15 min.	15 min.
Desenvolvimento físico/técnico	20 min.	30 min.	30 min.	30 min.
Coletivo	2 tempos de 15 min.	2 tempos de 20 min.	2 tempos de 25 min.	2 tempos de 30 min.
Fechamento	10 min.	10 min.	10 min.	10 min.
Tempo total	**75 min.**	**95 min.**	**105 min.**	**115 min.**

20. PERÍODOS SENSÍVEIS

Dentro do treinamento desportivo em escolas de iniciação esportiva temos a obrigação de conhecer o que muitos autores chamam de períodos sensíveis à aquisição de capacidades físicas, o que Zakharov (1992) define como as faixas etárias em que as influências específicas de treino provocam no organismo humano, elevada reação garantindo ritmos consideráveis de evolução da função em treinamento. De acordo com os períodos de iniciação esportiva devemos entender que existem diversas teorias definindo a idade ideal para se praticar esportes. Para Tani (2006) a iniciação esportiva deve ocorrer o mais precocemente possível, pois a prática do esporte desde a iniciação poderá proporcionar à criança inúmeros benefícios. Segundo Pini (1983), a idade para a iniciação esportiva corresponde às fases pré-escolar e escolar entre 7 e 12 anos. Para Arena e Bohme (2000), a iniciação esportiva pode acontecer até mesmo aos 5 e 6 anos de idade. Nós entendemos que a partir dos conhecimentos que o profissional de educação física possui e com avaliações individualizadas ele poderá indicar a forma de treinamento adequada a seu público. Como afirma Weineck (2003) uma avaliação específica e individual das características anatômicas e fisiológicas dos jovens atletas deve ser precedida pela consideração das características da idade. Para o próprio Weineck (1991) em estudo anterior ele cita como dos 9 aos 12 anos de idade como *"a melhor idade para aprender";* fase em que a criança consegue exercer domínio sobre seu corpo, possuindo um interesse muito grande em aprender e fazer, em buscar o novo.

O treinador que desconhece ou ignora estes fatores de iniciação e parte diretamente em programas e métodos de preparação especializados, promove a especialização esportiva precoce que segundo Kowalski (1985) gera riscos à integridade física e psicológica, e prejudica o desenvolvimento motor e esportivo dos jovens praticantes da modalidade.

É importante nesta fase do treinamento inicial a prática regular de exercícios físicos habituando assim atividades saudáveis no decorrer da vida do indivíduo. Fatores fundamentais nesta fase de iniciação são o caráter lúdico dos exercícios e a integração com os colegas, respeitando e reconhecendo as individualidades. O treinador precisa ter noções das etapas de desenvolvimento desportivo que se dividem em iniciação, especialização, alto rendimento e manutenção e que ele saiba como aproveitar as etapas de desenvolvimento da criança, implicando numa ótima base de habilidades motoras, trazendo benefícios futuros nos treinamentos de especialização dos indivíduos. Os treinamentos dividem-se em gerais e específicos definidos assim:

- **Gerais:** treinamento de fortalecimento total do corpo, aprendizagem de várias disciplinas e habilidades, com objetivo da formação de indivíduos coordenados e condicionados fisicamente através de práticas desportivas lúdicas e saudáveis.

- **Específicas:** treinamento de uma modalidade esportiva visando o rendimento exclusivo em um esporte. Neste treinamento se evidencia adaptações físicas e psicológicas do atleta em função do desporto treinado, para que possa cumprir com máxima eficiência as exigências dos jogos e das competições.

Definimos assim a importância do conhecimento do assunto que tratamos neste capítulo como fundamental à boa saúde dos esportistas e projetando assim indivíduos que gradualmente estarão preparados para uma futura profissionalização esportiva, diminuindo riscos de lesões ou abandono precoce das atividades desportivas. A especialização esportiva em uma modalidade deve respeitar algumas condicionantes científicas, compatibilizando a proposta pedagógica com as características da criança e suas fases sensíveis à aquisição das habilidades específicas (TANI, 2006). Então como saberemos se estamos especializando precocemente uma criança ou simplesmente auxiliando em um processo evolutivo que poderá torná-la um sucesso no esporte? Segundo Marques (1991) especializar precocemente uma criança é submetê-la a treinamentos em três ou mais vezes por semana, com duas ou mais horas por sessões, para crianças com menos de 12 anos de idade, visando rendimento em competições que se seguem com uma frequência relativamente alta. Acredito que esta definição pode nos nortear e auxiliar na formulação dos programas de treinos de escolas de iniciação.

Divisão de três autores sobre os períodos sensíveis ao treinamento das principais capacidades físicas:

Idade / Capacidades	06	07	08	09	10	11	12	13	14	15	16	17	18	Autores
Capacidades Coordenativas		X	X	X	X									Zakharov
Capacidades de Velocidade		 X		X	X X	X X	X	X	X	X				Zakharov Filin
Capacidades de Força			 X		 X	 X	 X		X	X	X X	X X		Zakharov Filin
Resistências			 X		X X	X	X X	X	X X	X	X X			Zakharov Filin
Flexibilidade	X X	X X	X X	X X	X X	X X	X X	X X	X X	X	X	X		Zakharov Filin

21. TREINAMENTO

Pode-se entender por treinamento como um processo onde o indivíduo realiza movimentos repetitivos e sistemáticos composto de exercícios progressivos visando o aperfeiçoamento da performance física, produzindo uma adaptação morfológica e funcional das capacidades físicas. Dentre os tipos de treinamento encontramos o treinamento desportivo especifico a uma atividade, ou seja, onde se praticam exercícios de estrutura parcial ou total específicos a movimentos de competição ou jogo da modalidade escolhida. Este treinamento preocupa-se em unir treinamento corporal pela assimilação do gesto esportivo adequando ao sistema energético requerido na modalidade. Dentro do treinamento específico do futebol já conceituado dividimos em três tipos:

- Treino Físico;
- Treino Técnico;
- Treino Tático.

1. TREINO FÍSICO

O futebol é uma modalidade esportiva intermitente, com constantes mudanças de intensidade e atividades. A imprevisibilidade dos acontecimentos e ações durante uma partida exige que o atleta esteja preparado para reagir aos mais diferentes estímulos, da maneira mais eficiente possível (Barbanti,1996). Dentre as capacidades físicas encontradas no futebol de campo, devemos treinar:

- Velocidade;
- Resistência Aeróbia e Anaeróbia;
- Força;
- Coordenação;
- Flexibilidade;

- Equilíbrio;
- Agilidade;
- Ritmo.

1.1. POTÊNCIA

A capacidade física conhecida como potência ou força explosiva é definida por Leal (2001, p. 131) como a qualidade do jogador de vencer determinada força num menor espaço de tempo; força *versus* velocidade. Cabe ao treinador analisar as situações que envolvem potência no futebol e sua importância nos resultados. Sabendo que ao treinar força com velocidade naturalmente o atleta desenvolverá potência. Vale ressaltar que sejam observados os períodos sensíveis dos atletas treinados, se o treinamento de potência está adequado a faixa etária do grupo treinado. Bompa (2005) resume como os principais benefícios no treinamento de potência, a prevenção de lesões, a melhora da velocidade, a agilidade nas trocas de direções, a reação, a potência de impulsão e a precisão no passe e no chute. Acreditamos que com isso, explica-se a importância da potência no futebol. Nos exercícios que propomos ao citar as principais capacidades físicas trabalhadas em cada um deles, não citamos a potência de forma explícita, mas todo exercício que trouxer destacadas força e velocidade entre as componentes principais estará desenvolvendo potência.

1.2. VELOCIDADE

A extrema importância desta valência física no futebol é evidenciada por Schmid e Alejo (2002) onde nos mostram que, o futebol requer força, potência, velocidade, agilidade e resistência. E destacam que, apesar da importância dessas capacidades, a velocidade é talvez a mais importante. O simples fato de essa capacidade estar em evidência pode mudar uma partida. Para Hollmann & Hettinger (1989) *apud* Pinho *et al.* (2005), a velocidade máxima é alcançada nos rapazes entre 18 e 22 anos de idade; ressaltando que há condições particularmente favoráveis entre os 7 e 15 anos. O que nos leva a trabalhar esta capacidade física desde a idade de iniciação com objetivos de desenvolvê-la e para que alcance seus índices individuais máximos no futuro.

1.3. RESISTÊNCIA AERÓBIA

Como afirma Kunze (1987) a resistência tem sua importância para desempenhar uma boa performance durante todo o jogo. Para alguns autores o método contínuo que se baseia nos exercícios tipicamente aeróbios, também chamados de exercícios cíclicos, cuja duração é prolongada com intensidades baixas, moderadas ou altas (50 a 85% do VO_2 máx) em ritmo cadenciado, provoca uma melhora no transporte de oxigênio até o nível celular desenvolvendo a resistência aeróbia (Wilmore; Costill, 2000). Mas é com a afirmação de que o futebol possui 88% da energia adquirida do sistema aeróbio e 12% do sistema anaeróbio (Barbanti, 1996 p. 11) que entendemos a importância desta capacidade estar evidenciada em um jogador de futebol. Nos exercícios praticados no livro não encontramos ênfase nos exercícios aeróbios, mas ele sempre será trabalhado nos coletivos e simulações de jogos, com duração aproximada ao tempo de jogo real.

1.4. RESISTÊNCIA ANAERÓBIA

Resistência Anaeróbia que define Barbanti (1997) como sendo, "a capacidade de resistir à fadiga nos esforços de curta duração, onde a intensidade é máxima ou submáxima". Especificamente para o futebol atual citamos Frisselli & Mantovani (1999) onde diz que, a potência anaeróbia deve ter seu desenvolvimento mais acentuado após o pico da velocidade de crescimento da musculatura esquelética, por volta dos 14/15 anos. É sem dúvida uma das mais importantes valências físicas para a prática do futebol competitivo. Ainda baseados em Bompa (2002, p. 82) onde ele fala sobre a intensidade do jogo de futebol, mostrando que os jogadores realizam em torno de 10% de suas ações em velocidade máxima, com corridas variando de 20 a 40 metros. Já na página 83 de sua obra ele diz que dependendo do ritmo de um jogo, um jogador altamente envolvido pode ter 12 a 16 situações por jogo em que a FC pode ficar entre 184-186bpm, demonstrando os altos níveis de intensidade aos quais os jogadores são expostos. O autor afirma ainda que o fator limitante do desempenho seja a fadiga, que significa a falta de condicionamento físico, principalmente da resistência aos atos motores que o jogador de futebol é submetido em um jogo. Esta capacidade totalmente inerente ao futebol será por diversas vezes enfatizada nos exercícios propostos no livro, por sua similaridade às exigências do desporto.

1.5. FORÇA

Podemos entender que grande parte da força aplicada no futebol seja sob a forma de potência que para Bompa (2005, p. 159) é a capacidade de aplicar força no mais curto período. E ainda diz que um jogador potente, sempre conseguirá iniciar ações táticas mais rapidamente que o adversário, sendo muito útil ao seu time e treinador. Devido à realização repetida de esforços curtos e intensos, a potência anaeróbia representa uma importante capacidade para o futebolista (DANIEL, 2003). Os treinamentos em circuito têm sido amplamente utilizados em jogadores de futebol. De fato, a literatura tem indicado este método como efetivo para melhorar a força máxima, na velocidade de *sprint* e na altura do salto vertical em jogadores de futebol (Dupont *et al.*, 2004; Hoff e Helgerud, 2004; Lemmink *et al.*, 2004). E para concluirmos sobre a fundamental importância da força no futebol, segundo Weineck (2000) define a velocidade como uma combinação de força e excelente resistência, o que é necessário para a realização dos movimentos com máxima rapidez em todo o tempo. Assim somente condicionando o jogador com a força muscular necessária ao futebol, ele responderá com movimentos potentes e velozes às exigências de suas funções em campo.

1.6. FLEXIBILIDADE

A flexibilidade desempenha um papel importante nas práticas esportivas, sendo executada antes dos treinos e pós jogos como meio de prevenir lesões. A flexibilidade encontra-se presente em quase todas as atividades físicas, sendo importante sua manutenção através de exercícios de alongamento muscular, permitindo as articulações mover-se com amplitude ideal em determinadas práticas esportiva.

Carraveta (2001) salienta que o componente da flexibilidade é essencial para o progresso do desempenho do futebolista, pois contribui efetivamente para a melhoria do desenvolvimento dos elementos técnicos-táticos, por meio do aumento de produção de força, potência e velocidade.

Recomendamos o trabalho de flexibilidade antes dos treinamentos e jogos como forma de preparação para a atividade juntamente com o aquecimento, e pós atividade como forma de relaxamento e remoção de acido lático.

1.7. COORDENAÇÃO

A coordenação neuromuscular está ligada ao aspecto técnico pelo melhoramento das vias nervosas e pela aplicação conveniente das sinergias musculares permitindo maior rendimento do sistema neuromuscular (Rocha e Caldas, 1978).

Nunes (2004) aponta que para jogar qualquer modalidade coletiva, entre elas o futebol, ter a habilidade de mudar de direção com precisão e rapidez é uma característica necessária para os atletas, para isso a coordenação da marcha e uma passada de grande distância determina a melhor e mais rápida ocupação de espaços, diversos estudiosos e treinadores de futebol apontam caminhos, no que diz respeito à ocupação do espaço, para que ela (a ocupação) ocorra de forma satisfatória (Leitão, 2009).

A coordenação está associada à regulação da motricidade humana, servindo como base para execução de qualquer movimento do futebolista. É resultante da interação das qualidades físicas motoras e psicomotoras. O atleta bem coordenado desenvolve ganho na velocidade e economia de energia em função da eficiência de seus movimentos.

1.8. EQUILÍBRIO

Qualidade que permite controlar o corpo em relação ao seu centro de gravidade por combinação de ações musculares (Rocha e Caldas, 1978).

Dentro da modalidade de futebol de campo o equilíbrio assume papel fundamental nas ações executadas pelos atletas, no momento de um salto para cabeceio, movimentações com mudanças de direção, chutes, dribles e fintas, entre outros, como exercícios que promovam a prevenção de lesões.

De acordo com Berg (1989) citado por Goldenberg & Twist, o equilíbrio pode ser entendido por três caminhos: a capacidade de manter uma posição, a capacidade para voluntariamente mover-se e a capacidade para reagir a uma perturbação.

1.9. AGILIDADE

Os exercícios descritos neste livro tratam a agilidade através de circuitos e atividades que utilizam a mudança de direção, velocidade e controle de bola.

Rigo (1977) define agilidade sendo a movimentação do corpo no espaço, ou seja, movimentos que incluam trocas de sentido e direção.

Nunes (2004) aponta que para jogar qualquer modalidade coletiva, entre elas o futebol, ter a habilidade de mudar de direção com precisão e rapidez é uma característica necessária para os atletas.

Simplício (2004), afirma em seu estudo, que o futebol é um esporte que se caracteriza por movimentos rápidos, deslocamentos curtos e com bruscas mudanças de direção (drible), com e sem bola, exige um nível elevado das qualidades físicas, velocidade, força e agilidade.

1.10. RITMO

Também chamado de cadência determinado pela frequência de amplitude de seus movimentos dependem da coordenação motora e condicionamento físico do atleta.

2. TREINO TÉCNICO

O treinamento técnico do futebol é uma das preparações do jogador à modalidade, normalmente envolvendo a bola o atleta passa a ter contato direto com exigências específicas do jogo desenvolvendo e aperfeiçoando a técnica, habilidade e improviso para desenvolver bem suas funções no campo de jogo. Para este desenvolvimento o treinador precisa sistematizar esta preparação devendo obedecer à ordem do mais simples para o mais complexo, exigindo a repetição dos gestos motores, corrigindo os erros e facilitando o aprendizado através da demonstração prática, vídeos, slides e outros que possam facilitar. O treinamento físico possui divisão em três níveis: Básicos ou introdução ao futebol, Médios e Competitivos.

1. **Básicos ou introdução ao futebol:** Exercícios executados de forma simples e lenta, possibilitando o entendimento da mecânica do movimento, executados sem oposição. Todo o erro deve ser imediatamente corrigido, não permitindo a repetição da execução do movimento de forma equivocada. A bola utilizada deve ser a oficial adequada à idade, bem como adaptações que possam auxiliar no desenvolvimento da técnica.
2. **Médios ou pré competitivos:** Exercitados em situações de jogo, aumentando o nível de dificuldade, podendo utilizar opositores sem ação intensa. Aumentar a velocidade do movimento ajuda a semelhança com a realidade. Somente após a fase básica passamos ao nível avançado.

3. **Competitivos:** Último estágio do treino, exercícios complexos considerando que os alunos apresentam ótimos desempenhos físicos e técnicos. Nesta fase do treino utilizam-se simulações de jogos de preparação ao que se objetiva realizar no momento do jogo. Após adquiridas as capacidades físicas e os fundamentos técnicos o treinador poderá trabalhar as funções táticas trazendo o componente de inteligência de jogo, é neste momento que o atleta deve entender seu papel dentro de campo e a importância de estar com todos os fundamentos bem preparados.

1.3. FUNDAMENTOS TÉCNICOS

8.3.1. CONTROLE DE BOLA OU DOMÍNIO

É a diminuição da velocidade da bola, dominando-a convenientemente, trabalhando de acordo com as situações diversas que ocorrem numa partida. O controle varia conforme a habilidade de cada um. A técnica é impessoal podendo ser ensinada a todos. O controle de bola é fundamental para que o praticante possa dar continuidade, quando no jogo, à execução dos outros elementos da técnica individual. A correta execução do controle possibilitará uma melhor utilização dos outros fundamentos.

8.3.2. PASSE

Transferência de posse de bola entre os elementos de uma mesma equipe, visando, desta forma, manter a bola em poder da equipe e/ou atingir o gol adversário.

Tipos de passes:

- Curto (menos de 10 metros): Normalmente a trajetória da bola é rasteira, mas em algumas situações observamos a bola alta ou parabólica;
- Longo (acima de 10 metros): Normalmente a trajetória da bola é alta, mas em algumas situações excepcionais observamos a rasteira.

8.3.3. DRIBLE

São toques sucessivos efetuados na bola, progredindo no campo (ou não), mantendo-a dominada e fintando, ou não o adversário.

É a progressão com a bola, dominada, no campo, fintando ou não o adversário.

Técnica do Drible:

- Tocar a bola suavemente:
- Mantê-la o máximo possível junto ao corpo;
- Utilizar ambos os pés e outras partes do corpo, que não sejam os membros superiores.

8.3.4. FINTA

É o ato de enganar o adversário, com ou sem bola.

Podem ser ensaiadas algumas situações de jogo, individual e coletiva, mas o resultado irá depender do estilo e da habilidade de cada jogador.

8.3.5. CHUTE

É o ato de golpear a bola utilizando um dos pés, buscando um determinado objetivo, que no futebol é o gol adversário. Para que o aluno tenha uma maior precisão do chute deve levar em consideração a mecânica do movimento, a força e velocidade empregada no chute bem como a posição do pé de apoio mantendo assim o equilíbrio do corpo. Os tipos de chutes mais conhecidos são: reto, voleio, bate-pronto, ponta do pé, entre outros.

8.3.6. CABECEIO

É um dos trabalhos desenvolvidos pelos jogadores, pelo alto, visando surpreender os jogadores adversários, através de armações e/ou conclusões de jogadas, sem que a bola seja interceptada. A coordenação de movimentos dos membros superiores e inferiores, juntamente com noção exata de tempo e espaço, proporcionarão um excelente resultado no cabeceio.

22. MÉTODOS DE TREINAMENTO

Os jogos esportivos coletivos atualmente são treinados através de três metodologias. Estes métodos são chamados de global, parcial e misto.

- **Global:** este método enfatiza que o jogo se aprende jogando. Na pratica do jogo o aluno desenvolve senso de criatividade, decisão e coletividade. O principal fator positivo deste método é a motivação dos alunos, pois está o tempo todo jogando. A semelhança com a realidade das competições leva a um crescimento técnico, tático e de conhecimento do jogo, suas regras, dimensões e objetivos.
- **Parcial:** este método fragmenta o jogo em elementos físicos, técnicos e táticos. Promove um treino de correção dos atos motores e aperfeiçoamento das habilidades características do jogo. Porém a individualidade da aula para orientação a torna monótona e desmotivante.
- **Misto:** este método engloba os outros dois. Nele se aplicam exercícios técnicos e físicos em separado ao jogo propriamente. Executam-se simulações de jogo através de exercícios formulados pelo treinador com objetivo de desenvolvimento das capacidades físicas e fundamentos do jogo. Segundo Greco (2001) o conceito recreativo do jogo esportivo, onde está contemplada uma metodologia mista, caracterizada pelas diversas experiências de jogo, e a aprendizagem da técnica, podem tornar a aula atrativa, contemplando os objetivos do treinador e motivando os alunos através de jogos e exercícios semelhantes ao jogo. Outra vantagem, de acordo com Graça e Mesquita (2002), é que situações de aprendizagem estruturadas poderiam facilitar o desempenho, através da implantação dos jogos reduzidos.

Depois de diferenciados os métodos do treinamento, propomos neste livro exercícios que facilitem a montagem de aulas de treinamento misto, pois em uma mesma sessão de treinos podemos abordar aspectos físicos, técnicos e táticos com atividades lúdicas, semelhantes às reais condições de jogo, utilizando-se do objeto principal do jogo que é a bola.

CRONOGRAMA TÉCNICO

Sugerimos um cronograma que estabelece a progressão dos fundamentos, pois trabalha o básico que é o domínio, posicionamento e o passe, depois a condução de bola, a finalização ou conclusão, cabeceio, bolas paradas e parte tática.

1ª SEQUÊNCIA DE FUNDAMENTOS

- Posicionamento e passe: curto, longo, lançamento, profundidade, meia altura, parabólico, rasteiro...
- Domínio: bola alta, bola rasteira, profundidade, peito, coxa...

2ª SEQUÊNCIA DE FUNDAMENTOS

- Condução: velocidade, com marcação, obstáculos, drible, finta, parte interna e externa, sola...

3ª SEQUÊNCIA DE FUNDAMENTOS

- Conclusão: diagonal, frontal, dominado, progressão, bola alta, voleio...

4ª SEQUÊNCIA DE FUNDAMENTOS

- Cabeceio: baixo, progressão, conclusão, afastamento...

5ª SEQUÊNCIA DE FUNDAMENTOS

- Bola parada: faltas ofensivas, faltas defensivas, escanteio, tiro de meta, laterais...

6ª SEQUÊNCIA DE FUNDAMENTOS

- Tático: treino de funções

23. ABORDAGEM DOS EXERCÍCIOS

Ao se trabalhar com escolas de iniciação ao futebol procuramos aliar diversão, competição, rendimento, saúde e prazer em jogar bola. Neste ponto resolvemos criar e praticar em nossa vivencia nos treinamentos de jovens iniciantes na modalidade e aspirantes à profissionalização no futebol, jogos e exercícios que traduzam a realidade do jogo. Atualmente trabalha-se a parte física, tanto como a técnica e a tática, pois vemos na pratica equipes de força vencendo equipes técnicas. Porém a essência do futebol e o que agrega tantos jovens a este esporte são os craques e talentos que se destacam pela habilidade com que tratam a bola. O que fica cada vez mais evidente é que mesmo estes talentos, quando não preparados fisicamente para atuar em um jogo de futebol com seus 90 minutos pode fracassar nesta modalidade. Nesse ponto os exercícios que propomos procura agregar todos os elementos do futebol, pois em escolas de futebol que trabalham em média três vezes semanais devem-se agregar os elementos do jogo em curto espaço de tempo. Jogos contextualizados com bolas, equipes, metas defensivas e ofensivas e um campo delimitado de jogo possam abordar técnicas, táticas e capacidades físicas condicionantes a um bom desempenho futebolístico. Os alunos/atletas praticantes destes tipos de exercícios e jogos levam vantagem, pois o treino estará totalmente focado em situações que posteriormente serão utilizadas dentro do jogo. Lembrando que variações de regras, dimensões de campo, quantidade de jogadores por equipe entre outras adaptações promovem a exigência das capacidades intelectuais, desenvolvendo a inteligência de jogo, visão de jogo, visão periférica, criatividade, liberdade de decisão. Além de provocar as adaptações e exigências físicas necessárias a prática desta modalidade complexa neste ponto de vista. Promover a qualidade através de treinos específicos a modalidade e poupar tempo intensificando as sessões de treinos. Pois o que melhor pode definir o futebol atual é a intensidade física aliada à qualidade técnica. Partimos do princípio defendido por Weineck

(2000) onde se inicia um programa de treinos partindo dos exercícios simples aos mais complexos exercícios de reação.

Capacidades físicas e seus métodos condicionantes

RESISTÊNCIA AERÓBIA	RESISTÊNCIA ANAERÓBIA
MINI-JOGOS (4X4), (5X5), (6X6) CAMPOS REDUZIDOS INTERVALADOS CORRIDAS CONTÍNUAS TRABALHOS INTERVALADOS CORRIDAS LONGAS 1200, 1000, 800 METROS	CIRCUITOS INTERVALADOS FARTLEK TRABALHOS INTENSOS (2X1), (3X3)
VELOCIDADE	**FORÇA**
ESTÍMULOS DE VELOCIDADE VELOCIDADE COM BOLA TROCAS DE DIREÇÃO SALTOS E VELOCIDADE	RESISTÊNCIA DE FORÇA FORÇA MÁXIMA FORÇA RÁPIDA PLIOMETRIA

POTÊNCIA
ACELERAÇÕES CIRCUITOS MINI-JOGOS (1X1), (2X2) FARTLEK PLIOMETRIA

24. EXERCÍCIOS

CLASSIFICAÇÃO DOS EXERCÍCIOS POR FAIXA ETÁRIA

Os exercícios físicos podem ser classificados de acordo com a idade do atleta, seu conhecimento sobre futebol ou pelo seu desempenho dentro do treinamento.

Apesar de considerar a classificação por idade limitante ao desempenho de atletas, em cada exercício faremos a sugestão das faixas etárias indicadas a prática de cada exercício. Cabe ao profissional a avaliação de cada atleta no desempenho nos exercícios para promovê-lo ao próximo nível.

A classificação que faremos será baseada de acordo com as faixas etárias descritas a seguir:

- **Iniciante I (6 – 7 anos):** Noções básicas dos fundamentos do futebol.
- **Iniciante II (7-8-9 anos):** Haverá uma pequena redução das brincadeiras e um aumento do tempo dedicado aos fundamentos técnicos.
- **Básico I (9-10-11 anos):** Predomínio das atividades lúdicas, porém com aumento do tempo de aprendizagem dos fundamentos e correção de possíveis erros.
- **Básico II (11-12-13 anos):** Introdução a parte tática, diminuição do tempo de atividades lúdicas com maior tempo dedicado a correção de erros.
- **Especial I (13-14-15 anos):** Aperfeiçoar a tática. Atividades lúdicas deverão ser escolhidas de acordo com aquelas que orientam mais especificamente para a técnica

- **Especial II (15-16-17 anos):** Ênfase na tática. Estruturação dos sistemas de jogo e aperfeiçoamento dos fundamentos técnicos através de vivencias em jogos, pequenos jogos e exercícios programados.

ETAPAS DOS EXERCÍCIOS

A partir do entendimento destes níveis devemos separar a execução em 4 (quatro) etapas:

- Atividade Individual: o jogador trabalha individualmente os fundamentos.
- Atividade em duplas: ambos executam o fundamento ou um auxilia o outro.
- Atividades em grupos: grandes grupos se exercitam tecnicamente com uma ou mais bolas.
- Atividade do time: (11 jogadores) fundamentos em situação de jogo.

A partir de agora seguem os exercícios para montagem das aulas práticas. Conceituamos os exercícios em três níveis devido a sua complexidade física e técnica.

NÍVEL FÁCIL ⚽ **NÍVEL MÉDIO** ⚽ ⚽ **NÍVEL DIFÍCIL** ⚽ ⚽ ⚽

DEMARCAÇÃO DOS ÂNGULOS

Em muitos exercícios o leitor vai se deparar com uma situação de demarcação de ângulos. Vivenciamos muitas vezes na prática a falta de precisão nos exercícios de chute a gol ou finalização, fundamentais no êxito da equipe, pois é a melhor forma de se marcar gols. Alguns alunos/atletas marcam verdadeiros golaços chutando com muita força e pouca precisão, muitas vezes acertando o ângulo da trave. Mas fica a pergunta, a intenção do atleta era acertar a bola naquele local? Ou a sorte colaborou? Por isso entendemos ser necessário o treinamento da capacidade de precisão dos chutes a gol, substituindo os goleiros por demarcações com cordas, arcos, tiras de pano, entre outros.

EXERCÍCIO Nº 1
VAI E VOLTA

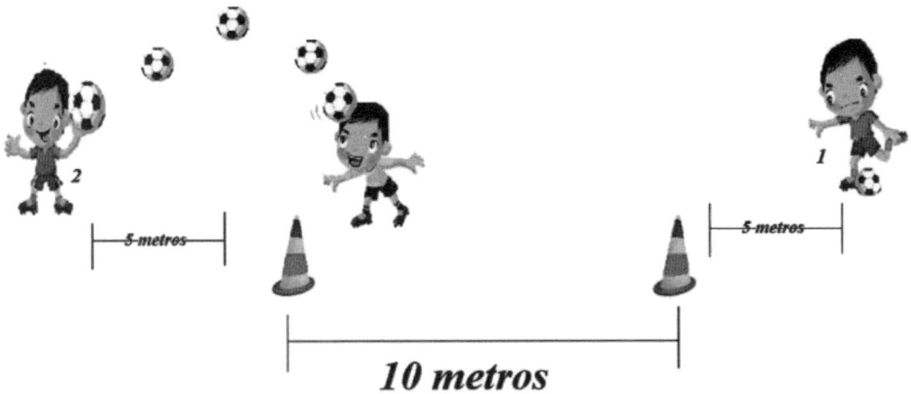

Turma dividida em: trios.
Materiais Necessários: 2 cones, 2 bolas de futebol de campo.
Principais Capacidades Físicas Trabalhadas: Resistência Aeróbia, Coordenação e Agilidade.
Fundamentos Técnicos Trabalhados: Passe e Cabeceio.
Jogador deverá ficar entre dois cones dispostos a uma distância de 10 metros, no cone localizado a esquerda do atleta outro atleta estará colocado para realizar um passe rasteiro e na direita haverá outro atleta que irá arremessar uma bola alta para que o mesmo realize um cabeceio devolvendo a bola. Serão realizadas 10 repetições de cada lado.

NÍVEL FÁCIL

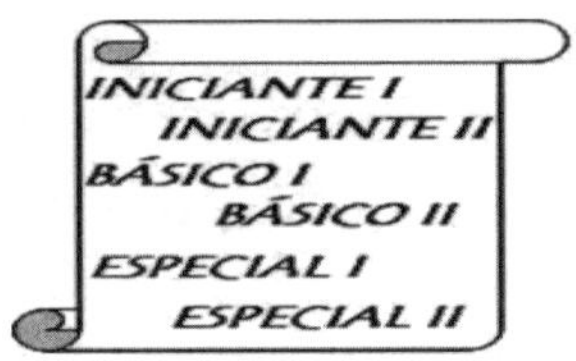

EXERCÍCIO Nº 2
BATE E VOLTA

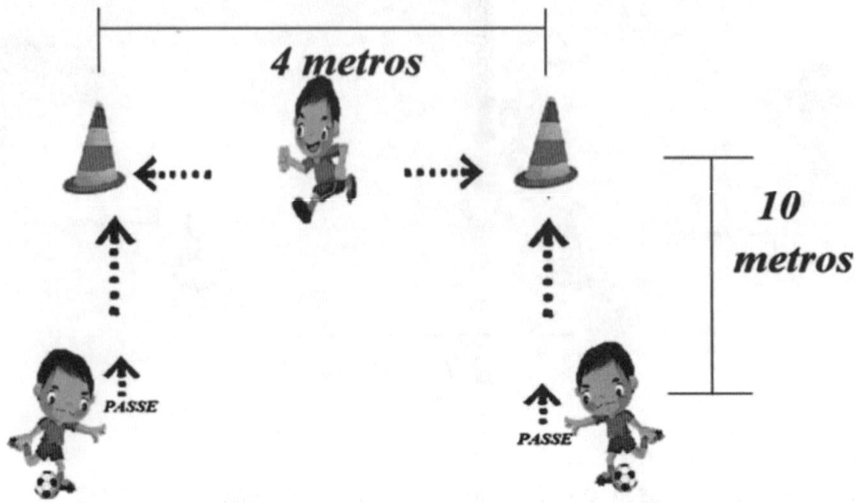

Turma dividida em: TRIOS.
Materiais Necessários: 2 cones, 2 bolas de futebol de campo.
Principais Capacidades Físicas Trabalhadas: Resistência Aeróbia e Agilidade.
Fundamentos Técnicos Trabalhados: Passe e Domínio.

Dois cones estarão dispostos a uma distância de 4 metros, sendo que entre estes estará um atleta que fará o papel de defensor dos cones. Na frente de cada cone posicionado a uma distância de 10 metros estarão os outros dois atletas (conforme esquema acima), que realizarão passes rasteiros e direção aos cones. O jogador posicionado entre eles receberá um passe em direção ao cone da direita, deverá interceptar a bola e devolver o passe deslocando-se imediatamente ao lado esquerdo onde receberá outro passe devolvendo-o. Serão realizados 5 repetições de cada lado.

NÍVEL FÁCIL

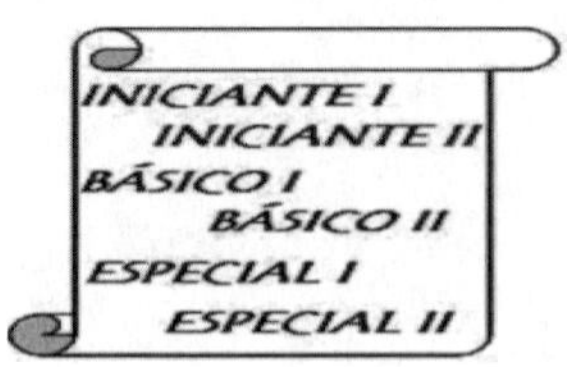

EXERCÍCIO Nº 3
AUMENTANDO A PASSADA

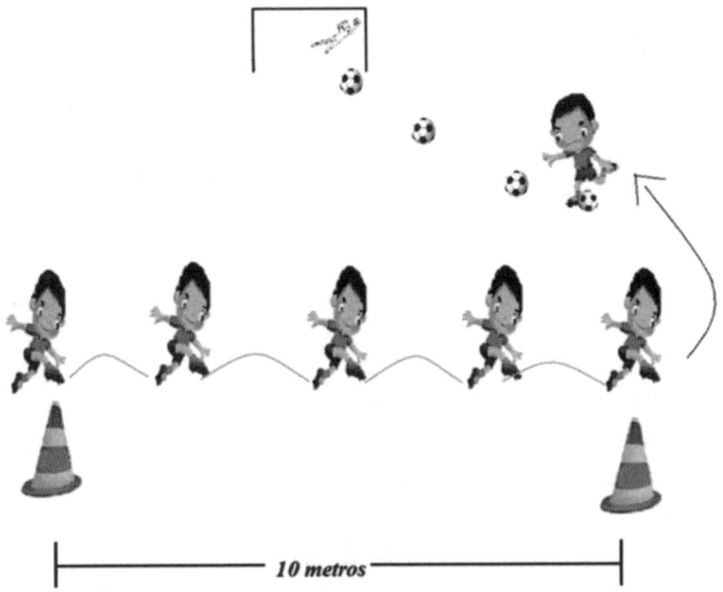

Turma dividida em: INDIVIDUAL.
Materiais Necessários: 2 cones, 1 bola de futebol de campo.
Principais Capacidades Físicas Trabalhadas: Força e Coordenação.
Fundamentos Técnicos Trabalhados: Chute.
Dispor dois cones a uma distância de 10 metros. Dentro desta distância determinar que o jogador realize este percurso em menor número de passadas possíveis, dessa forma buscando alongar a passada. Em seguida deslocar-se até a bola que estará posicionada próxima a grande área e executar chute a gol ou a algum alvo predeterminado.

NÍVEL FÁCIL

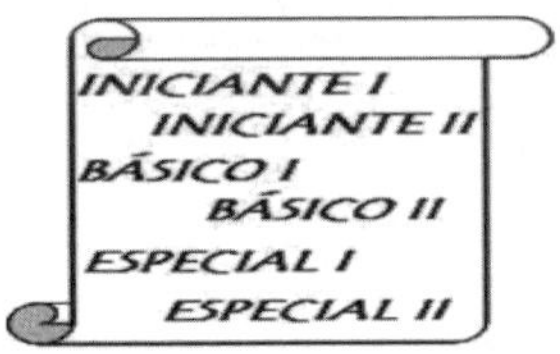

EXERCÍCIO N° 4
VOLTA AO CONE

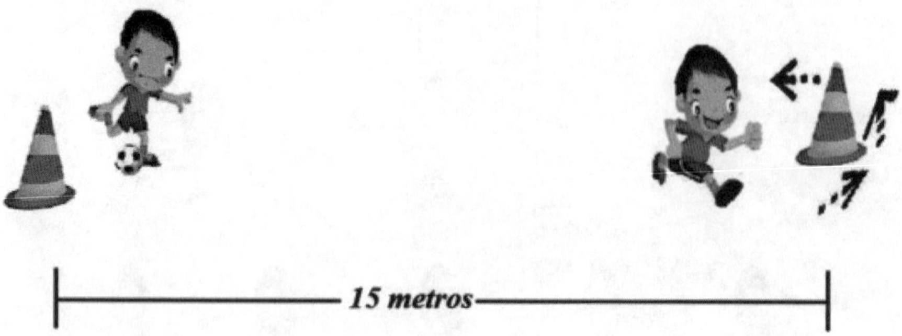

Turma dividida em: DUPLAS.
Materiais Necessários: 2 cones, 1 bola de futebol de campo.
Principais Capacidades Físicas Trabalhadas: Resistência Anaeróbia, Força e Agilidade.
Fundamentos Técnicos Trabalhados: Passe e Domínio.

Dois cones dispostos a uma distância de 15 metros à frente de cada cone se posicionará um jogador. Cada dupla deverá estar em posse de uma bola, o exercício consiste em realizar passe primeiramente rasteiro para seu companheiro que devolverá o passe e em seguida deverá contornar o cone disposto a suas costas, este movimento deve ser realizado por ambos jogadores a cada toque de bola. Neste exercício poderão ser feitas diversas variações, como passe alto, parabólico ou então saltando o cone, contornando de costas, etc. Variar a distância dos cones.

NÍVEL FÁCIL

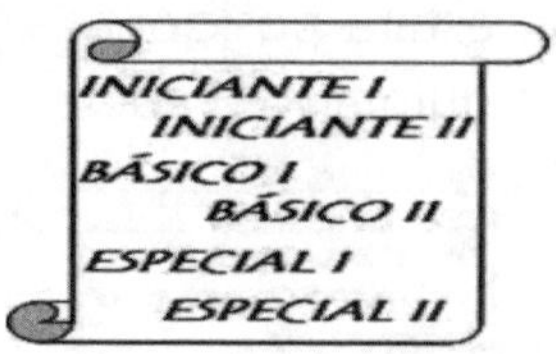

EXERCÍCIO Nº 5
AGACHANDO PARA CHUTAR

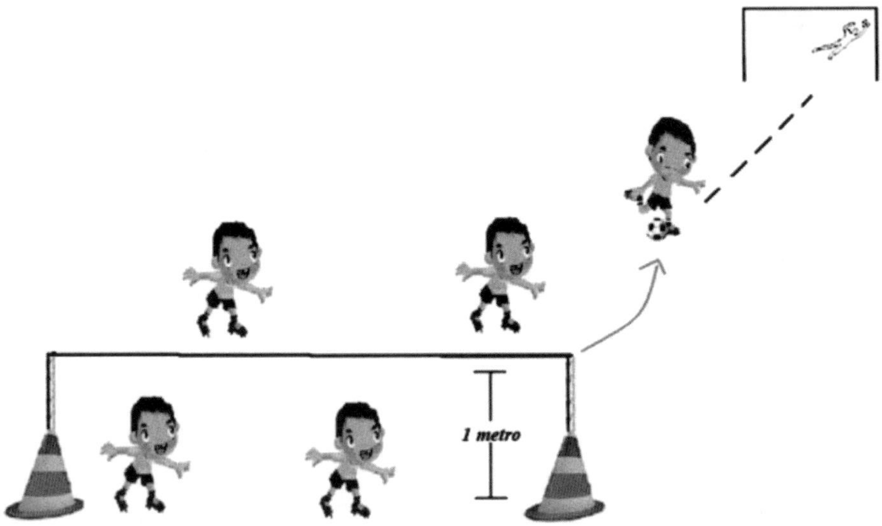

Turma dividida em: INDIVIDUAL.
Materiais Necessários: 2 hastes de 1 metro de altura, 1 corda, 1 bola de futebol de campo.
Principais Capacidades Físicas Trabalhadas: Força, Coordenação.
Fundamentos Técnicos Trabalhados: Chute.
Para este exercício deve-se dispor um obstáculo com uma corda a 1 metro de altura e aproximadamente 3 metros de comprimento, onde o atleta irá realizar 6 agachamentos laterais no intuito de passar de um lado para o outro desta corda e em seguida se deslocará para onde a bola estiver posicionada para que o mesmo faça o arremate a gol ou a algum alvo predeterminado.

NÍVEL FÁCIL

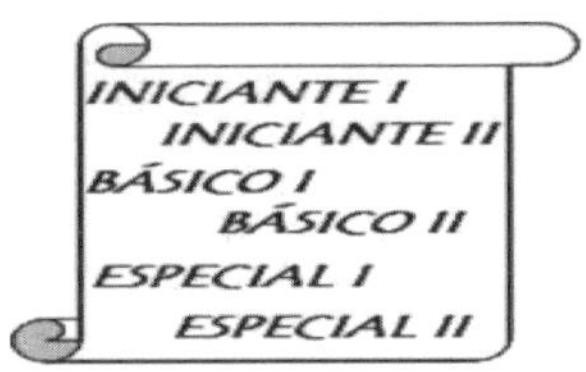

EXERCÍCIO Nº 6
VIRANDO O JOGO

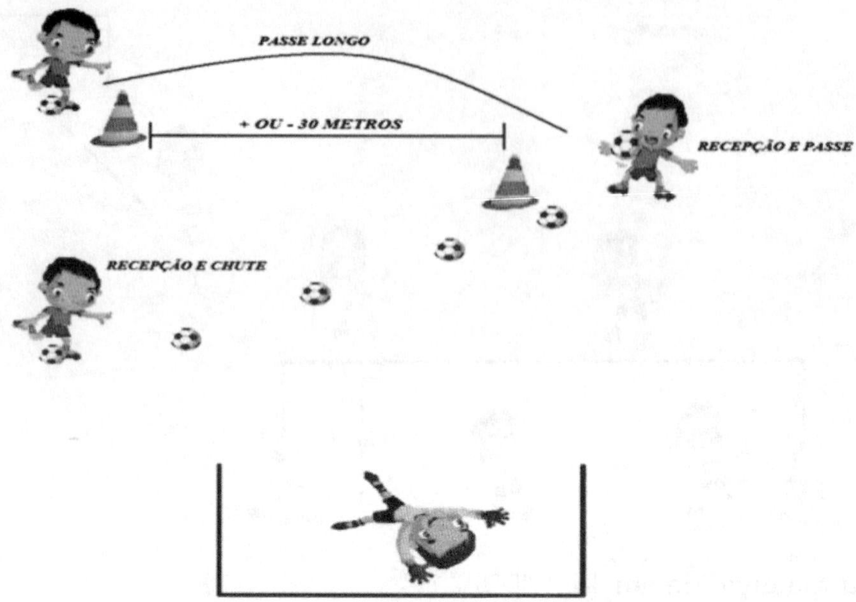

Turma dividida em: DUPLAS.
Materiais Necessários: 2 cones, 1 bola de futebol de campo.
Principais Capacidades Físicas Trabalhadas: Força e Velocidade.
Fundamentos Técnicos Trabalhados: Passe e Domínio.

Dispor 2 cones (de lateral a lateral, sendo que um dos cones deve ficar um pouco mais a frente, conforme esquema acima) com distância de aproximadamente 30 metros. Em um dos cones deverá posicionar-se um jogador em posse de bola que realizará um passe longo (inversão de jogo) preferencialmente passe alto enquanto no outro cone estará seu companheiro posicionado para receber o passe, dominar a bola e devolvê-la realizando um passe em diagonal para o jogador que se deslocou da sua posição inicial, e após dominar a bola executará um chute a gol.

NÍVEL FÁCIL

EXERCÍCIO N° 7
ESCAPANDO

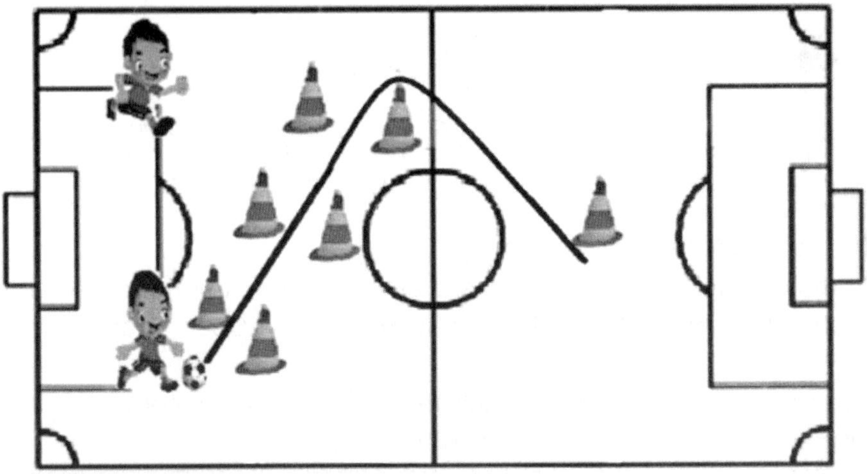

Turma dividida em: DUPLAS.
Materiais Necessários: 7 cones, 1 bola de futebol de campo.
Principais Capacidades Físicas Trabalhadas: Resistência de Velocidade, Força e Agilidade.
Fundamentos Técnicos Trabalhados: Deslocamento com Bola e Chute.

Perseguição longa com bola. Dispor 6 cones de modo a formar um corredor saindo de uma das pontas da grande área em diagonal até o meio do campo, conforme esquema acima, e em frente a meia lua, a aproximadamente 4 metros, da outra área colocar outro cone. A dupla deve posicionar-se um em cada ponta da grande área, de onde será o ponto de partida, o jogador em posse de bola deve seguir pelo caminho feito pelos cones conduzindo a bola e quando estiver no corredor o segundo jogador (o perseguidor) sairá da outra ponta da área, correndo por cima da linha da grande área e perseguir o jogador com bola. Ao passar pelo ultimo cone se não for tocado pelo jogador que saiu da linha contrária da grande área, poderá chutar a gol. Esta simulação de contra-ataque pode ter variações do percurso e da distância.

NÍVEL FÁCIL

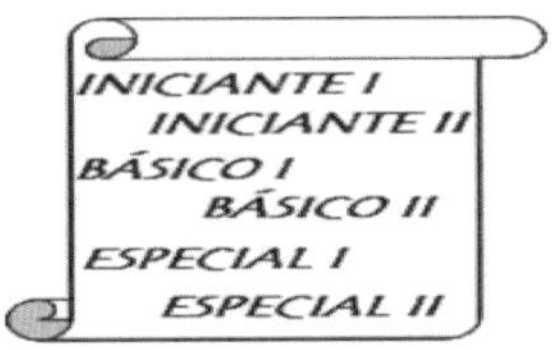

EXERCÍCIO Nº 8
COORDENANDO A PASSADA

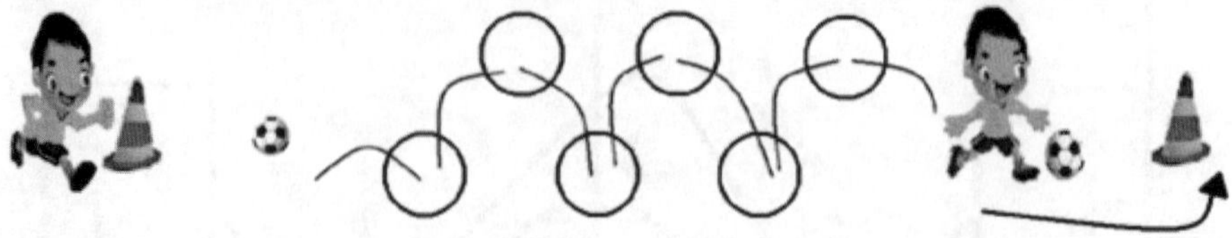

Turma dividida em: INDIVIDUAL.
Materiais Necessários: 2 cones, 6 arcos, 2 bolas de futebol de campo.
Principais Capacidades Físicas Trabalhadas: Coordenação, Força e Agilidade.
Fundamentos Técnicos Trabalhados: Deslocamento com Bola.

Dispor um cone para delimitar o início do circuito, 2 metros à frente posicionar uma bola e a frente desta, organizar 6 arcos diagonalmente um do outro, na saída destes arcos posicionar mais uma bola e após mais 2 metros colocar outro cone marcando o fim deste circuito. Jogador sai detrás do cone realiza sequência de saltos dentro dos arcos, estes saltos devem ser realizados com um pé em cada arco diagonalmente, em seguida deve recolher a bola posicionada, contornar completamente o cone de posse da bola, posicionando-a no mesmo lugar, em seguida refaz a sequência de saltos nos arcos, recolher a outra bola, contornar completamente o cone. Esta descrição completa significa um ciclo, a sugestão é de que o jogador realize 3 vezes este circuito.

NÍVEL FÁCIL

EXERCÍCIO Nº 9
BOLA ALI – BOLA AQUI 2

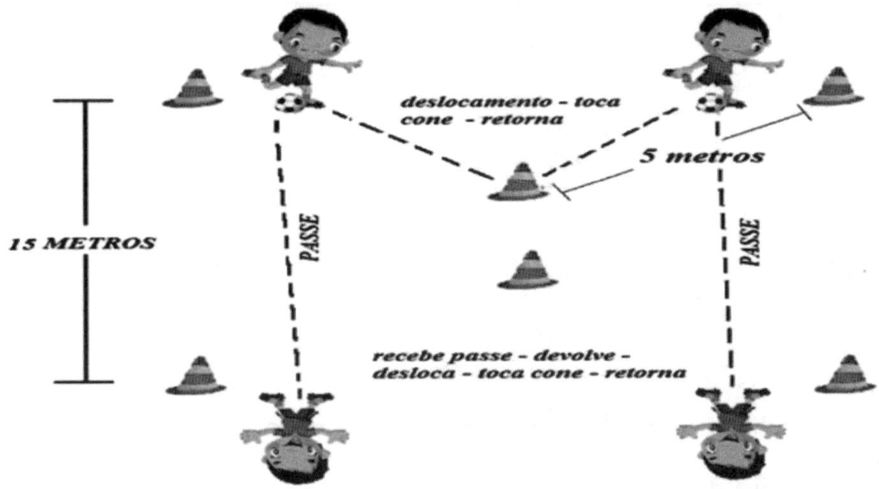

Turma dividida em: DUPLAS.
Materiais Necessários: 6 cones, 1 bola de futebol de campo.
Principais Capacidades Físicas Trabalhadas: Força e Velocidade.
Fundamentos Técnicos Trabalhados: Passe e Domínio.

Dispor dois cones distanciados 15 metros um do outro, fazer o mesmo do outro lado de modo a formar um corredor. Nos cones da ponta, na diagonal destes, marcar cinco metros e colocar um cone de cada lado, conforme esquema acima. Este exercício deve ser realizado por 2 duplas simultaneamente, os jogadores devem ficar posicionados nos cones da ponta, um dos integrantes da dupla deve estar em posse de bola. O jogador em posse de bola deve realizar um passe, correr até o cone à sua frente, tocá-lo e retornar à sua posição anterior correndo de costas para receber o passe do seu companheiro que realizará o mesmo procedimento.

NÍVEL FÁCIL

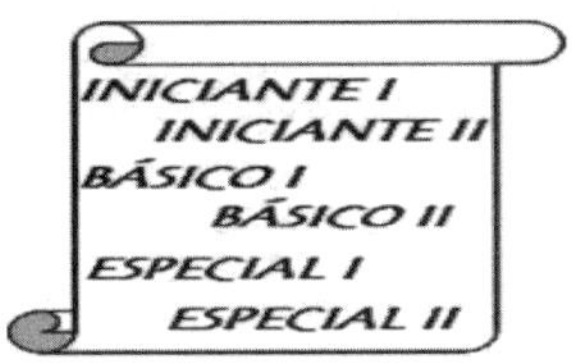

EXERCÍCIO Nº 10
VOLTA AO MUNDO

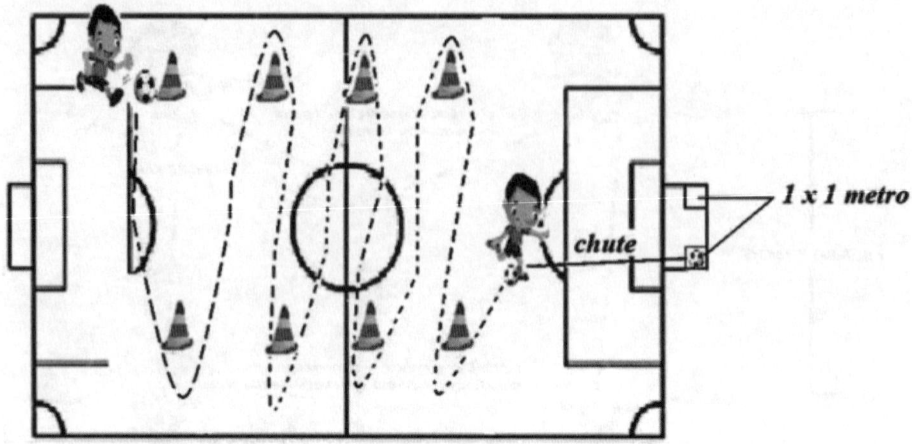

Turma dividida em: INDIVIDUAL.
Materiais Necessários: 8 cones, 1 bola de futebol de campo, cordas.
Principais Capacidades Físicas Trabalhadas: Resistência Aeróbia e Agilidade.
Fundamentos Técnicos Trabalhados: Deslocamento com Bola e Chute.
Dispor 4 cones de cada lado do campo de modo a formar um corredor amplo, conforme esquema acima. Na trave delimitar espaço de 1 x 1 metro quadrado para que o jogador realize chute de precisão. Cada jogador em posse de bola deve sair contornando os cones pelo lado externo até ultrapassar o último cone onde deverá executar chute no ângulo determinado.

NÍVEL FÁCIL

EXERCÍCIO N° 11
FRENTE E COSTAS

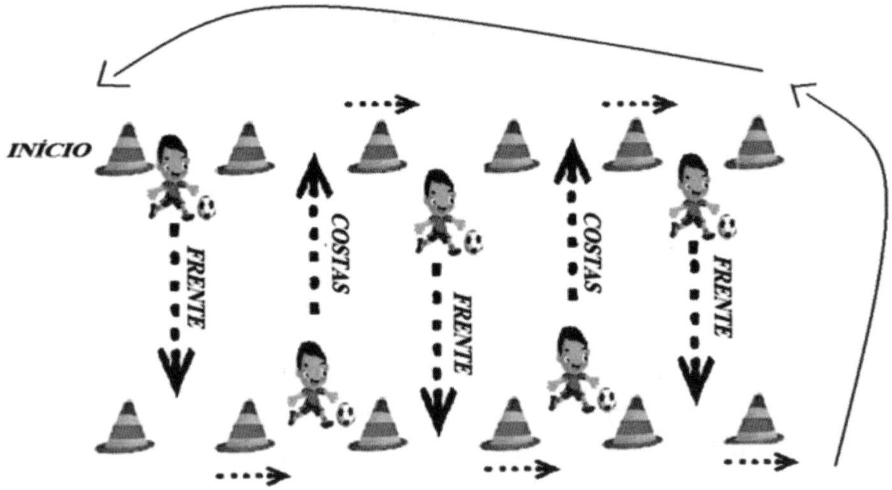

Turma dividida em: INDIVIDUAL.
Materiais Necessários: 12 cones, 1 bola de futebol de campo.
Principais Capacidades Físicas Trabalhadas: Força, Resistência Anaeróbia, Coordenação e Agilidade.
Fundamentos Técnicos Trabalhados: Deslocamento com Bola.
Para este exercício dispor 6 cones enfileirados com distancia de 3 metros entre eles, realizar o mesmo procedimento formando um corredor com aproximadamente 10 metros de largura, conforme esquema acima. O jogador em posse de bola deve conduzi-la até o cone a sua frente, contorná-lo pelo lado externo e voltar correndo de costas puxando a bola embaixo do pé. Realizar estes movimentos até o último cone retornando ao inicio do circuito. Devem ser realizados 3 sequências.

NÍVEL FÁCIL

EXERCÍCIO Nº 12

GÊNIO DA GRANDE ÁREA

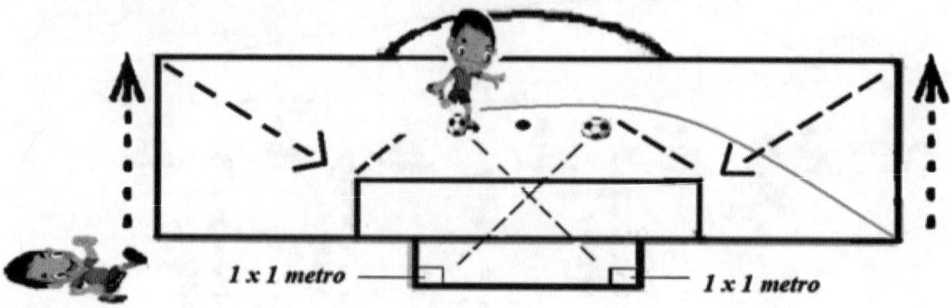

Turma dividida em: INDIVIDUAL.

Materiais Necessários: 2 bolas de futebol de campo, 2 cordas.

Principais Capacidades trabalhadas: Velocidade e Força.

Fundamentos Técnicos Trabalhados: Chute.

Dispor duas bolas ao lado da marca do pênalti, e com cordas delimitar os ângulos da trave com dimensão de 1 x 1 metro. O jogador deverá sair da junção da linha da grande área com a linha de fundo, em velocidade máxima, até o limite da grande área, em seguida até a linha da pequena área, e então se desloca para a primeira bola posicionada e realiza chute a gol no espaço delimitado. Feito isso, dirige-se ao outro lado da grande área e realiza a mesma sequência, de acordo com esquema acima, só que desta vez deverá realizar o chute com o pé contrario.

NÍVEL FÁCIL

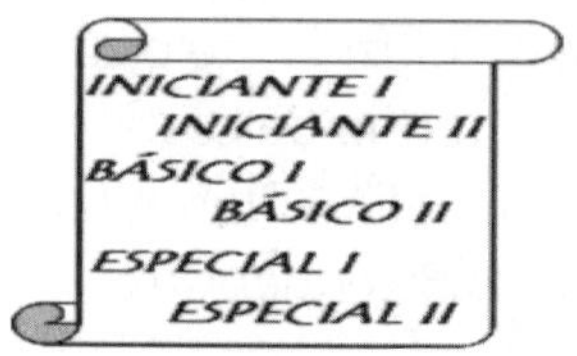

EXERCÍCIO Nº 13
MUDANDO A DIREÇÃO

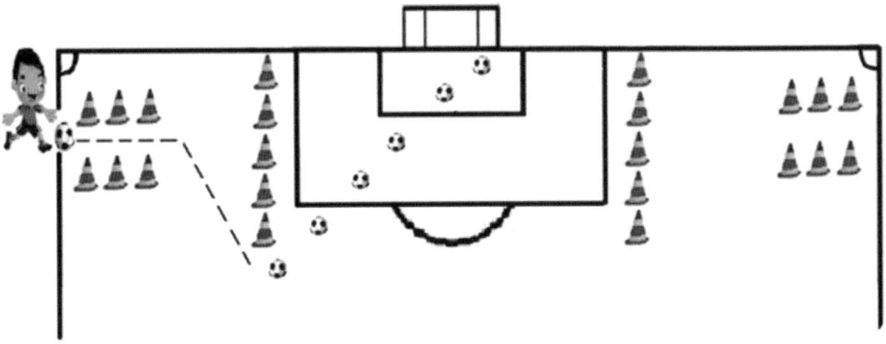

Turma dividida em: INDIVIDUAL.
Materiais Necessários: 11 cones, 1 bola de futebol de campo.
Principais Capacidades trabalhadas: Velocidade, Força e Agilidade.
Fundamentos Técnicos Trabalhados: Deslocamento com Bola, Drible e Chute.

Dispor 6 cones enfileirados, 3 de cada lado, de modo a formar um corredor, na lateral da grande área sendo que logo a frente deve ser organizado uma barreira com 5 cones, de acordo com esquema acima. O jogador deverá deslocar-se em velocidade máxima conduzindo a bola, após passar pelo corredor de cones, deverá definir "corte" na barreira à sua frente para então realizar chute a gol. O chute deve ser no lado contrário da trave. Realizar esta sequência nos dois lados da grande área explorando a bilateralidade.

NÍVEL FÁCIL

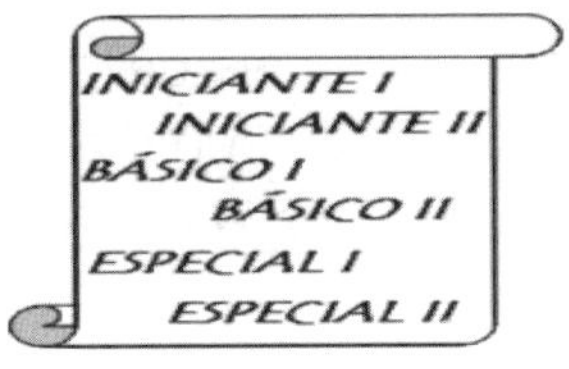

EXERCÍCIO Nº 14
PASSE QUADRADO

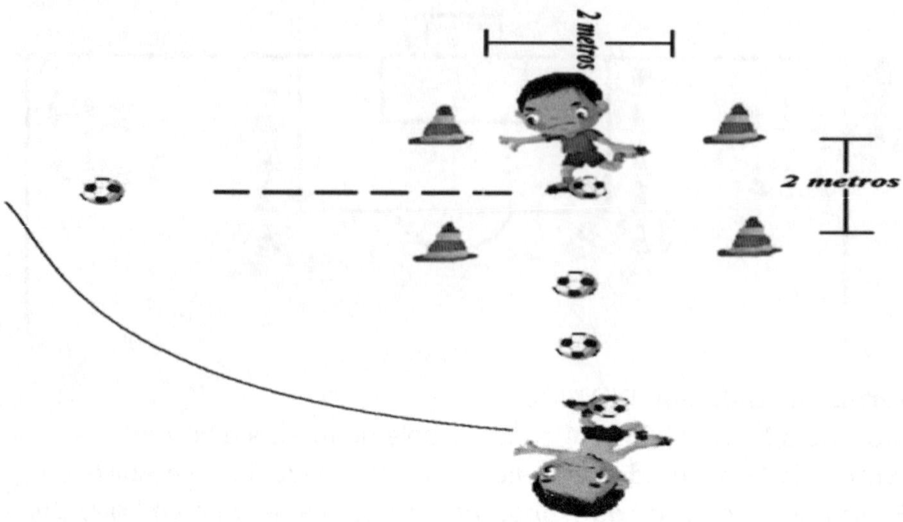

Turma dividida em: DUPLAS.
Materiais Necessários: 4 cones, 1 bola de futebol de campo.
Principais Capacidades trabalhadas: Força, Velocidade e Resistência Anaeróbia.
Fundamentos Técnicos Trabalhados: Passe e Domínio.

Dispor 4 cones de modo a formar um quadrado com dimensões de 2x2 metros. Um jogador deverá se posicionar dentro do quadrado e seu companheiro em posse de bola se posicionará em um dos lados deste quadrado. O jogador em posse de bola deverá realizar um passe para o jogador posicionado dentro do quadrado e deslocar-se para a outra face deste para receber a bola em um ponto futuro, pois o jogador dentro do quadrado receberá o passe e após realizar o domínio da bola irá realizar outro passe para o quadrante seguinte. O exercício deve ser realizado no sentido horário e anti-horário. Devem ser realizadas 4 sequências, sendo 2 para cada lado.

NÍVEL FÁCIL

EXERCÍCIO N° 15
DIREÇÃO CONTRÁRIA

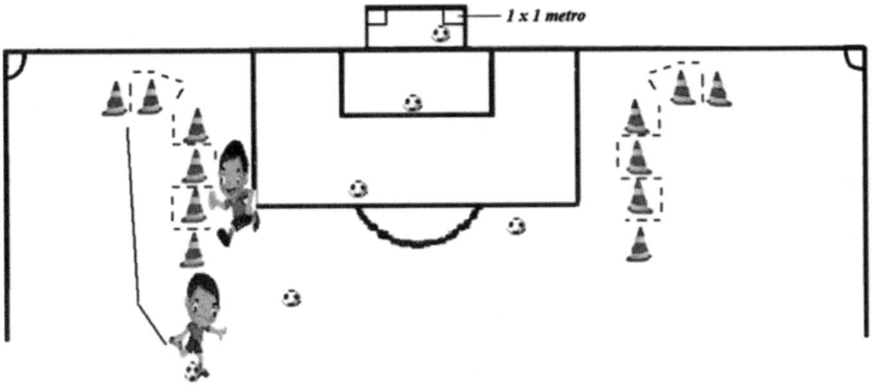

Turma dividida em: INDIVIDUAL.
Materiais Necessários: 6 cones, 1 bola de futebol de campo, 2 cordas.
Principais Capacidades trabalhadas: Agilidade, Força e Velocidade.
Fundamentos Técnicos Trabalhados: Chute.

Dispor 6 cones enfileirados ao lado da grande área de modo a formar um "L", conforme esquema acima, deve-se posicionar uma bola ao lado da meia lua e delimitar os ângulos da trave com dimensão de 1 x 1 metro. O jogador deverá deslocar-se em zigue zague pelos cones, em seguida deslocar-se em velocidade até a bola posicionada e realizar o chute a gol no espaço delimitado. O chute deve ser realizado no ângulo contrário ao da bola. Este exercício deve ser realizado nos dois lados do campo, trabalhando assim a bilateralidade, utilizando a variação do pé que o jogador irá efetuar o chute.

NÍVEL FÁCIL

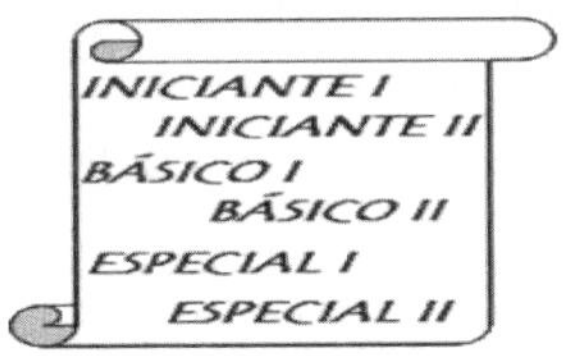

EXERCÍCIO Nº 16
CAÇA E CAÇADOR

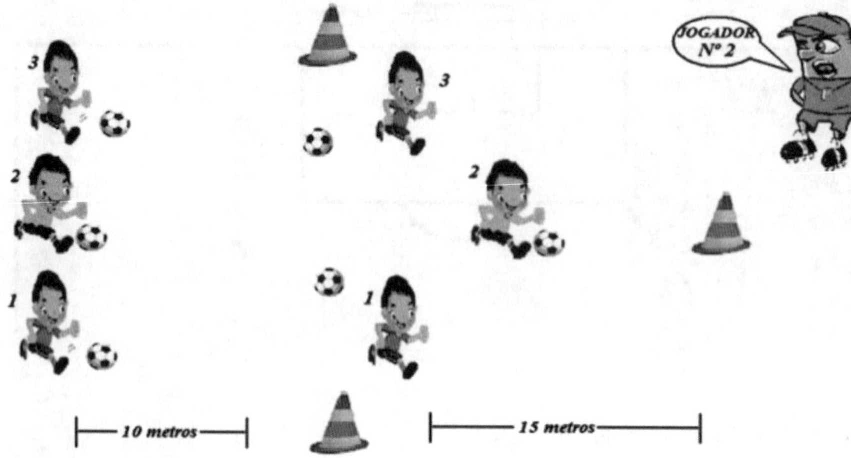

Turma dividida em: GRUPOS COM 3 OU MAIS ATLETAS.
Materiais Necessários: 1 bola de futebol de campo por atleta.
Principais Capacidades trabalhadas: Velocidade, Força e Resistência Anaeróbia.
Fundamentos Técnicos Trabalhados: Deslocamento com Bola.

Para este exercício cada jogador deverá ter um número que é de conhecimento do treinador. Neste caso utilizamos três atletas de 1 a 3, conforme esquema acima, cada atleta deverá sair com bola dominada, conduzindo-a até passarem pelos cones posicionados a 10 metros da saída, ao passarem o treinador deverá gritar um dos números então o jogador chamado deverá aumentar a velocidade da corrida para tentar ultrapassar o próximo cone à sua frente, enquanto os outros jogadores que não foram citados devem deixar a bola posicionada e sair em perseguição ao jogador chamado, tentando tocá-lo antes da sua passagem pelo último cone.

NÍVEL FÁCIL

EXERCÍCIO N° 17
ESCADINHA

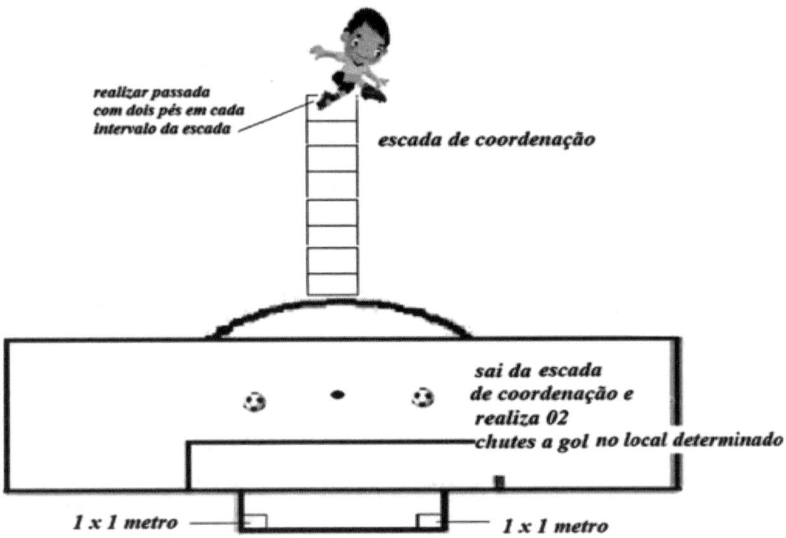

Turma dividida em: INDIVIDUAL.

Materiais Necessários: escada de coordenação, 2 bolas de futebol de campo, 2 cordas.

Principais Capacidades Físicas Trabalhadas: Coordenação e Força.

Fundamentos Técnicos Trabalhados: Chute.

Organizar uma escada de coordenação na frente da meia lua na posição vertical, conforme esquema acima. Na marca do pênalti dispor uma bola de cada lado afastada 1 metro da marca. Na trave amarrar cordas em cada ângulo para delimitar um espaço de 1 x 1 metro para que o jogador realize chute de precisão. O jogador deve realizar a passada de coordenação na escada, passada onde os dois pés devem tocar cada intervalo da escada e o joelho deve elevar-se o máximo possível. Em seguida desloca-se até as bolas posicionadas próximas a marca do pênalti e realiza dois chutes de precisão, sendo que os chutes devem ser no ângulo da trave delimitado pelas cordas.

NÍVEL FÁCIL

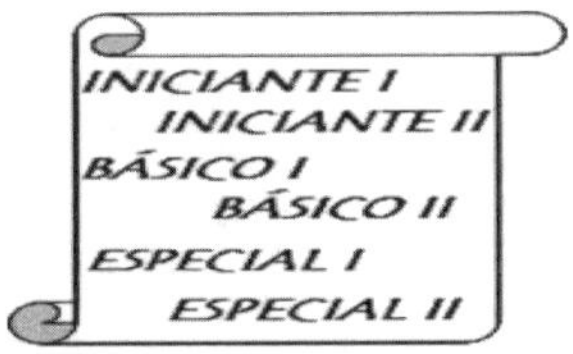

EXERCÍCIO Nº 18
FUGINDO DO IMPEDIMENTO

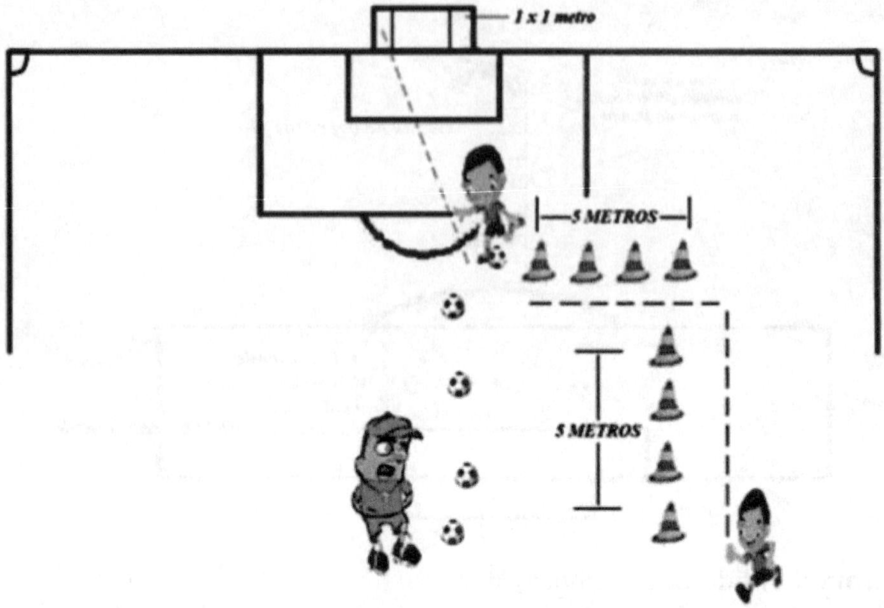

Turma dividida em: INDIVIDUAL.
Materiais Necessários: 8 cones, 1 bola de futebol de campo, 2 cordas.
Principais Capacidades Físicas Trabalhadas: Velocidade, Força e Agilidade.
Fundamentos Técnicos Trabalhados: Chute.
Organizar 8 cones de acordo com esquema acima. O jogador deverá sair em velocidade máxima realizando mudança de direção nos cones a 5 metros à frente, simulando evitar impedimento, quando este estiver no fim do percurso o treinador (ou companheiro) em posse de bola irá realizar um passe para que o jogador realize chute a gol no espaço delimitado por cordas.

NÍVEL FÁCIL

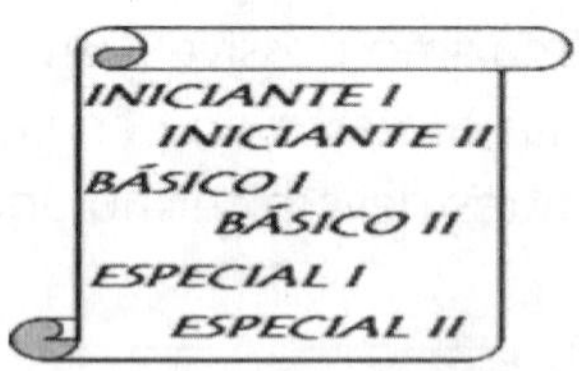

EXERCÍCIO Nº 19
DESLOCANDO NA PIRÂMIDE

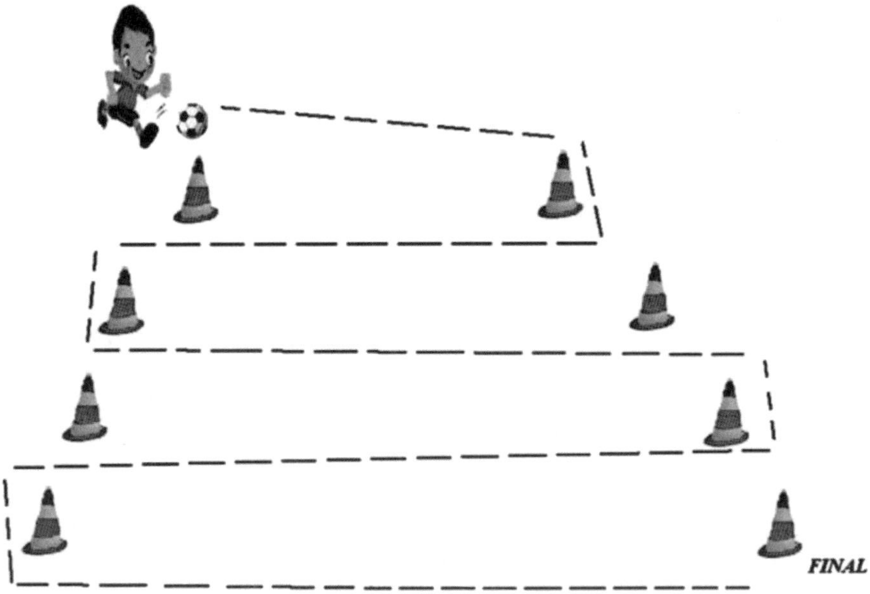

Turma dividida em: INDIVIDUAL.
Materiais Necessários: 8 cones, 1 bola de futebol de campo.
Principais Capacidades Físicas Trabalhadas: Resistência Aeróbia e Coordenação.
Fundamentos Técnicos Trabalhados: Deslocamento com Bola.
Organizar corredor com 4 cones de cada lado de acordo esquema acima, formando uma pirâmide. O jogador em posse de bola deverá realizar todo o percurso com velocidade moderada realizando condução de bola com perfeição. Realizar 3 sequências.

NÍVEL FÁCIL

EXERCÍCIO Nº 20
DESLOCANDO NA PIRÂMIDE 2

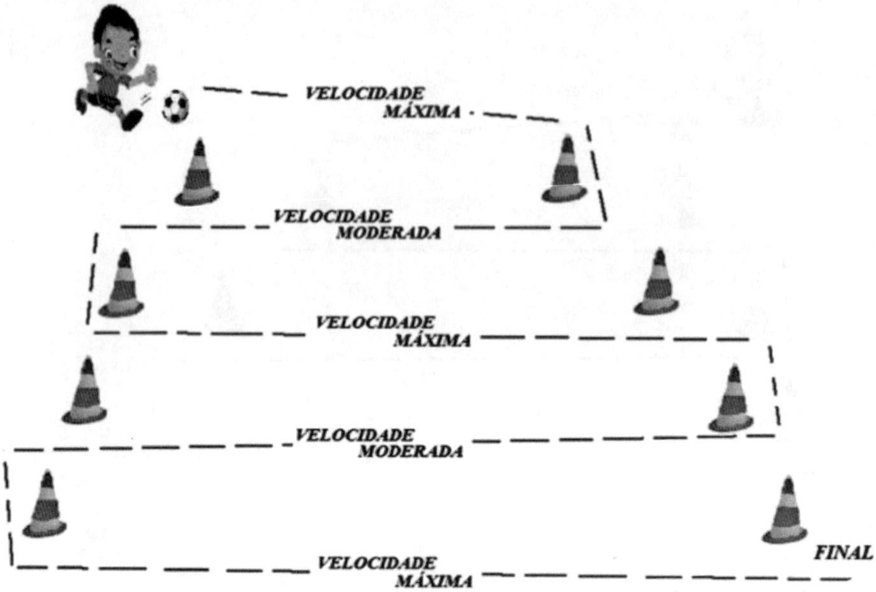

Turma dividida em: INDIVIDUAL.
Materiais Necessários: 8 cones, 1 bola de futebol de campo.
Principais Capacidades Físicas Trabalhadas: Velocidade, Resistência Anaeróbia, Agilidade e Coordenação.
Fundamentos Técnicos Trabalhados: Deslocamento com Bola.
Organizar corredor com 4 cones de cada lado de acordo esquema acima, formando uma pirâmide. O jogador em posse de bola deverá realizar todo o percurso conduzindo a bola com perfeição, variando a velocidade do deslocamento. Do primeiro ao segundo cone, velocidade máxima, sendo que do segundo ao terceiro a velocidade deve ser moderada e intercalar desta forma até o fim do percurso. Realizar 3 sequências.

NÍVEL FÁCIL

EXERCÍCIO Nº 21
NA TRILHA DO GOL

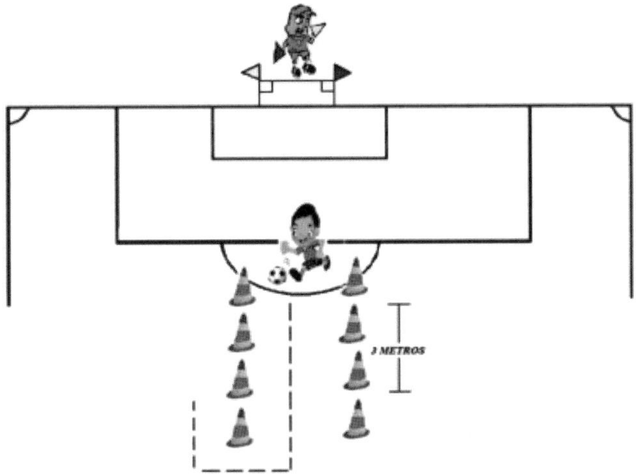

Turma dividida em: INDIVIDUAL.

Materiais Necessários: 8 cones, 1 bola de futebol de campo, 2 pares de bandeirolas.

Principais Capacidades Físicas Trabalhadas: Coordenação e Força.

Fundamentos Técnicos Trabalhados: Deslocamento com Bola, Chute e Visão de Jogo.

Organizar corredor em frente à área. Delimitar nos ângulos da trave com cordas e marcá-los com cores diferentes. O jogador em posse de bola deverá posicionar de costas para a grande área sendo que a sua frente estará o corredor de cones por onde deverá deslocar-se e mudar de direção ao final deste e realizar chute a gol no local determinado de acordo com a instrução do treinador que estará atrás da trave com duas bandeirolas com as mesmas cores determinada nos ângulos.

Obs.: Os cones podem ser dispostos de maneira diferente, por exemplo, em zigue zague, em círculo, etc. O treinador pode ainda posicionar-se em diferentes lugares, inclusive pode estar em deslocamento dificultando a execução do exercício. E por fim as demarcações da trave podem ser feitas em diversos ângulos (rasteiros, altos, etc).

NÍVEL FÁCIL

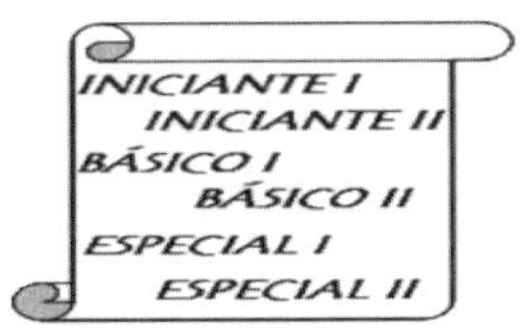

EXERCÍCIO Nº 22
DIREÇÃO OPOSTA

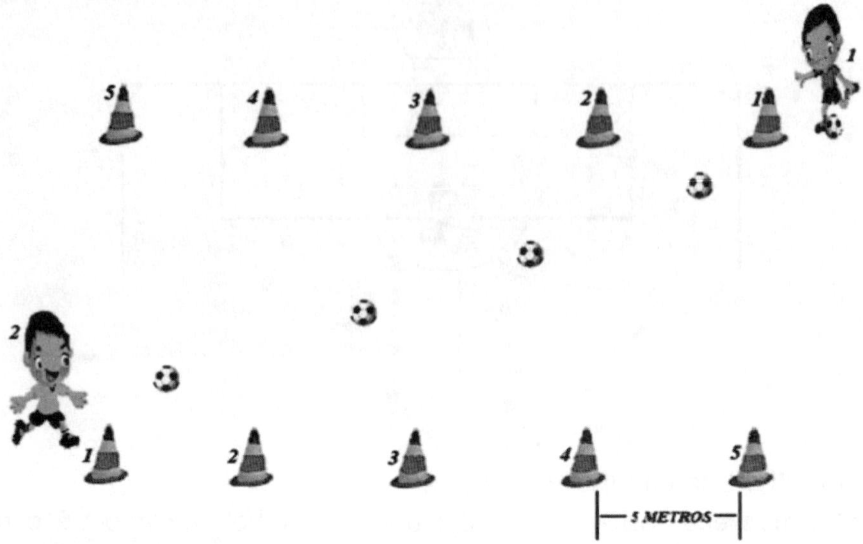

Turma dividida em: DUPLAS.
Materiais Necessários: 10 cones, 1 bola de futebol de campo.
Principais Capacidades Físicas Trabalhadas: Coordenação e Força.
Fundamentos Técnicos Trabalhados: Passe e Domínio.
Organizar corredor de cones conforme esquema acima. O jogador 1 em posse de bola deverá realizar um passe na diagonal em direção ao primeiro cone da outra fileira, sendo que o jogador 2 deverá antecipar dominar a bola e devolver o passe na direção do segundo cone da outra fileira. Este procedimento deverá ser realizado até que o cone de número 5, sendo que cada passe deve ser direcionado ao cone seguinte onde cada jogador deverá antecipar para realizar o domínio da bola imediatamente devolvendo o passe.

NÍVEL FÁCIL

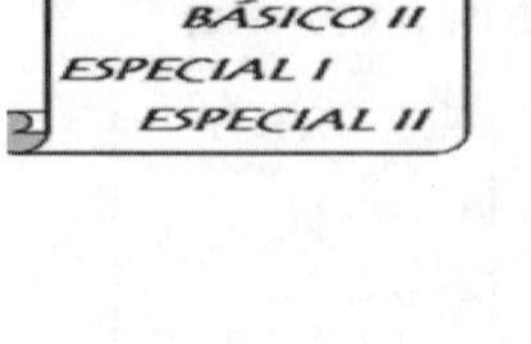

EXERCÍCIO Nº 23
ARREMATANDO

Turma dividida em: INDIVIDUAL.
Materiais Necessários: 2 bolas de futebol de campo, 2 pares de bandeirolas.
Principais Capacidades Físicas Trabalhadas: Velocidade, Força e Coordenação.
Fundamentos Técnicos Trabalhados: Chute.

Demarcar os ângulos superiores da trave com cordas com dimensões de 1 x 1 metro e em cada ângulo prender uma bandeirola com as mesmas cores das utilizadas pelo treinador, conforme esquema acima. Próximo a marca do pênalti posicionar 2 bolas, uma de cada lado. Após o apito do treinador que estará posicionado atrás do gol com as bandeiras em mãos, o jogador deverá deslocar-se em velocidade reagindo imediatamente a cor da bandeira determinada pelo treinador e executando os dois chutes no ângulo correspondente aquela cor.

Obs.: Podem ser mudadas as demarcações dos ângulos da trave.

NÍVEL FÁCIL

EXERCÍCIO Nº 24
ARREMATANDO 2

Turma dividida em: INDIVIDUAL.
Materiais Necessários: 2 bolas de futebol de campo, 2 pares de bandeirolas, 2 pratos demarcatório.
Principais Capacidades Físicas Trabalhadas: Velocidade, Força e Coordenação.
Fundamentos Técnicos Trabalhados: Chute.
Variação do exercício anterior. Demarcar os ângulos superiores da trave com cordas com dimensões de 1 x 1 metro e em cada ângulo prender uma bandeirola com as mesmas cores das utilizadas pelo treinador. Próximo a marca do pênalti posicionar 2 bolas, uma de cada lado, e ao lado de cada bola dispor dois marcadores com as mesmas cores utilizadas nas bandeirolas, sendo que devem ficar na ordem invertida as cores da trave, conforme esquema acima. Após o apito do treinador que estará posicionado atrás do gol com as bandeiras em mãos, o jogador deverá deslocar-se em velocidade reagindo imediatamente à cor da bandeira determinada pelo treinador e executando os dois chutes, em diagonal, no ângulo correspondente aquela cor.

NÍVEL FÁCIL

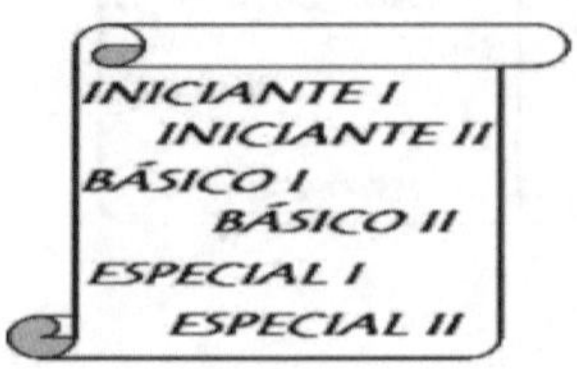

EXERCÍCIO Nº 25
COMANDO DE CHUTE

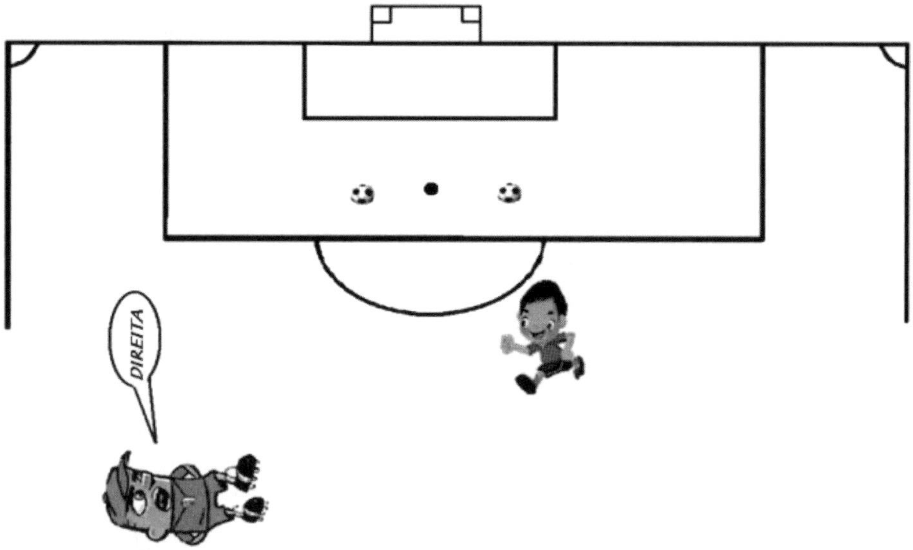

Turma dividida em: INDIVIDUAL.
Materiais Necessários: 2 bolas de futebol de campo.
Principais Capacidades Físicas Trabalhadas: Velocidade, Força e Coordenação.
Fundamentos Técnicos Trabalhados: Chute.

Delimitar os ângulos da trave com cordas dando a dimensão de 1 x 1 metro. Posicionar 2 bolas de futebol próximas a marca do pênalti. Para este exercício o treinador deverá ficar atrás do jogador e após soar o apito, o treinador irá determinar o ângulo onde o jogador deverá efetuar o chute a gol. O jogador deverá deslocar-se em velocidade reagindo imediatamente ao comando do treinador. Este exercício visa estimular a audição.

NÍVEL FÁCIL

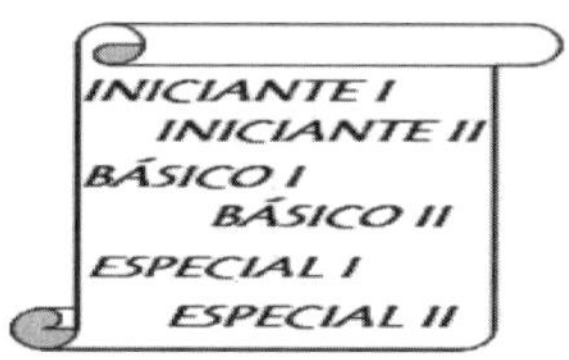

EXERCÍCIO N° 26
FINTANDO A DEFESA

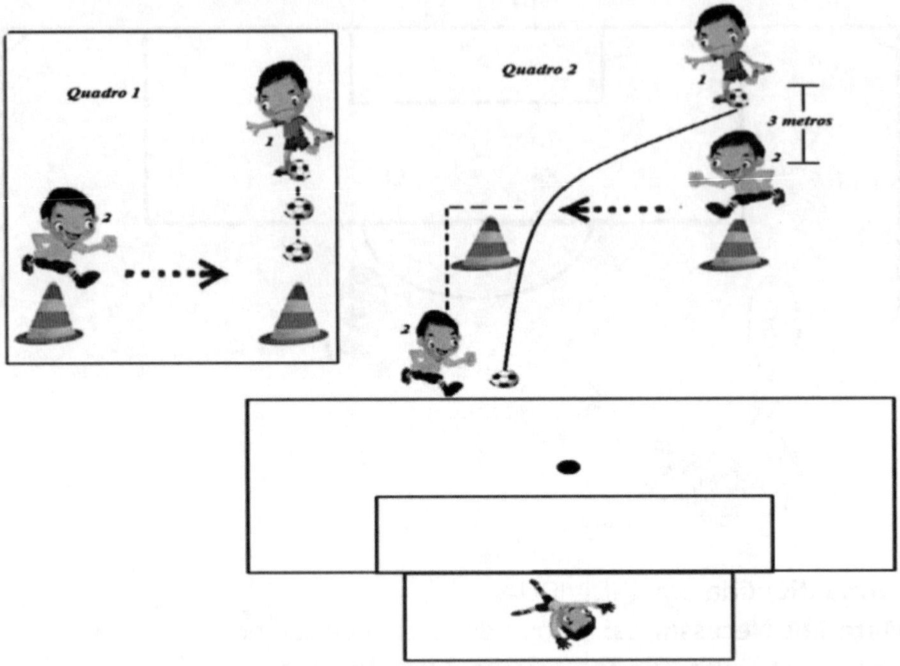

Turma dividida em: DUPLAS.
Materiais Necessários: 1 bola de futebol de campo, 2 cones.
Principais Capacidades Físicas Trabalhadas: Velocidade, Resistência Anaeróbia, Força e Agilidade.
Fundamentos Técnicos Trabalhados: Finta, Passe, Domínio e Chute.
Dispor dois cones com distância de 3 metros entre eles, de acordo com esquema acima. O jogador 2 deverá posicionar na diagonal do seu companheiro, sendo que este deverá correr em direção ao cone à sua frente receber um passe do jogador 1 e devolvê-lo para que o jogador 1 realize um lançamento por entre os cones neste momento o jogador 2 se deslocará por fora dos cones e realizará o chute a gol.

NÍVEL FÁCIL

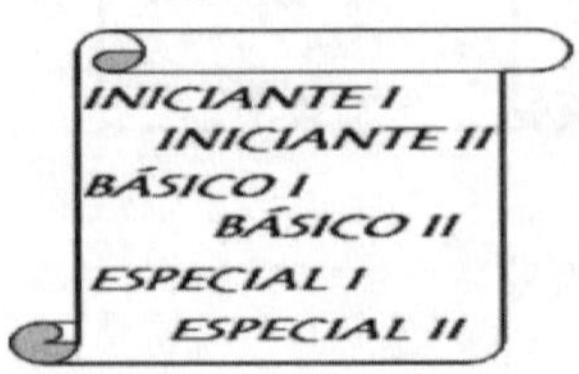

EXERCÍCIO N° 27
TABELINHA

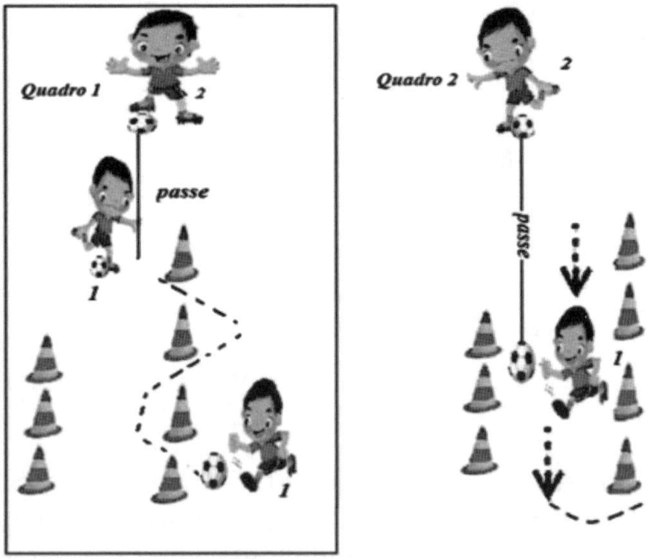

Turma dividida em: DUPLAS.
Materiais Necessários: 1 bola de futebol de campo, 7 cones.
Principais Capacidades Físicas Trabalhadas: Velocidade, Coordenação, Agilidade e Força.
Fundamentos Técnicos Trabalhados: Deslocamento com Bola, Passe e Domínio.

Dispor um corredor com os cones sendo que um lado do corredor deve conter 4 cones onde o jogador realizará o zigue zague.

O jogador 1 em posse de bola deverá conduzir a bola por entre os cones realizando zigue zague, ao fim do percurso realizará um passe ao jogador 2 posicionado à sua frente, e irá deslocar-se em velocidade máxima pelo corredor de cones. Imediatamente após receber o passe o jogador 2 realizará um lançamento para o jogador 1 que estará em deslocamento e assim que a bola estiver ao seu lado deverá dominá-la e realizar o percurso novamente.

NÍVEL FÁCIL

EXERCÍCIO Nº 28
LOSANGO DE RESISTÊNCIA

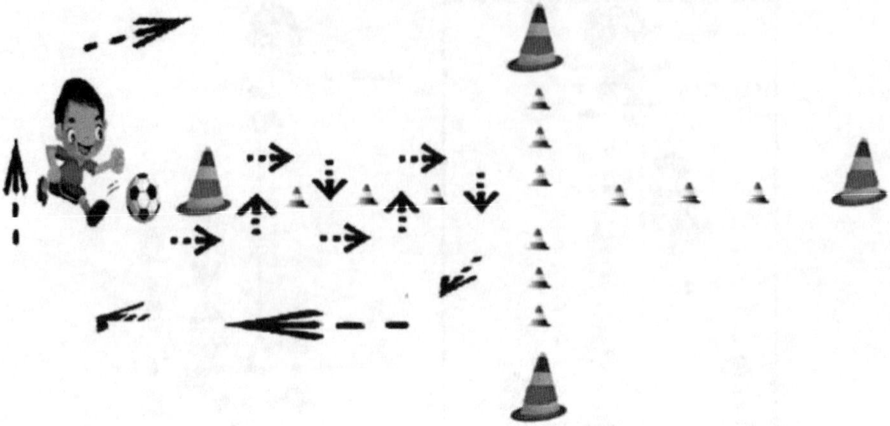

Turma dividida em: GRUPOS COMPOSTOS COM 4 ATLETAS.
Materiais Necessários: 12 cones, 4 bolas de futebol de campo.
Principais Capacidades Físicas Trabalhadas: Resistência Aeróbia, Agilidade e Coordenação.
Fundamentos Técnicos Trabalhados: Deslocamento com Bola.
Cada componente do grupo deverá se posicionar atrás de cada cone em posse de uma bola. Este exercício consiste na condução de bola fazendo zigue zague por entre os cones, em seguida ira passar pelo cone de onde ele saiu e ir em direção à outra ponta do circuito realizando o mesmo procedimento. O percurso tem a forma de uma estrela dessa forma cada jogador deverá realizar 4 repetições sendo que o exercício deve acabar quando o jogador retornar ao ponto em que saiu. **Variação do Exercício:** O mesmo circuito pode ser utilizado para que os atletas realizem o percurso sem bola; ou então em uma das pontas do circuito podemos dispor cones enfileirados para que os atletas realizem saltos consecutivos.

NÍVEL MÉDIO

EXERCÍCIO N° 29
BATE PULA E VOLTA

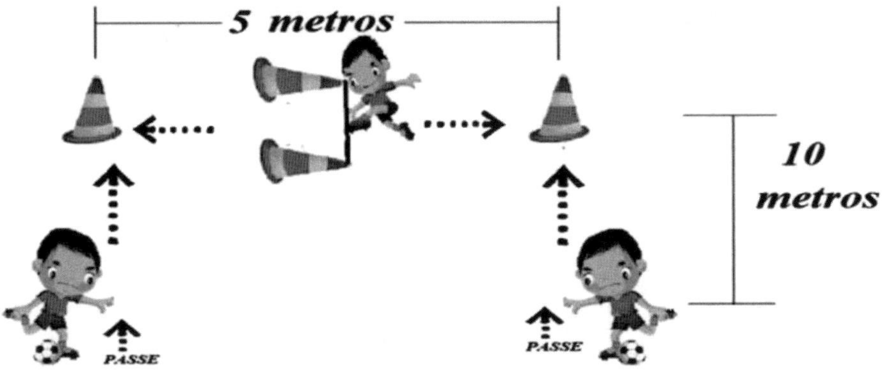

Turma dividida em: TRIOS.
Materiais Necessários: 4 cones (2 cones para obstáculo), 1 corda, 2 bolas de futebol de campo.
Principais Capacidades Físicas Trabalhadas: Resistência Aeróbia, Agilidade e Força.
Fundamentos Técnicos Trabalhados: Passe e Domínio.
Dois cones estarão dispostos a uma distância de 4 metros, sendo que entre estes será colocado um obstáculo (corda) com sessenta centímetros de altura para que o jogador precise realizar um salto entre os passes. Na frente de cada cone posicionados a uma distância de 10 metros estarão os outros dois atletas (conforme esquema acima), que realizarão passes rasteiros e direção aos cones. O jogador posicionado entre eles receberá um passe em direção ao cone da direita, deverá interceptar a bola e devolver o passe deslocando-se imediatamente ao lado esquerdo onde receberá outro passe devolvendo-o. Serão realizados 3 repetições de cada lado.

NÍVEL MÉDIO

EXERCÍCIO Nº 30
AJOELHA E JOGA

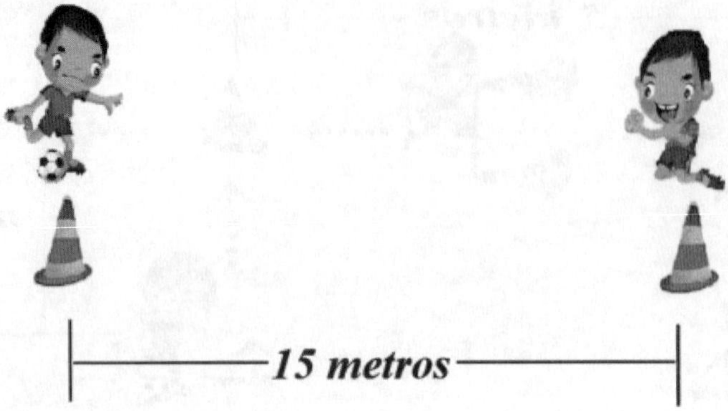

Turma dividida em: DUPLAS.
Materiais Necessários: 2 cones, 1 bola de futebol de campo.
Principais Capacidades Físicas Trabalhadas: Força e Resistência Anaeróbia.
Fundamentos Técnicos Trabalhados: Passe e Domínio.
Dois cones dispostos a uma distância de 15 metros entre eles. Frente a cada cone estará um jogador que realizará um passe rasteiro e em seguida deverá ajoelhar-se. Neste exercício o jogador da esquerda fará um passe para o companheiro posicionado no cone da direita que estará ajoelhado e deverá levantar-se e devolver o passe voltando a ficar de joelhos. Serão realizados 5 repetições para cada jogador.
Variação do Exercício: O atleta pode ficar sentado ao invés de ajoelhado ou então deitado.

NÍVEL MÉDIO

EXERCÍCIO Nº 31
CONTRA O TEMPO

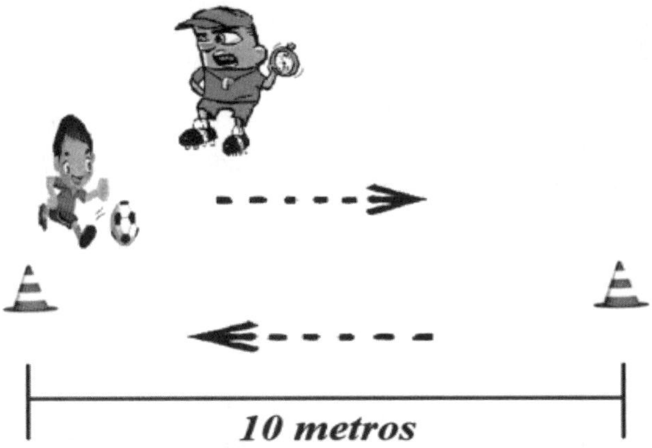

Turma dividida em: INDIVIDUAL.
Materiais Necessários: 2 cones, 1 bola de futebol de campo.
Principais Capacidades Físicas Trabalhadas: Velocidade, Resistência Anaeróbia e Força.
Fundamentos Técnicos Trabalhados: Deslocamento com Bola.

Dois cones dispostos uma distância de 10 metros. O jogador com posse de bola deverá sair detrás do primeiro cone conduzindo a bola, contornar o segundo cone e retornar até o primeiro completando assim 1 repetição. Este exercício com bola requer habilidade e resistência, pois o jogador deverá realizar o percurso por 6 vezes. Deve-se adequar o tempo de execução de acordo com o desenvolvimento da turma.

NÍVEL MÉDIO

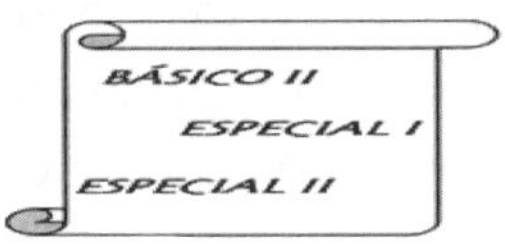

EXERCÍCIO Nº 32
CORREDOR DE PASSES

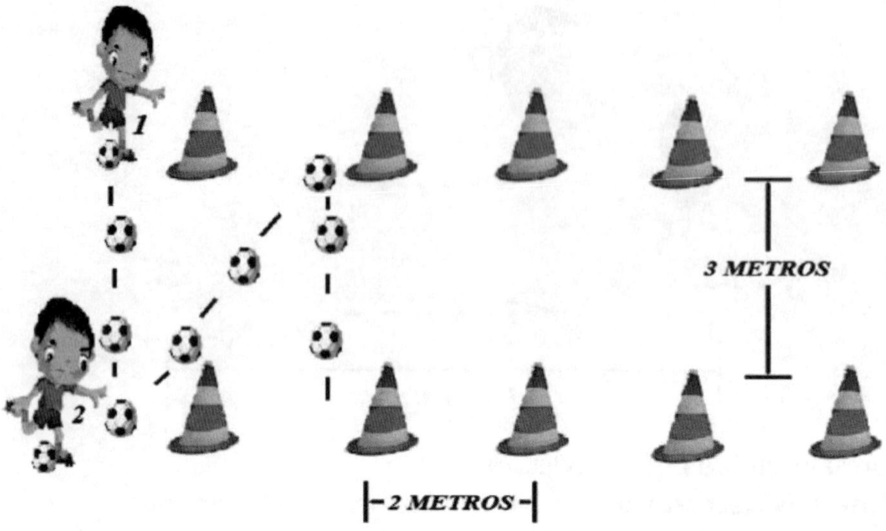

Turma dividida em: DUPLAS.
Materiais Necessários: 10 cones, 1 bola de futebol de campo.
Principais Capacidades Físicas Trabalhadas: Resistência Anaeróbia e Ritmo.
Fundamentos Técnicos Trabalhados: Passe e Domínio.
Dispor 6 cones enfileirados com distanciamento de 2 metros entre cada um, mede-se 3 metros e dispõe mais 6 cones formando assim um corredor, conforme esquema acima. Cada jogador da dupla deve se posicionar frente a uma fila de cones, um deles em posse de bola. O jogador (1) fará o passe reto e deslocará para o próximo cone recebendo passe em diagonal do jogador (2). Assim seguindo até o final do percurso. Ao final troca-se o lado, e o jogador que fez passe reto, agora fará passe na diagonal e vice-versa. Variar a distância entre os cones.

NÍVEL MÉDIO

EXERCÍCIO N° 33
PASSANDO PRA MIM MESMO

Turma dividida em: INDIVIDUAL.
Materiais Necessários: 2 cones 70 cm, 1 corda, 1 bola de futebol de campo.
Principais Capacidades Físicas Trabalhadas: Força.
Fundamentos Técnicos Trabalhados: Deslocamento com Bola, Passe, Domínio e Chute.
Deve-se dispor um obstáculo, próximo a área, a 70 centímetros de altura. O jogador de posse de bola fará um passe para ele mesmo, por baixo deste obstáculo, saltará por cima dominará a bola e deverá arrematar a gol ou a algum alvo predeterminado. Variação pode ser um passe por cima da corda, pelo lado. Variar a altura da corda conforme desenvolvimento dos jogadores.
Obs.: este obstáculo deve ser de preferência uma corda amarrada em cones para evitar acidentes, pois a corda se enroscada não machucará o atleta.

NÍVEL MÉDIO

EXERCÍCIO N° 34
ENSAIANDO O LATERAL

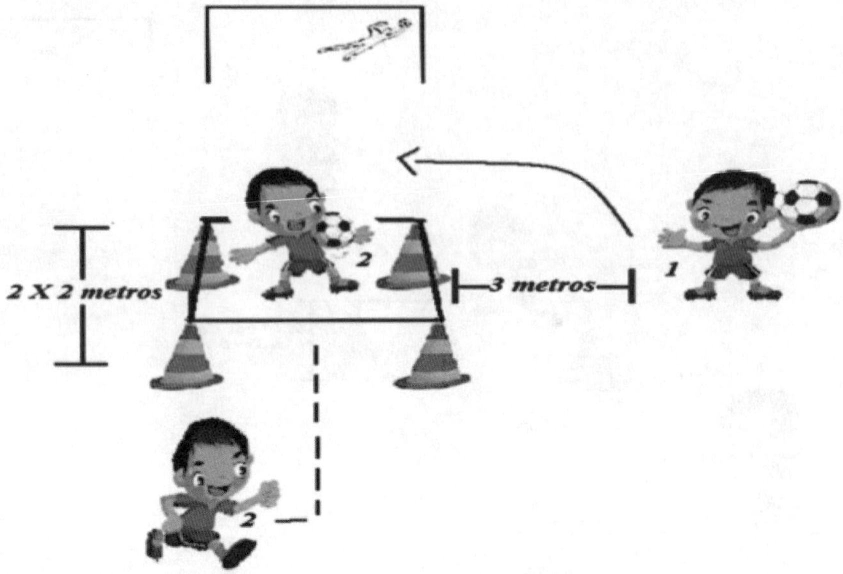

Turma dividida em: DUPLAS.
Materiais Necessários: 4 cones, 1 corda, 1 bola de futebol de campo.
Principais Capacidades Físicas Trabalhadas: Força, Velocidade e Coordenação.
Fundamentos Técnicos Trabalhados: Passe, Domínio e Chute.

Dispor um quadrado com dimensões de 2 x 2 metros, de cones amarrados por cordas onde irá se posicionar um dos atletas da dupla enquanto o outro posicionado a aproximadamente 3 metros do quadrado, irá simular um arremesso lateral. O jogador 1 posicionado para realizar o arremesso lateral deve fazê-lo para o jogador 2 que sairá em "sprint" de um determinado ponto do campo e saltará para dentro do quadrado onde deverá a primeiro momento, receber e dominar a bola, em seguida realizar um passe a frente dos cones para que o jogador 1 realize chute a gol ou a algum alvo predeterminado.

NÍVEL MÉDIO

EXERCÍCIO Nº 35
ESCAPANDO 2

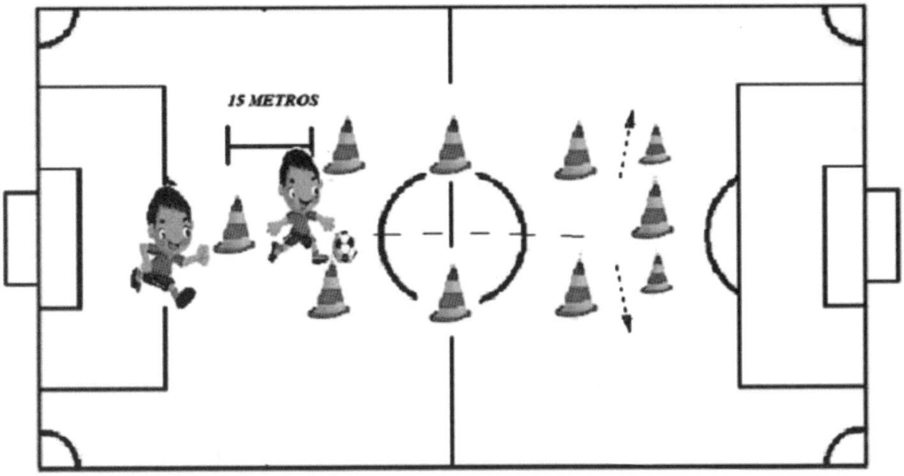

Turma dividida em: DUPLAS.
Materiais Necessários: 10 cones, 1 bola de futebol de campo.
Principais Capacidades Físicas Trabalhadas: Velocidade, Força e Resistência de Velocidade.
Fundamentos Técnicos Trabalhados: Deslocamento com Bola e Chute.
Dispor um cone frente à meia lua e aproximadamente 15 metros a frente dispor mais 6 cones de modo a formar um corredor desta vez em linha reta e ao final deste corredor colocar três cones para que o jogador defina o lado que executará o chute a gol (conforme esquema acima). O jogador em posse de bola deve seguir pelo corredor e quando este ultrapassar 15 metros seu companheiro deve sair em perseguição. O objetivo é chegar ao fim do corredor, sem ser tocado pelo perseguidor e executar chute a gol.

NÍVEL MÉDIO

EXERCÍCIO Nº 36
SALTANDO ALTO

Turma dividida em: INDIVIDUAL.
Materiais Necessários: 5 cones, 1 bola de futebol de campo.
Principais Capacidades Físicas Trabalhadas: Força, Agilidade, Coordenação e Velocidade.
Fundamentos Técnicos Trabalhados: Deslocamento com Bola.

Dispor um cone para delimitar o início do circuito, aproximadamente 3 metros à frente posicionar uma bola e em seguida organizar três cones em fila para que seja realizado o zigue zague com bola e mais 3 metros de intervalo para dispor mais um cone marcando o final do circuito de acordo com esquema acima. Neste exercício o jogador sai atrás do cone, realiza uma sequência de 3 saltos rã (saltos devem ser realizados da seguinte forma: faz o agachamento, salta na vertical alongando todo o corpo na queda, ao toque dos pés no chão retornar ao agachamento), após esta sequência deverá dominar uma bola posicionada em frente a fileira de cones, realizar zigue zague pelos cones com a bola, ao final dos cones para a bola e corre em "sprint" (velocidade máxima) até o outro cone. No retorno realizar a mesma sequência, saltos – zigue zague – sprint. Quando o atleta realizar ida e volta podemos contar como um ciclo completo.

NÍVEL MÉDIO

EXERCÍCIO N° 37
BOLA ALI – BOLA AQUI

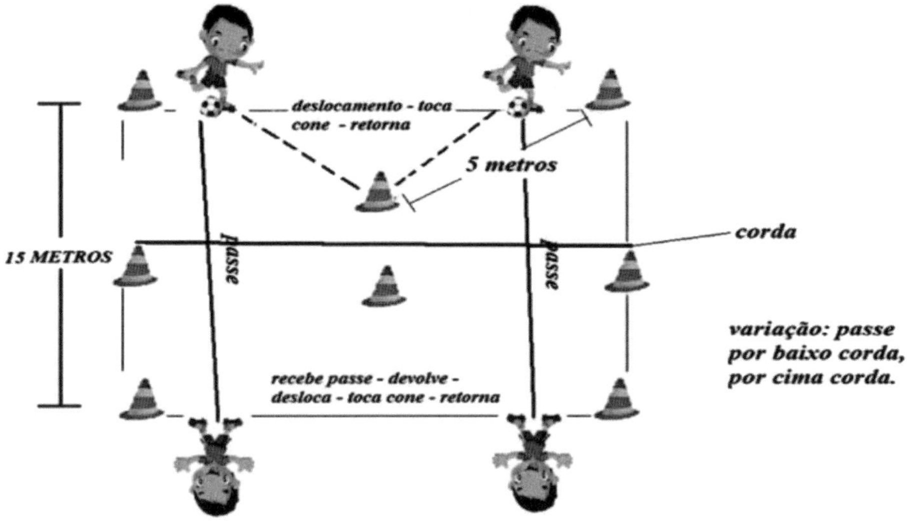

Turma dividida em: DUPLAS.
Materiais Necessários: 8 cones, 2 bolas de futebol de campo.
Principais Capacidades Físicas Trabalhadas: Força, Velocidade.
Fundamentos Técnicos Trabalhados: Passe e Domínio.
Dispor dois cones distanciados 15 metros um do outro, fazer o mesmo do outro lado de modo a formar um corredor e na metade desse corredor organizar dois cones amarrados com uma corda por onde o atleta deverá realizar o passe. Nos cones da ponta, na diagonal destes, marcar cinco metros e colocar um cone de cada lado, conforme esquema acima. Este exercício deve ser realizado por 2 duplas simultaneamente, os jogadores devem ficar posicionados nos cones da ponta, um dos integrantes da dupla deve estar em posse de bola. O jogador em posse de bola deve realizar um passe, corre até o cone a sua frente toca-o e retorna a sua posição anterior correndo de costas para receber o passe do seu companheiro que realizará o mesmo procedimento. O passe pode variar por cima da corda, por baixo, de acordo com a instrução do professor.

NÍVEL MÉDIO

EXERCÍCIO Nº 38
SALTITANDO

Turma dividida em: TRIOS.
Materiais Necessários: 2 cones, 1 corda, 1 bola de futebol de campo.
Principais Capacidades Físicas Trabalhadas: Força, Resistência Anaeróbia e Coordenação.
Fundamentos Técnicos Trabalhados: Cabeceio.

Dispor dois cones amarrados, em cada lado posicionar um jogador em posse de bola, afastados 5 metros destes, conforme esquema acima. O jogador 1 posicionado ao lado dos cones amarrados deve saltar e quando este tocar o solo o jogador 2 arremessa a bola, para que ele realize outro salto e devolva a bola ao jogador 2 cabeceando-a, em seguida salta para o outro lado da corda e quando este toca o solo deve saltar novamente para cabecear a bola arremessada pelo jogador 3. Os jogadores responsáveis por arremessar a bola devem fazê-lo de modo que o jogador que estiver saltando realize saltos consecutivos.

NÍVEL MÉDIO

EXERCÍCIO N° 39
APERFEIÇOANDO OS SENTIDOS

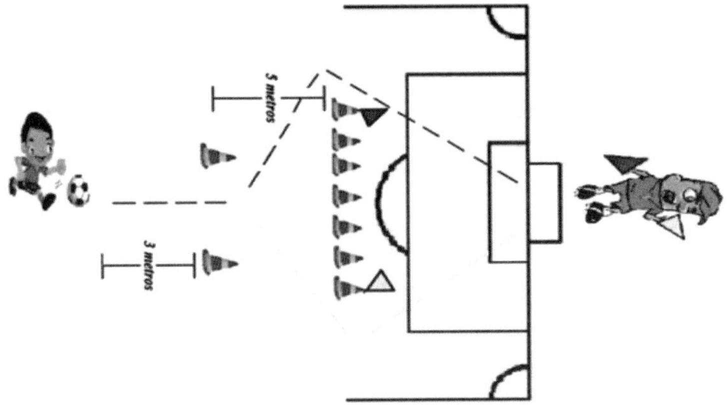

Turma dividida em: INDIVIDUAL.
Materiais Necessários: 9 cones, 1 bola de futebol de campo, 2 bandeiras de cada cor.
Principais Capacidades trabalhadas: Agilidade e Coordenação.
Fundamentos Técnicos Trabalhados: Deslocamento com Bola, Drible, Chute e Visão de Jogo.
Dispor 2 cones a uma distancia de 3 metros do jogador em posse de bola, e 5 metros a frente destes cones organizar uma barreira com mais 7 cones sendo que em suas extremidades deverá ser posto uma bandeira (ou objeto colorido) para que sirva de orientação ao jogador. O orientador deverá se posicionar atrás do gol com duas bandeiras (uma de cada cor) na mesma ordem da cores dos cones, (conforme esquema acima). Neste exercício o jogador deverá conduzir a bola passando por entre os cones a sua frente, assim que este se aproximar da barreira a sua frente o orientador levantará uma cor de bandeira definindo o lado em que o jogador deverá deslocar-se para realizar o chute a gol.
Este exercício pretende estimular o atleta que conduz a bola, a visualizar a trave antes de definir a jogada. Por isso é importante o posicionamento do treinador atrás do gol.

NÍVEL MÉDIO

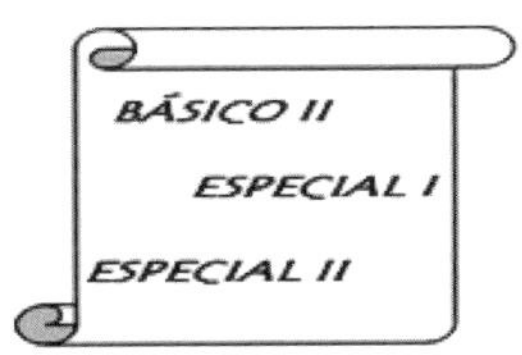

EXERCÍCIO Nº 40
VELOCIDADE MÁXIMA

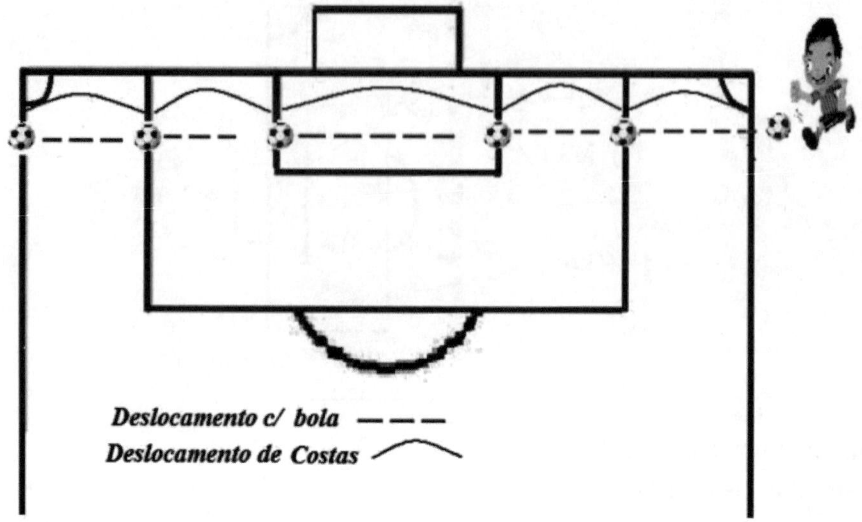

Turma dividida em: INDIVIDUAL.
Materiais Necessários: 1 bola de futebol de campo.
Principais Capacidades trabalhadas: Velocidade, Força e Resistência Anaeróbia.
Fundamentos Técnicos Trabalhados: Deslocamento com Bola.

Neste exercício o jogador em posse de bola deverá sair em velocidade máxima conduzindo-a da linha lateral até a linha da grande área onde deverá deixar a bola parada e retornar e tocar na linha lateral deslocando-se de costas, em seguida deve sair em velocidade máxima até a bola e conduzi-la até a linha da pequena área deixando-a parada e retornando de costas até a linha da grande área, tocando-a, e assim fará até chegar a linha lateral do outro lado do campo, sendo que ao atravessar o campo realizando esta sequência o jogador deverá repeti-lo até retornar a linha lateral de início.

NÍVEL MÉDIO

EXERCÍCIO Nº 41
ATAQUE DUPLO

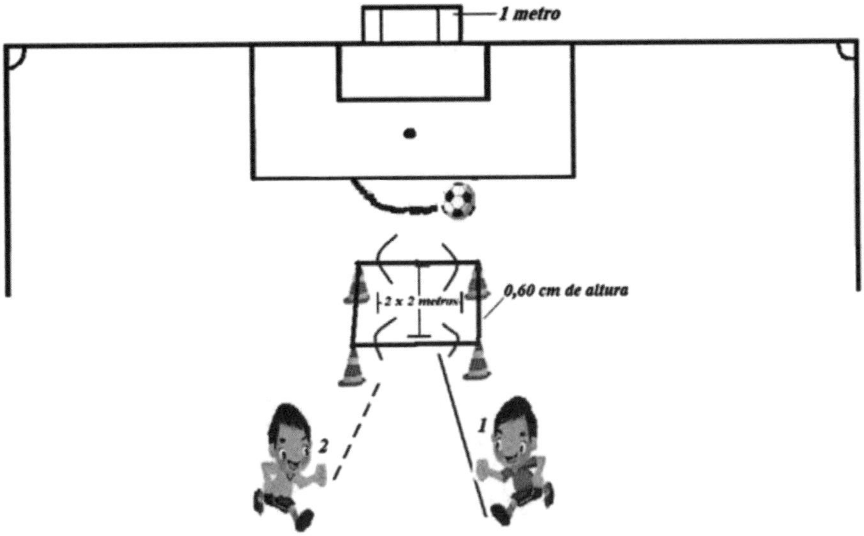

Turma dividida em: DUPLAS.
Materiais Necessários: 4 cones, 1 bola de futebol de campo, 3 cordas.
Principais Capacidades trabalhadas: Força e Coordenação.
Fundamentos Técnicos Trabalhados: Passe, Domínio e Chute.
Organizar um quadrado de cones amarrados com dimensões de 2 x 2 metros, em seguida posicionar uma bola em frente a grande área.
Jogador 1 desloca, salta, entra e sai do quadrado pega a bola posicionada em frente a grande área e faz passe, para o jogador 2 que fará a mesma sequência de movimentos do jogador 1 e quando receber o passe deverá realizar o chute no ângulo delimitado pelas cordas.

NÍVEL MÉDIO

EXERCÍCIO Nº 42
EXPLORANDO ESPAÇOS

Turma dividida em: 2 EQUIPES COMPOSTAS POR 10 JOGADORES.
Materiais Necessários: 1 bola de futebol de campo.
Principais Capacidades trabalhadas: Velocidade, Força e Agilidade.
Fundamentos Técnicos Trabalhados: Domínio, Passe, Deslocamento com Bola, Chute, Cabeceio e Visão de Jogo.

Para este exercício cada equipe deverá posicionar-se em um lado do campo. O objetivo é transferir a bola para o campo do adversário, sem que a mesma ultrapasse os limites laterais ou linha de fundo do campo. A equipe em posse de bola terá 6 segundos para mandar a bola novamente para o campo do adversário podendo dar quantos toques forem necessários. Explorando os espaços vazios deixados pelo oponente e tentando ocupar ao máximo o campo defendido pela sua equipe.

NÍVEL MÉDIO

EXERCÍCIO Nº 43
ESCADINHA 2

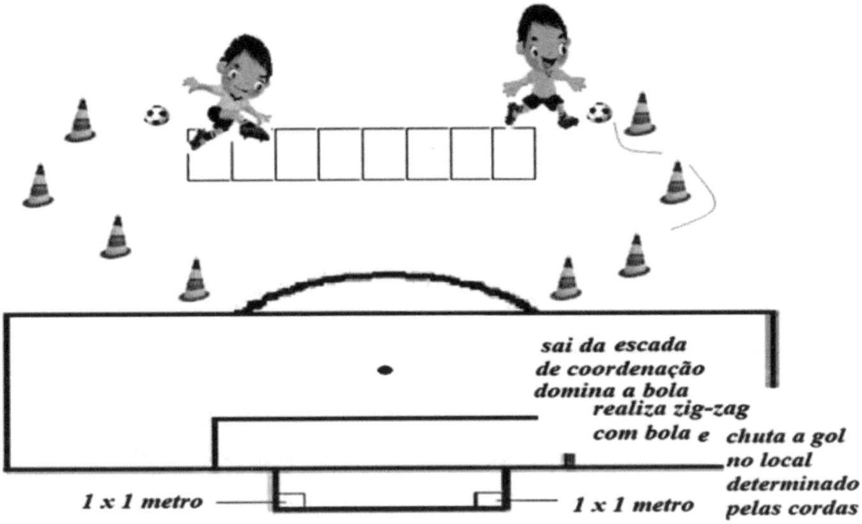

Turma dividida em: INDIVIDUAL.
Materiais Necessários: 8 cones, escada de coordenação, 2 bolas de futebol de campo.
Principais Capacidades Físicas Trabalhadas: Coordenação, Força e Agilidade.
Fundamentos Técnicos Trabalhados: Deslocamento com Bola e Chute.
Dispor escada de coordenação horizontalmente próximo a meia lua, em cada extremidade da escada posicionar uma bola e também 4 cones de acordo com esquema acima. Para realização do chute de precisão amarrar na trave uma corda delimitando espaço de 1 x 1 metro. O jogador deverá realizar trabalho de coordenação na escada deslocar-se até a bola posicionada ao fim da escada e conduzi-la por entre os cones realizando zigue zague entre eles, e ao fim deste percurso executar chute no ângulo da trave. Em seguida deve retornar para a outra ponta da escada e realizar o mesmo procedimento. O trabalho de coordenação na escada pode variar de acordo com instrução do professor.

NÍVEL MÉDIO

EXERCÍCIO Nº 44
ESCADINHA 3

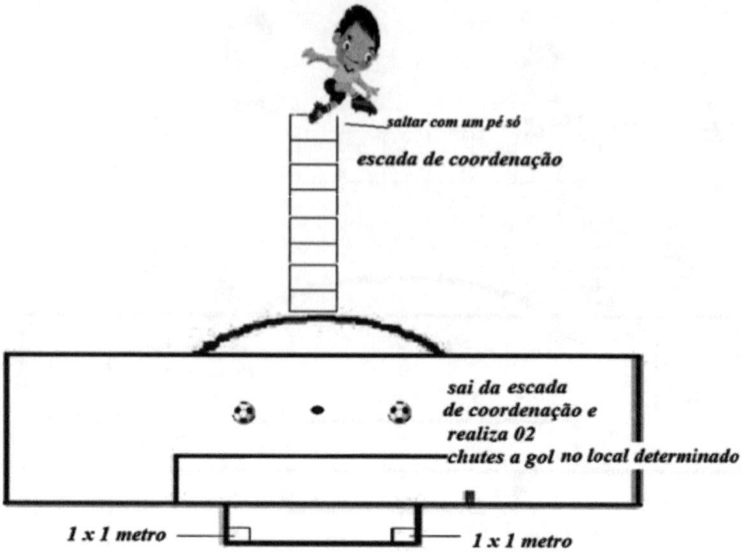

Turma dividida em: INDIVIDUAL.
Materiais Necessários: escada de coordenação, 2 bolas de futebol de campo, 2 cordas.
Principais Capacidades Físicas Trabalhadas: Coordenação e Força.
Fundamentos Técnicos Trabalhados: Chute.
Organizar uma escada de coordenação na frente da meia lua na posição vertical, conforme esquema acima. Na marca do pênalti dispor uma bola de cada lado afastada 1 metro da marca. Na trave amarrar cordas em cada ângulo para delimitar um espaço de 1 x 1 metro para que o jogador realize chute de precisão. O jogador deve realizar a escada de coordenação saltando com um pé só para em seguida realizar chute a gol com a mesma perna, em seguida retorna a escada realiza o mesmo procedimento com a outra perna, por exemplo, escada com a perna direita o chute deve ser realizado com o pé direito, escada com perna esquerda chute com pé esquerdo. Os chutes devem ser no ângulo da trave delimitado pelas cordas.

NÍVEL MÉDIO

EXERCÍCIO Nº 45
CAÇA E CAÇADOR 2

Turma dividida em: DUPLAS.
Materiais Necessários: 2 bolas de futebol de campo, 2 coletes, 2 bandeirolas, 16 cones.
Principais Capacidades Físicas Trabalhadas: Velocidade.
Fundamentos Técnicos Trabalhados: Deslocamento com Bola.

Organizar os cones de modo a formar um corredor com 25 metros de extensão, de acordo com o esquema acima, marcando os 10 primeiros metros. Dois jogadores em posse de bola diferenciados por cores de coletes diferentes. Os dois jogadores devem sair conduzindo bola e ao passar os 10 metros o treinador irá levantar uma bandeira com a mesma cor do colete do jogador, sendo que este deverá parar a bola e sair em perseguição ao outro jogador que ainda em posse de bola deverá tentar chegar ao fim do corredor sem ser tocado.

NÍVEL MÉDIO

EXERCÍCIO Nº 46
INTERVALANDO COM BOLA

Turma dividida em: INDIVIDUAL.
Materiais Necessários: 1 bola de futebol de campo por atleta.
Principais Capacidades Físicas Trabalhadas: Velocidade, Força, Resistência Aeróbia e Anaeróbia e Ritmo.
Fundamentos Técnicos Trabalhados: Deslocamento com Bola.
Aquecimento adaptado à realidade do jogo que é realizado com máxima intensidade cerca de 8 a 18% do jogo.
Neste exercício intervalado os jogadores devem realizar a seguinte sequência, sendo avisado pelo treinador através do som do apito: Caminhar por 15 segundos, após apito realizar trote por 10 segundos e sprint (velocidade máxima) por 5 segundos, e assim por diante nesta mesma sequência. Realizar 10 repetições.

- Caminhada 15 segundos.
- Trote 10 segundos.
- Sprint 5 segundos.

NÍVEL MÉDIO

EXERCÍCIO Nº 47
CIRCUITO VELOZ

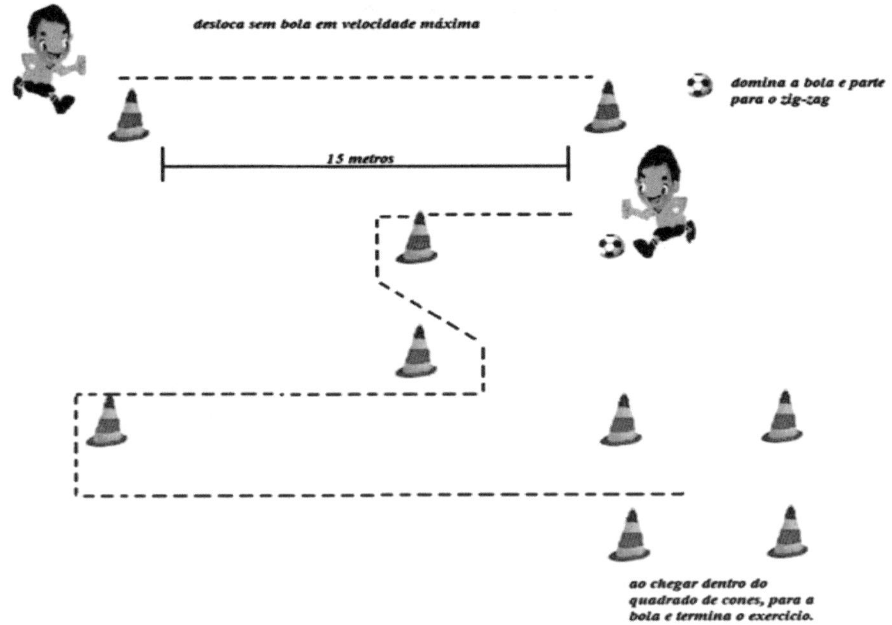

Turma dividida em: INDIVIDUAL.
Materiais Necessários: 1 bola de futebol de campo, 9 cones.
Principais Capacidades Físicas Trabalhadas: Velocidade, Força, Resistência Anaeróbia, Agilidade e Coordenação.
Fundamentos Técnicos Trabalhados: Deslocamento com Bola.

Dispor dois cones com extensão de 15 metros entre eles, posicionando uma bola ao fim deste percurso. Ao lado deste percurso organizar três cones para que jogador realize zigue zague em posse de bola, de acordo com esquema acima ao fim deste percurso de zigue zague delimitar um espaço com outros quatro cones de modo a formar um quadrado.

O jogador deverá realizar um sprint (corrida em velocidade máxima) de 15 metros nos cones em seguida dominar a bola posicionada ao fim do percurso e contornar os cones em zigue zague até chegar ao centro do quadrado formado por cones onde deverá parar a bola, terminando o exercício.

NÍVEL MÉDIO

BÁSICO II
ESPECIAL I
ESPECIAL II

EXERCÍCIO Nº 48
ENCERADEIRA

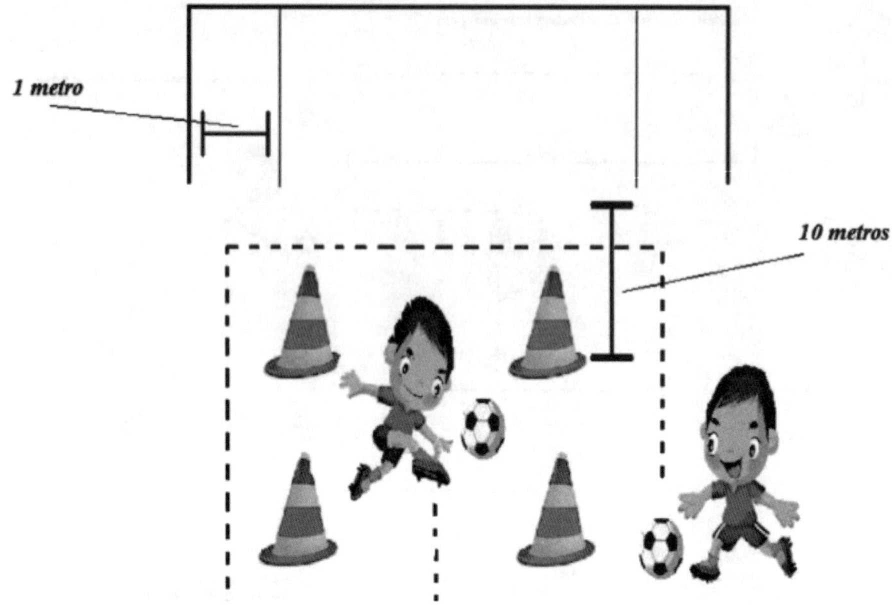

Turma dividida em: INDIVIDUAL.
Materiais Necessários: 1 bola de futebol de campo, 4 cones, cordas.
Principais Capacidades Físicas Trabalhadas: Velocidade, Força, Coordenação e Agilidade.
Fundamentos Técnicos Trabalhados: Deslocamento com Bola e Chute.
Dispor quatro cones de modo a formar um quadrado a 10 metros de distância da trave que deverá ser demarcada por cordas com largura de 1 metro. O jogador em posse de bola deverá contornar o quadrado de cones em velocidade máxima e ao completar o percurso todo deverá adentrá-lo e erguer a bola para em seguida, sem que a mesma toque o chão, realizar chute a gol nos ângulos delimitados.

NÍVEL MÉDIO

EXERCÍCIO Nº 49
"V"

Turma dividida em: INDIVIDUAL.

Materiais Necessários: 1 bola de futebol de campo, 5 cones.

Principais Capacidades Físicas Trabalhadas: Velocidade, Força e Coordenação.

Fundamentos Técnicos Trabalhados: Deslocamento com Bola e Chute.

Organizar 5 cones em forma de "V" sendo que o vértice deve ficar em direção a grande área (de acordo com esquema acima). O jogador em posse de bola deverá deslocar-se em velocidade moderada em direção ao centro deste obstáculo onde deverá pisar na bola, parando-a e puxá-la para trás deslocando-se de costas e buscando uma das laterais (direita ou esquerda do obstáculo) para em seguida realizar chute a gol.

NÍVEL MÉDIO

EXERCÍCIO N° 50
RITMO DO "8"

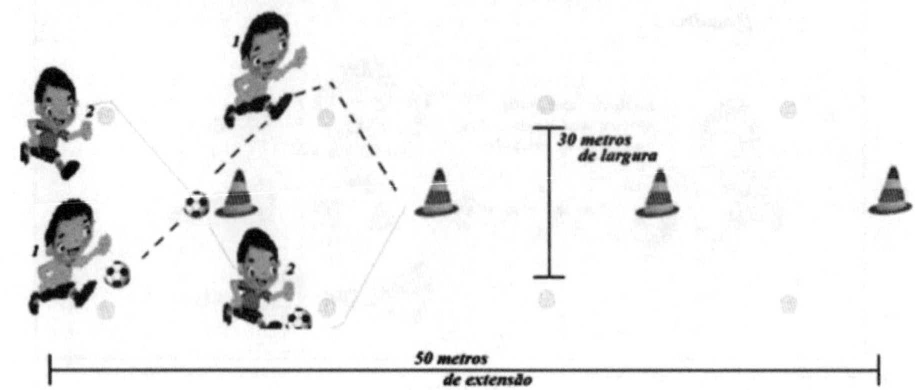

Turma dividida em: DUPLAS.
Materiais Necessários: 1 bola de futebol de campo, 4 cones, 8 pratos demarcatório.
Principais Capacidades Físicas Trabalhadas: Ritmo, Resistência Aeróbia, Força, Coordenação e Agilidade.
Fundamentos Técnicos Trabalhados: Deslocamento com Bola, Passe e Domínio.

Organizar um corredor com 4 pratos demarcatório de cada lado, com extensão de 50 metros e 30 metros de largura. No meio deste corredor, entre os pratos demarcatórios, dispor uma fila composta por 4 cones.

O jogador 1 em posse de bola deverá se posicionar atrás do primeiro demarcador e no outro lado do corredor, o jogador 2 deverá posicionar-se, sem bola, no primeiro demarcador daquele lado. Os dois jogadores devem deslocar-se simultaneamente em direção ao primeiro cone sendo que o jogador 1 em posse de bola deverá deixar a bola neste obstáculo onde o jogador 2 irá dominá-la e conduzí-la por fora do demarcador levando-a até o próximo cone de acordo com esquema acima.

NÍVEL MÉDIO

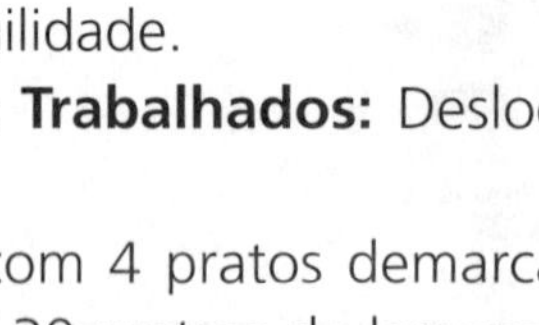

EXERCÍCIO Nº 51
NO RUMO DA META

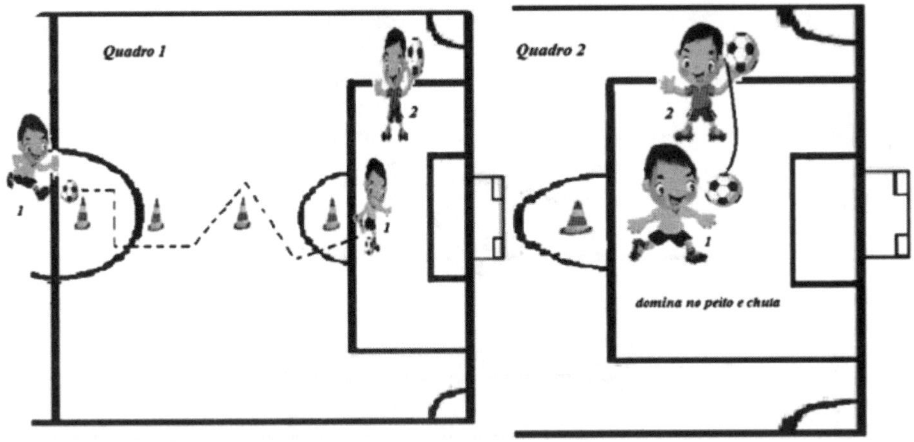

Turma dividida em: DUPLAS.
Materiais Necessários: 2 bolas de futebol de campo, 4 cones.
Principais Capacidades Físicas Trabalhadas: Resistência Anaeróbia, Coordenação e Força.
Fundamentos Técnicos Trabalhados: Deslocamento com Bola, Domínio e Chute.
Organizar 4 cones enfileirados do meio do campo até a meia lua da grande área, de acordo com esquema acima.
O jogador 1 em posse de bola deverá deslocar-se por entre os cones realizando zigue zague, ao fim deste percurso realizar chute a gol no ângulo delimitado, logo após o chute o jogador 2 deverá arremessar a bola para o jogador 1 que após dominar a bola no peito deverá chutar a gol.

NÍVEL MÉDIO

BÁSICO II
ESPECIAL I
ESPECIAL II

EXERCÍCIO N° 52

NA LINHA PRO GOL

Turma dividida em: INDIVIDUAL.

Materiais Necessários: 3 bolas de futebol de campo.

Principais Capacidades Físicas Trabalhadas: Equilíbrio, Velocidade e Força.

Fundamentos Técnicos Trabalhados: Chute.

Dispor três bolas de futebol de campo, sendo uma em cada ponta da pequena área e outra no centro da grande área.

Jogador, sem bola, deverá deslocar-se em cima da linha da grande área contornando até chegar a bola de número 1 e realizar chute a gol, deslocando-se até a bola de número 2 e realizar outro chute a gol, em seguida deslocar-se por cima da linha da grande área, de acordo com o esquema acima, até a linha de fundo de campo aproximando-se da bola de número 3 e realizar o último chute a gol. Todo o percurso deve ser realizado em um tempo (em segundos) determinado pelo treinador, de acordo com categoria trabalhada e evolução da mesma.

NÍVEL MÉDIO

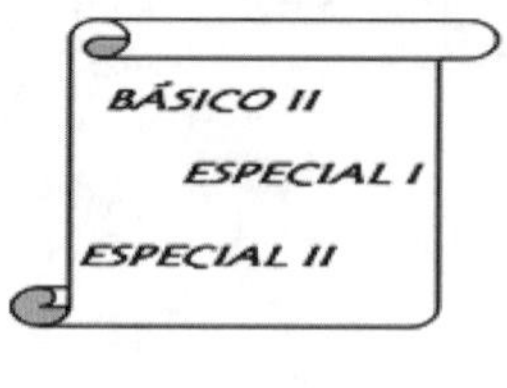

EXERCÍCIO N° 53
DEFENDENDO A GRANDE ÁREA.

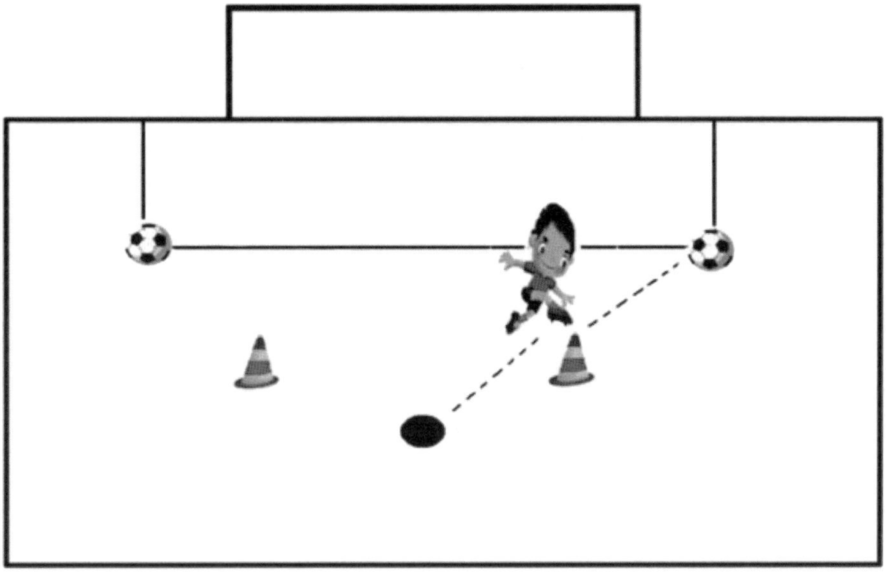

Turma dividida em: INDIVIDUAL.
Materiais Necessários: 2 bolas de futebol de campo, 2 cones.
Principais Capacidades Físicas Trabalhadas: Velocidade, Força e Equilibrio.
Fundamentos Técnicos Trabalhados: Chute.

Dispor duas bolas de futebol de campo, sendo uma em cada ponta da pequena área e dois cones posicionados próximos da marca do pênalti de acordo com esquema acima. O aluno posicionado em cima da marca do pênalti, deverá deslocar-se em velocidade máxima até o cone à sua direita, saltando-o e logo após realizar um chute com a perna esquerda para a lateral de campo, imediatamente deslocar-se ao outro cone e realizar o mesmo procedimento de saltar e afastar a bola, porém com a perna direita.

NÍVEL MÉDIO

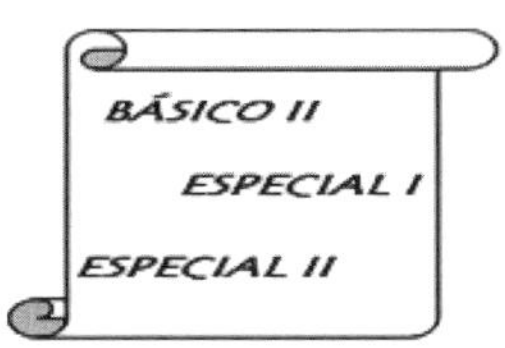

EXERCÍCIO N° 54
BOM DE CABEÇA

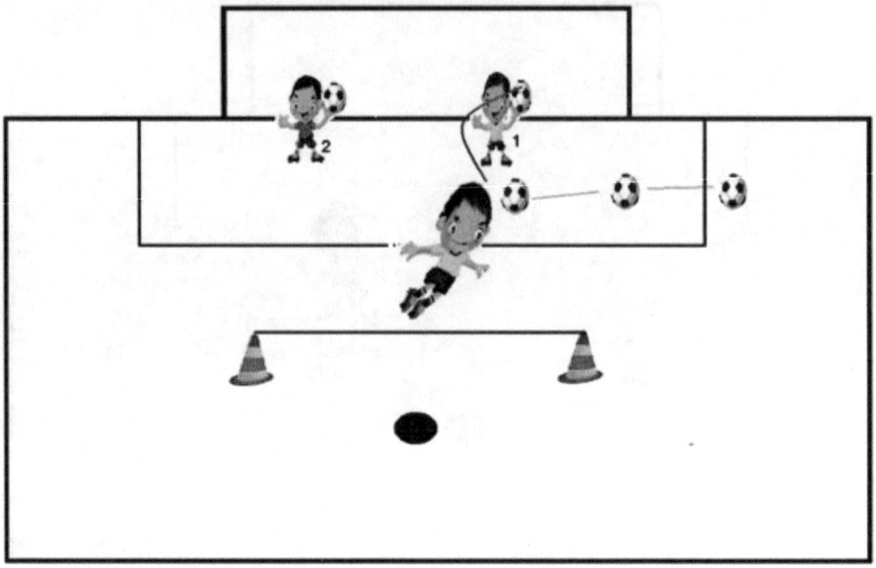

Turma dividida em: TRIOS.
Materiais Necessários: 2 bolas de futebol de campo, 2 cones, 1 corda.
Principais Capacidades Físicas Trabalhadas: Força, Coordenação, Agilidade, Equilíbrio e Resistência Anaeróbia.
Fundamentos Técnicos Trabalhados: Cabeceio.

Dois jogadores, cada um de posse de uma bola, posicionados na linha de gol, dois cones amarrados por cordas, localizados próximos a marca do pênalti como no esquema acima. O jogador sairá da marca do pênalti, saltará por sobre a corda receberá um arremesso do jogador 1 e cabeceará a bola, afastando-a da área. Retorna e realiza o mesmo movimento com o jogador 2, sem interrupção entre as repetições. Após realizadas as repetições solicitadas pelo treinador, troca-se a posição dos jogadores.

NÍVEL MÉDIO

EXERCÍCIO N° 55
PERNA PRA QUE TE QUERO

Turma dividida em: INDIVIDUAL.
Materiais Necessários: 4 bolas de futebol de campo, 8 Arcos.
Principais Capacidades Físicas Trabalhadas: Força, Velocidade, Coordenação, Equilíbrio e Resistência Anaeróbia.
Fundamentos Técnicos Trabalhados: Chute/Passe.
Posicionar uma bola em cada ponta da grande área e da pequena área, em seguida organizar 4 arcos próximos das pontas da grande área de acordo com o esquema acima. O jogador posicionado de costas para sua meta partirá da marca do pênalti em direção aos arcos à sua esquerda, onde deverá saltar alternando um pé em cada arco e em seguida realizar um chute/passe na bola posicionada à sua frente, imediatamente a isso, se deslocará em direção à linha de fundo por cima das linhas da grande área, conforme sentido indicado no esquema, realizando o segundo chute/passe, após isso seguirá aos arcos à sua direita e repetirá a sequência.

NÍVEL MÉDIO

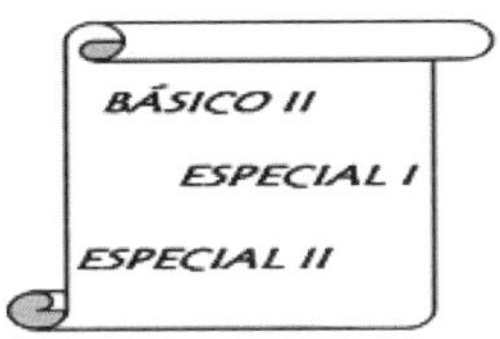

EXERCÍCIO Nº 56
ENCOBRINDO A VISÃO

Turma dividida em: DUPLAS.
Materiais Necessários: 1 bola de futebol de campo, 2 hastes, 1 corda, 1 lona.
Principais Capacidades Físicas Trabalhadas: Força, Resistência aeróbia, Resistência Anaeróbia, Coordenação, Equilíbrio e Agilidade.
Fundamentos Trabalhados: Passe, Domínio, Cabeceio e Visão de Jogo.
Organizar próximo à pequena área duas hastes amarradas por uma corda e coberta com uma lona preta ou outro tipo de material que impeça a visão do jogador, de acordo com o esquema acima.
Um jogador em posse de bola deverá posicionar-se de frente para o obstáculo que estará em frente à meta, onde deverá arremessar a bola por cima deste obstáculo para seu companheiro que estará do outro lado, posicionado de costas para a trave e deverá cabecear a bola afastando-a da área.

NÍVEL MÉDIO

EXERCÍCIO Nº 57
PAPA-LÉGUAS

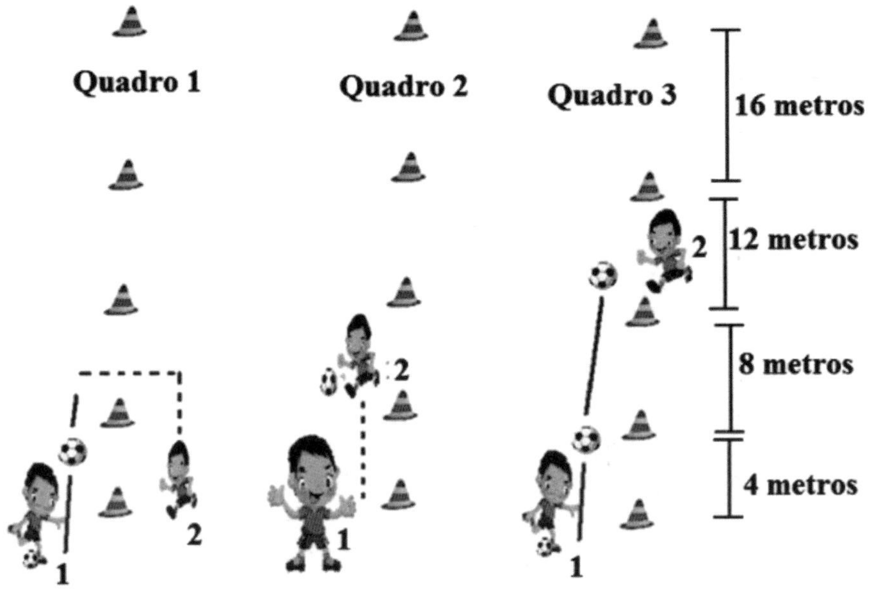

Turma dividida em: DUPLAS.
Materiais Necessários: 1 bola de futebol de campo, 5 cones.
Principais Capacidades Físicas Trabalhadas: Velocidade, Força, Resistência aeróbia e Resistência Anaeróbia.
Fundamentos Trabalhados: Deslocamento com bola, Passe e Domínio.
Organizar uma fileira de cones com a seguinte extensão: do 1º ao 2º cone 4 metros; do 2º ao 3º cone 8 metros; do 3º ao 4º cone 12 metros; e por fim do 4º ao 5º cone 16 metros, de acordo com o esquema acima.
O jogador 1 de posse de bola deverá realizar um passe para o jogador 2 que deverá deslocar-se em velocidade máxima e dominar a bola no intervalo do 2º para 3º cone em seguida conduzi-la para o jogador 1 que fará novo passe para jogador 2 dominar a bola no intervalo do 3º ao 4º. O mesmo procedimento até o fim dos cones.

NÍVEL MÉDIO

EXERCÍCIO N° 58
"JANELINHA"

Turma dividida em: INDIVIDUAL.
Materiais Necessários: 1 bola de futebol de campo, 4 cones, 1 corda.
Principais Capacidades Físicas Trabalhadas: Força, Resistência aeróbia, Resistência Anaeróbia, Equilíbrio e Agilidade.
Fundamentos Trabalhados: Deslocamento com bola, Passe e Domínio.
Organizar fila de cones amarrados, de acordo com o esquema acima.
O jogador em posse de bola deverá deslocar-se até ao lado da fila de cones, onde realizará um passe por baixo das cordas, pra ele mesmo, em seguida deverá realizar salto lateral, dominar a bola e realizar outro passe por baixo das cordas e saltar novamente recolhendo a bola.

NÍVEL MÉDIO

EXERCÍCIO Nº 59
NO CENTRO

Turma dividida em: GRUPOS COMPOSTO DE 5 ATLETAS.
Materiais Necessários: 1 bola de futebol de campo.
Principais Capacidades Físicas Trabalhadas: Velocidade, Força, Resistência aeróbia, Resistência Anaeróbia, Equilíbrio, Agilidade.
Fundamentos Trabalhados: Passe e Domínio.

Para este exercício será utilizado o círculo central. Um jogador em posse de bola deverá posicionar-se no interior do círculo e fora do círculo 4 jogadores sendo que um deles deverá estar em posse de outra bola. O jogador do interior do círculo deverá realizar um passe pra qualquer um dos jogadores, exceto aquele em posse de bola, em seguida girar e receber um passe de fora do círculo. O exercício consiste em troca de passes, sendo que o jogador central é quem distribui os passes sendo que o jogador não pode devolver a bola para o mesmo jogador, sempre para um companheiro diferente e não pode realizar passe para quem esteja de posse de bola. Este exercício deve ter um tempo determinado pelo treinador de acordo com a faixa etária do grupo trabalhado. Exemplo a cada 30 segundos, troca-se o jogador do círculo central.

NÍVEL MÉDIO

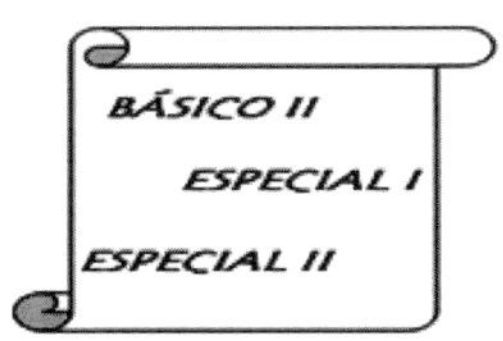

EXERCÍCIO Nº 60
PERSEGUIÇÃO

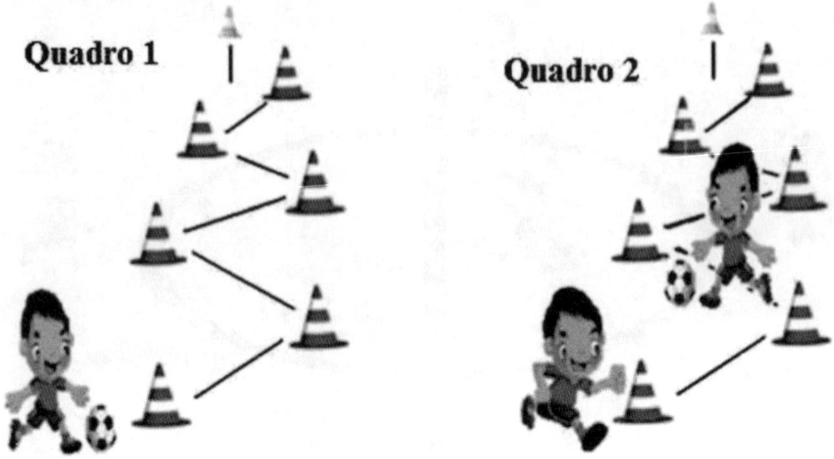

Turma dividida em: DUPLAS.
Materiais Necessários: 7 cones, 1 bola de futebol de campo.
Principais Capacidades Físicas Trabalhadas: Velocidade, Agilidade e Força.
Fundamentos Técnicos Trabalhados: Deslocamento com Bola.

Exercício de perseguição com bola. Dispor seis cones diagonalmente de acordo com esquema acima. Um jogador que estiver de posse da bola deverá deslocar-se por entre os cones passando pelo lado externo dos mesmos, realizando deslocamento em zigue zague, quando este estiver entre o segundo e o terceiro cone o jogador sem posse de bola deverá sair em perseguição, o percurso deverá ser completo. Este circuito deve ter medidas entre 15 e 25 metros.

NÍVEL DIFÍCIL

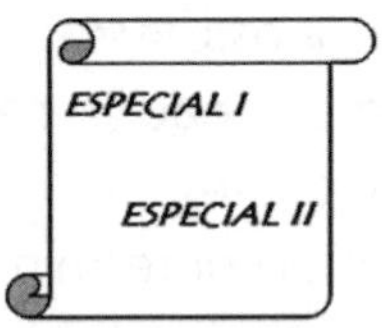

EXERCÍCIO N° 61
CARROSSEL

Turma dividida em: GRUPOS COM 4 ATLETAS.
Materiais Necessários: 4 cones, 1 bola de futebol de campo.
Principais Capacidades Físicas Trabalhadas: Resistência, Agilidade e Coordenação.
Fundamentos Técnicos Trabalhados: Passe e Domínio.

Dispor 4 cones a uma distância de 3 metros entre eles de modo a formar um quadrado. Em cada cone posicionar um jogador. Neste quadrado os jogadores deverão realizar passe na diagonal sendo que o passe só poderá ser realizado na mesma direção (de acordo com esquema acima), deste modo os jogadores é que deverão mudar de posição deslocando-se sempre no sentido anti-horário. Cada jogador deverá parar em um cone realizar o passe e deslocar-se.

NÍVEL DIFÍCIL 

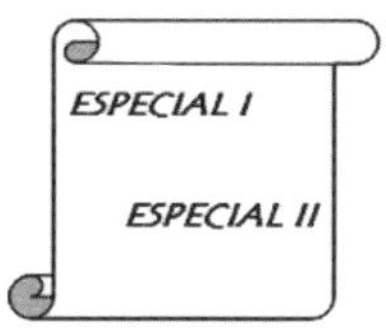

EXERCÍCIO Nº 62
SUANDO A CAMISA

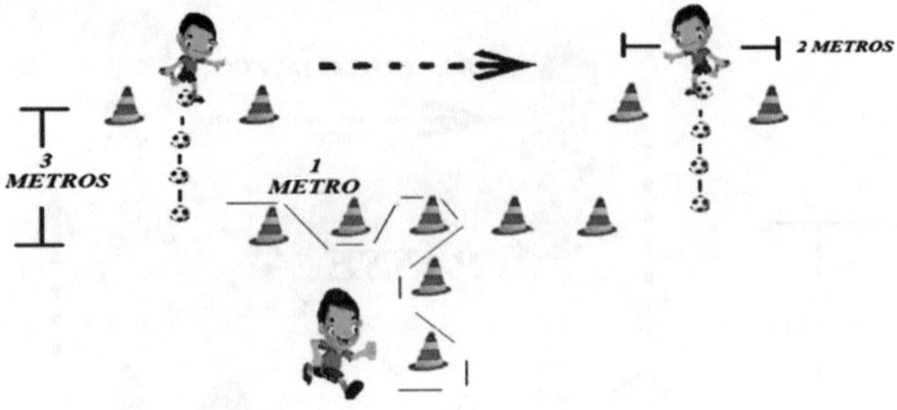

Turma dividida em: DUPLAS.
Materiais Necessários: 11 cones, 2 bolas de futebol de campo.
Principais Capacidades Físicas Trabalhadas: Velocidade, Força, Resistência, Agilidade e Coordenação.
Fundamentos Técnicos Trabalhados: Passe e Domínio.

Dispor 7 cones de modo a formar um "T" (conforme figura acima) onde em cada ponta deste "T" deverá ser posicionada uma bola e, a aproximadamente 3 metros acima de cada ponta deste "T" dispor 2 cones onde o companheiro da dupla deverá receber e devolver um passe. Neste exercício um jogador da dupla deverá realizar deslocamento em zigue zague e em seguida frente/costas para o lado esquerdo e ao chegar à bola posicionada ao fim do percurso realizar um passe, receber a devolução do passe pelo seu companheiro parar a bola e voltar para o início do zigue zague, realizando o mesmo procedimento para o lado direito. O companheiro que estará entre os cones acima deverá receber o passe, devolver e deslocar-se para os cones da direita onde realizará o mesmo procedimento. Serão realizadas 3 repetições de cada lado, desta forma os jogadores deverão trocar de posições. As variações podem ser a diversidade do circuito e o tipo de passe, alto, rasteiro, no peito, na coxa, etc.

NÍVEL DIFÍCIL

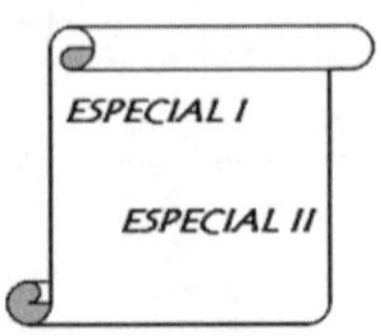

EXERCÍCIO N° 63
SALTANDO O QUADRADO

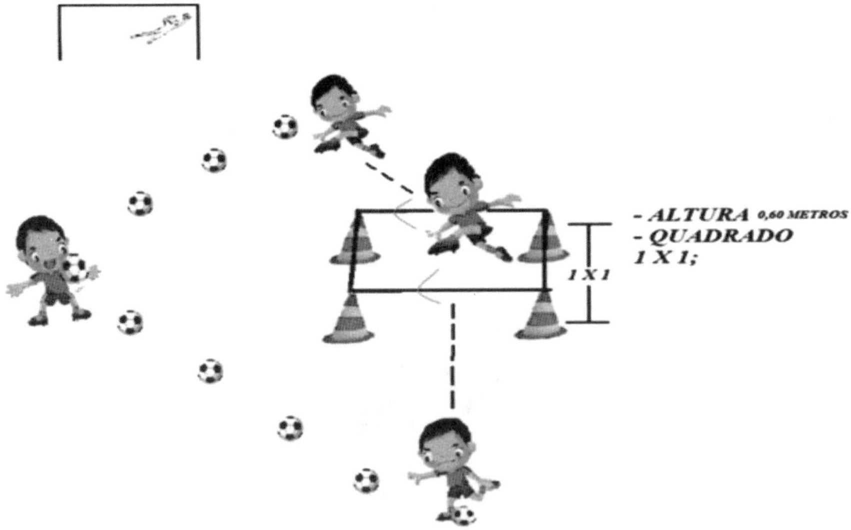

Turma dividida em: DUPLAS.
Materiais Necessários: 4 cones e uma corda (sugestão para formar o quadrado), 1 bola de futebol de campo.
Principais Capacidades Físicas Trabalhadas: Força, Coordenação.
Fundamentos Técnicos Trabalhados: Passe, Domínio e Chute.
Neste exercício um atleta ficará em posse de bola, a sua frente será colocado um quadrado com dimensões de 1 x 1 de largura e 60 centímetros de altura, logo ao lado deste quadrado o outro atleta estará posicionado para receber o passe do atleta que estará em posse de bola, conforme esquema acima. O atleta em posse de bola deverá realizar um passe para seu companheiro, podendo variar o passe (alto, rasteiro, parabólico, no peito, na coxa) que dominará a bola e fará um passe à frente do obstáculo quadrado enquanto o companheiro correrá até o "quadrado" realizará 6 saltos (salta para dentro, para esquerda, para dentro, para direita, para dentro e finalmente para frente), recebe a bola e arremata a gol ou a algum alvo predeterminado.

NÍVEL DIFÍCIL ⚽ ⚽ ⚽

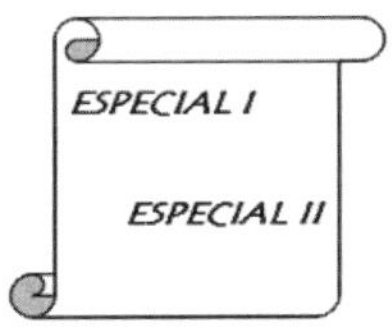

EXERCÍCIO N° 64
ENSAIANDO O LATERAL 2

Turma dividida em: DUPLAS.
Materiais Necessários: 4 cones, 1 corda, 1 bola de futebol de campo.
Principais Capacidades Físicas Trabalhadas: Força, Velocidade e Coordenação.
Fundamentos Técnicos Trabalhados: Passe, Domínio, Chute e Deslocamento com Bola.

Dispor 4 cones amarrados por uma corda de modo a formar um quadrado com dimensões de 2 x 2 metros. O jogador 1 deve realizar uma simulação de arremesso lateral para o jogador 2 que deve saltar para dentro do quadrado dominar a bola e devolvê-la a frente para o jogador 1, em seguida deverá saltar para fora do quadrado para receber o passe do jogador 1 e então executar o chute a gol ou a algum alvo predeterminado.

NÍVEL DIFÍCIL

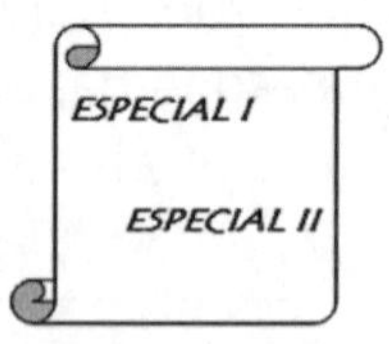

EXERCÍCIO Nº 65
SAINDO DO QUADRADO

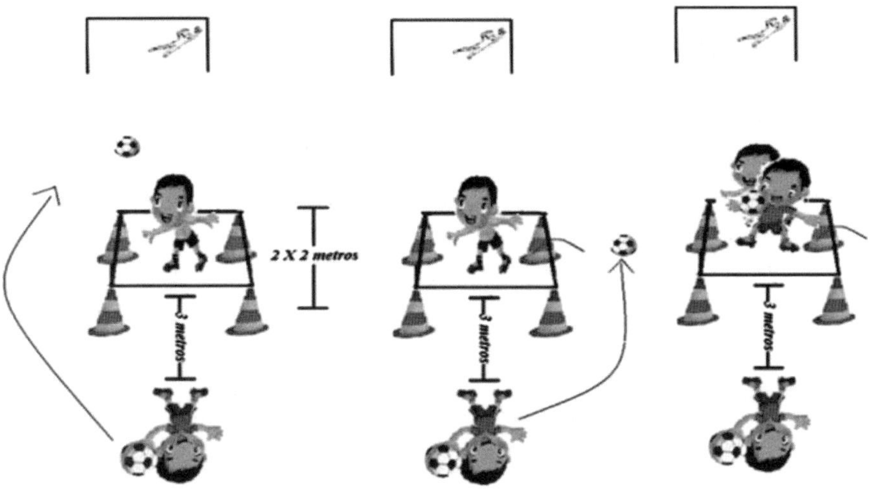

Turma dividida em: DUPLAS.
Materiais Necessários: 4 cones, 1 corda, 1 bola de futebol de campo.
Principais Capacidades Físicas Trabalhadas: Força, Agilidade.
Fundamentos Técnicos Trabalhados: Domínio, Chute e Drible ou Finta.
Estes exercícios são variações do quadrado. Um jogador deve ficar dentro do quadrado com dimensões de 2 x 2 metros, enquanto seu companheiro se posiciona em posse de bola a aproximadamente 3 metros deste quadrado. O jogador que esta dentro do quadrado deverá receber o arremesso fora do quadrado e saltar para dominá-la, e arrematar a gol ou a algum alvo predeterminado, o arremesso pode ser realizado para frente do quadrado ou para uma das laterais. Outra variação é realizar este exercício com marcação, onde o marcador deverá saltar pelo mesmo lado que o jogador saltar. Se o jogador saltar pela lateral esquerda seu marcador obrigatoriamente deverá saltar por este lado, se o jogador sair pela frente seu marcador obrigatoriamente deverá sair pela frente também, oferecendo resistência no momento do chute a gol.

NÍVEL DIFÍCIL

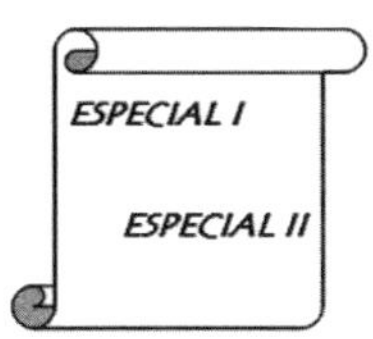

EXERCÍCIO Nº 66
ESCAPANDO 3

Turma dividida em: TRIOS.
Materiais Necessários: 8 cones, 1 bola de futebol de campo.
Principais Capacidades Físicas Trabalhadas: Velocidade e Força.
Fundamentos Técnicos Trabalhados: Deslocamento com Bola, Passe, Domínio e Chute.

Dispor um cone frente à meia lua e aproximadamente 15 metros a frente dispor mais 6 cones de modo a formar um corredor desta vez em linha reta e ao final no meio deste corredor colocar mais um cone para que o jogador defina o lado que executará o chute a gol (conforme esquema acima). Neste exercício dois grupos composto de 3 jogadores deverão simular contra-ataque com perseguição, os perseguidores só poderão tocar quem estiver com a bola. A bola pode ser tocada entre os 3 que buscam o ataque. Após cruzar o último cone devem fazer o gol.

NÍVEL DIFÍCIL

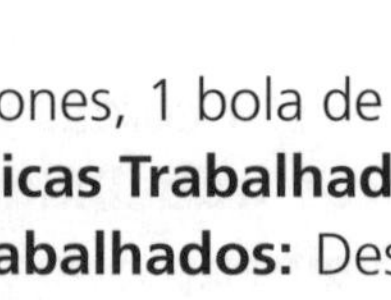

EXERCÍCIO Nº 67
ENTRA E SAI NO QUADRADO

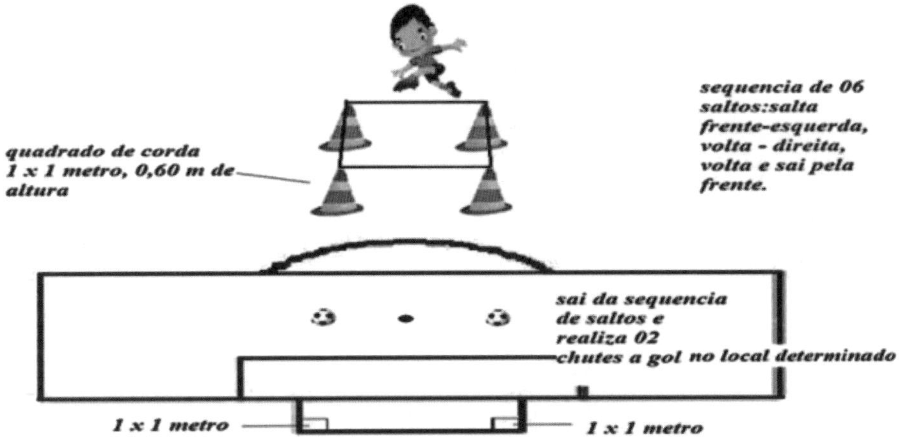

Turma dividida em: INDIVIDUAL.
Materiais Necessários: 4 cones, cordas, 2 bolas de futebol de campo, 2 cordas.
Principais Capacidades Físicas Trabalhadas: Força e Coordenação.
Fundamentos Técnicos Trabalhados: Chute.

Dispor 4 cones amarrados de modo a formar um quadrado com dimensões de 1 x 1 de largura e 60 centímetros de altura, no início da meia lua, conforme esquema acima. Na marca do pênalti dispor uma bola de cada lado afastada 1 metro da marca. Na trave amarrar cordas em cada ângulo para delimitar um espaço de 1 x 1 metro para que o jogador realize chute de precisão. O jogador deve realizar 6 saltos no quadrado, (salta para dentro, para esquerda, para dentro, para direita, para dentro e finalmente para frente), em seguida desloca-se até as bolas posicionadas próximas da marca do pênalti e realiza dois chutes de precisão, sendo que os chutes devem ser no ângulo da trave delimitado pelas cordas.

NÍVEL DIFÍCIL

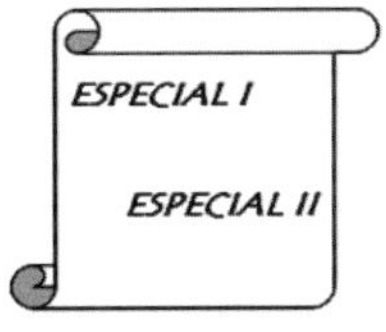

EXERCÍCIO Nº 68
FORÇA VERTICAL

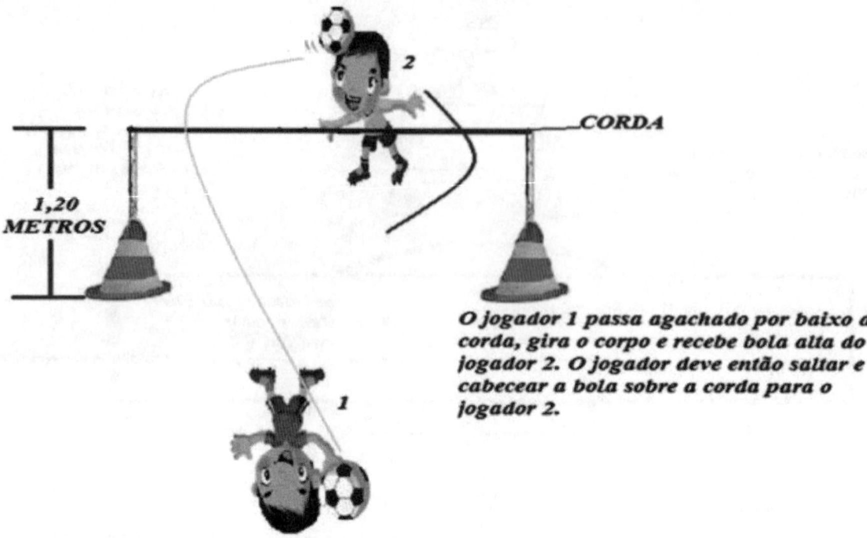

Turma dividida em: DUPLAS.
Materiais Necessários: 2 hastes, 1 corda, 1 bola de futebol de campo.
Principais Capacidades Físicas Trabalhadas: Força, Resistência Anaeróbia e Coordenação.
Fundamentos Técnicos Trabalhados: Cabeceio.
Dispor 2 hastes de 1,20 de altura amarradas por uma corda, onde deve ficar posicionado um jogador. Na frente deste obstáculo afastado aproximadamente 5 metros deve estar posicionado outro jogador em posse de bola, sendo este jogador responsável por realizar o arremesso da bola por cima da corda para seu companheiro que deverá passar agachado pela corda e do outro lado saltar e cabecear a bola por cima da corda devolvendo-a para o arremessador.

NÍVEL DIFÍCIL

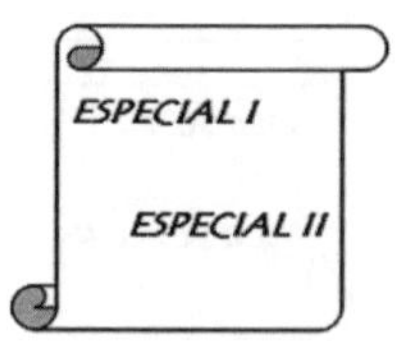

EXERCÍCIO N° 69
CURTO-CIRCUITO

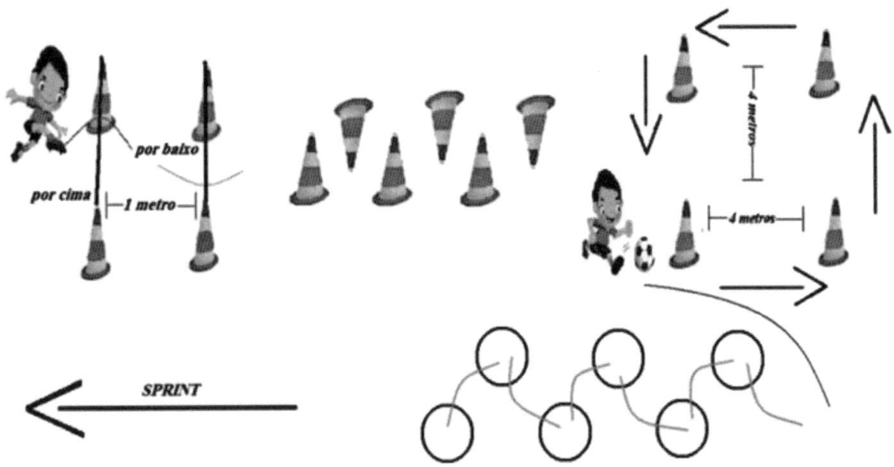

Turma dividida em: INDIVIDUAL.
Materiais Necessários: 14 cones, 1 bola de futebol de campo, 2 cordas, 6 arcos.
Principais Capacidades trabalhadas: Força, Agilidade, Coordenação, Equilíbrio e Velocidade.
Fundamentos Técnicos Trabalhados: Deslocamento com Bola.
Dispor 2 pares de cones amarrados afastados 1 metro, em seguida organizar 6 cones deitados, conforme esquema acima. Uma bola deve ser posicionada para que o jogador a conduza pelo quadrado formado por cones. Neste exercício o jogador deverá saltar o primeiro obstáculo (cones amarrados) e passar por baixo do segundo cone amarrado, levantar-se e realizar elevação de joelhos nos cones deitados, em seguida deslocar-se até a bola localizada à frente do próximo obstáculo, deverá dominar a bola e conduzi-la pelo quadrado formado pelos cones deixar a bola no mesmo local e por fim deve realizar 6 saltos com um pé só dentro de cada arco e sair em sprint.

NÍVEL DIFÍCIL

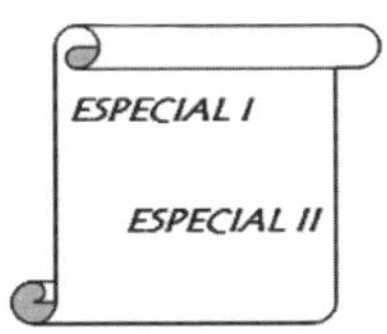

EXERCÍCIO N° 70
CURTO-CIRCUITO 2

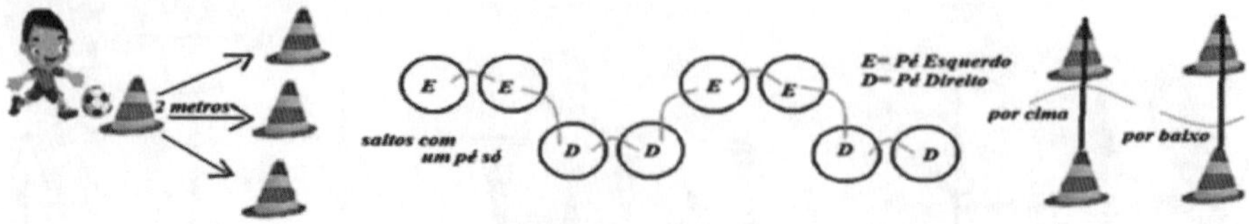

Turma dividida em: INDIVIDUAL.
Materiais Necessários: 8 cones, 3 bolas de futebol de campo, 5 cordas, 8 arcos.
Principais Capacidades trabalhadas: Agilidade, Equilíbrio e Força.
Fundamentos Técnicos Trabalhados: Deslocamento com Bola e Chute.
Dispor 1 cone e mais 3 cones à frente deste enfileirados juntamente com uma bola posicionada, em seguida organizar 8 arcos, de acordo com esquema acima, dois pares de cones amarrados devem ser posicionados na saída dos arcos, e por fim na grande área, ao lado da marca do pênalti posicionar duas bolas, para realização de chute de precisão, na trave com ângulo delimitados com cordas e dimensões de 1x 1 metro. Neste exercício o jogador deverá em posse de bola contornar os três cones da seguinte forma, contorna em primeiro momento o cone da direita e retorna para o cone central, contorna o cone do meio retornando ao cone central, e por fim contorna o cone da esquerda e retorna ao cone central posicionando a bola novamente, deslocando-se até os arcos onde realizará dois saltos com um pé só, conforme demonstração no esquema. Após saltar nos arcos, ultrapassar o primeiro par de cones amarrados saltando-os e no segundo par de cones amarrados, passar por baixo deles, para só então deslocar-se para a grande área e executar os chutes no alvo delimitado.

NÍVEL DIFÍCIL ⚽ ⚽ ⚽

EXERCÍCIO N° 71
ULTRAPASSANDO

Turma dividida em: GRUPOS COMPOSTO POR 4 ATLETAS OU MAIS.
Materiais Necessários: 4 cones, 1 bola de futebol de campo.
Principais Capacidades trabalhadas: Ritmo, Velocidade, Agilidade, Resistência Aeróbia e Força.
Fundamentos Técnicos Trabalhados: Deslocamento com Bola, Drible, Passe e Domínio.

Organizar um grupo com 4 atletas, em fila única. O jogador à frente desta fila deverá estar em posse de bola conduzindo-a e todos devem estar correndo em ritmo moderado (trote), seguindo o jogador da frente. O último jogador (1) deverá sair realizando zigue zague entre os jogadores da fila até chegar à primeira posição onde receberá a bola e continuará correndo e conduzindo-a. Todos os integrantes devem realizar o mesmo procedimento até que a fila volte à sua formação inicial.

Variação: Fila única sendo que o jogador (1) que está no fim da fila deverá estar em posse de bola e então irá realizar deslocamento em zigue zague por entre os integrantes da fila até chegar à frente da fila, onde deverá parar a bola e seguir correndo, o jogador (2) deverá realizar o mesmo procedimento. Todos os integrantes do grupo devem realizar o mesmo procedimento até que a fila volte à sua formação incial.

NÍVEL DIFÍCIL

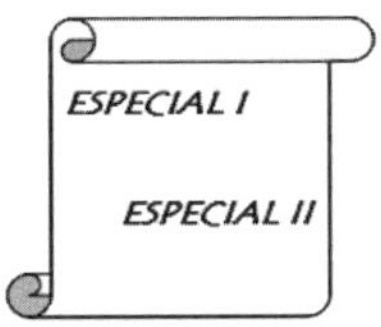

EXERCÍCIO N° 72
EXPLORANDO ESPAÇOS COM INTRUSOS

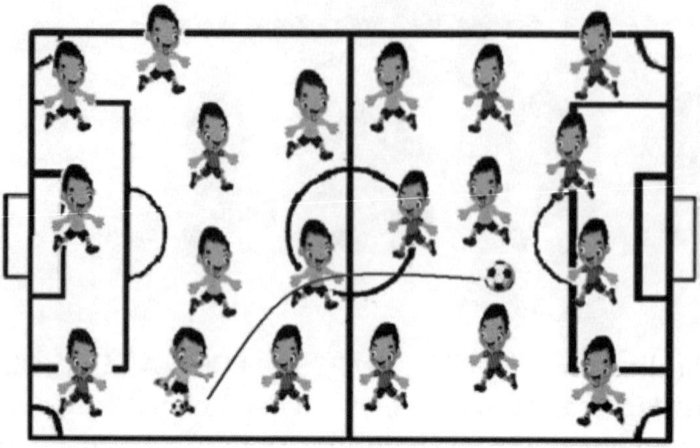

Turma dividida em: 2 EQUIPES COMPOSTAS POR 10 JOGADORES.
Materiais Necessários: 1 bola de futebol de campo.
Principais Capacidades trabalhadas: Velocidade, Força e Agilidade.
Fundamentos Técnicos Trabalhados: Domínio, Passe, Deslocamento com Bola, Chute, Cabeceio e Visão de Jogo.

Para este exercício cada equipe deverá posicionar-se em um lado do campo. O objetivo é transferir a bola para o campo do adversário, sem que a mesma ultrapasse os limites laterais ou linha de fundo do campo. Diferente do exercício anterior, o que possibilita que três jogadores atuem no campo do adversário realizando marcação e bloqueio da transferência de bola para o campo, ou que estes atletas mantenham a posse de bola no campo oponente fazendo que a equipe ultrapasse o tempo estipulado. A equipe em posse de bola terá 6 segundos para mandar a bola novamente para o campo do adversário podendo dar quantos toques forem necessários. Explorando os espaços vazios deixados pelo oponente e tentando ocupar ao máximo o campo defendido pela sua equipe.

Obs.: Este exercício é de grande importância quando o treinador pretender que seus atacantes adquiram características de marcação ou retenção de bola no campo adversário.

NÍVEL DIFÍCIL ⚽ ⚽ ⚽

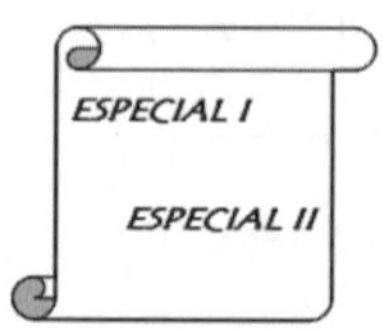

EXERCÍCIO Nº 73
QUADRADO DE FORÇA

Turma dividida em: DUPLAS.
Materiais Necessários: 4 cones, 1 bola de futebol de campo, 1 corda.
Principais Capacidades Físicas Trabalhadas: Força e Coordenação.
Fundamentos Técnicos Trabalhados: Cabeceio.

Organizar um quadrado de cones amarrados. O jogador 2 deverá deslocar-se até o quadrado de cones onde realizará dois saltos consecutivos, para dentro e para fora do quadrado, em seguida o jogador 1 arremessará a bola alta para que o jogador 2 realize cabeceio devolvendo a bola para o jogador 1.

NÍVEL DIFÍCIL

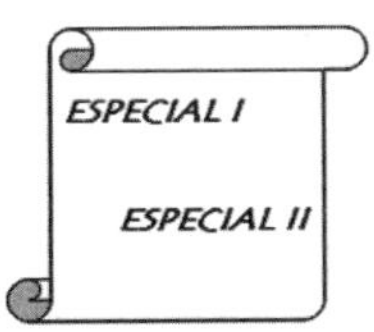

EXERCÍCIO Nº 74
DUPLA DINÂMICA

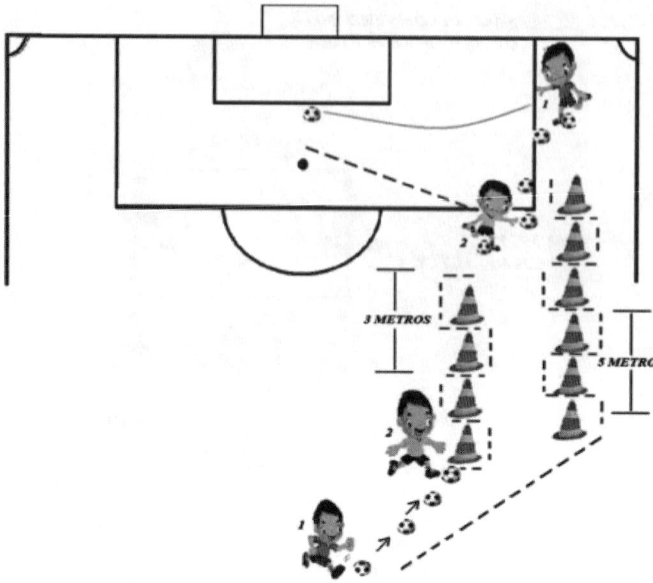

Turma dividida em: DUPLAS.

Materiais Necessários: 10 cones, 1 bola de futebol de campo.

Principais Capacidades Físicas Trabalhadas: Velocidade, Coordenação, Agilidade e Força.

Fundamentos Técnicos Trabalhados: Passe, Domínio, Deslocamento com Bola e Chute.

Dispor duas filas com os cones, sendo uma fila com extensão de 3 metros utilizando-se 4 cones e um pouco mais à frente outra fila com extensão de 5 metros utilizando 6 cones, conforme esquema acima. O jogador (1) em posse de bola deverá realizar um passe ao jogador (2) posicionado à frente da fila de cones, e realizar deslocamento em zigue zague sem bola na outra fila de cones. O jogador (2) deverá dominar a bola e realizar deslocamento em zigue zague pelos cones em posse de bola e ao fim deste percurso realizar um passe ao jogador (1) e deslocar-se para a área onde receberá um cruzamento para finalização em direção ao gol.

NÍVEL DIFÍCIL

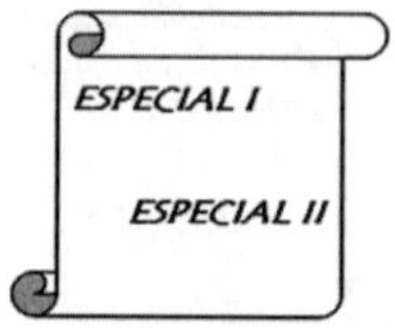

EXERCÍCIO N° 75
ANTECIPANDO O ADVERSÁRIO

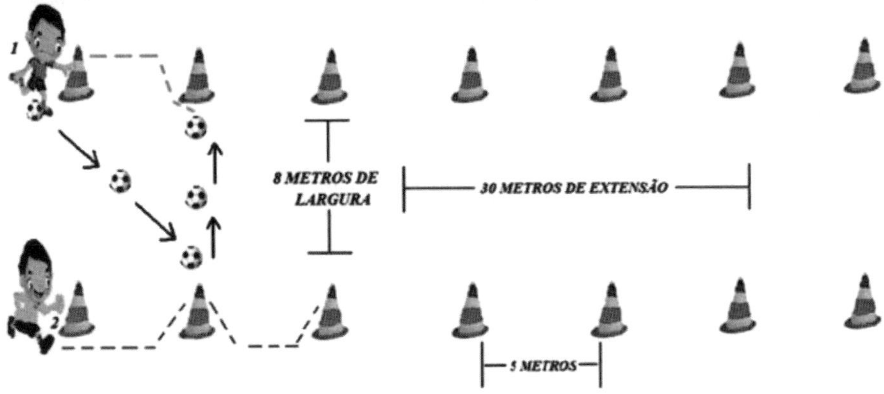

Turma dividida em: DUPLAS.
Materiais Necessários: 14 cones, 1 bola de futebol de campo.
Principais Capacidades Físicas Trabalhadas: Velocidade, Força, Agilidade, Coordenação e Resistência Aeróbia.
Fundamentos Técnicos Trabalhados: Passe, Domínio e Deslocamento com Antecipação.
Organizar um corredor com extensão de 30 metros e largura de 8 metros, conforme esquema acima. O jogador 1 em posse de bola deverá realizar um passe na diagonal da outra fileira, onde o jogador 2 já terá deslocado e deverá tomar a frente do segundo cone antecipando o passe, em seguida devolvê-lo em linha reta pra outra fileira onde o jogador 1 deverá antecipar o passe antes que ele chegue ao cone. Este exercício consiste na troca de passes e deslocamento. Ao final do percurso os jogadores devem retornar e realizar 4 sequências. Lembrando que o deslocamento deverá ser feito pelo lado externo do corredor, obrigando o jogador a tomar a frente do cone para receber e efetuar o passe.

NÍVEL DIFÍCIL

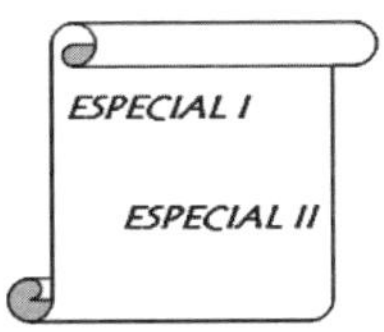

EXERCÍCIO Nº 76
CIRCULANDO

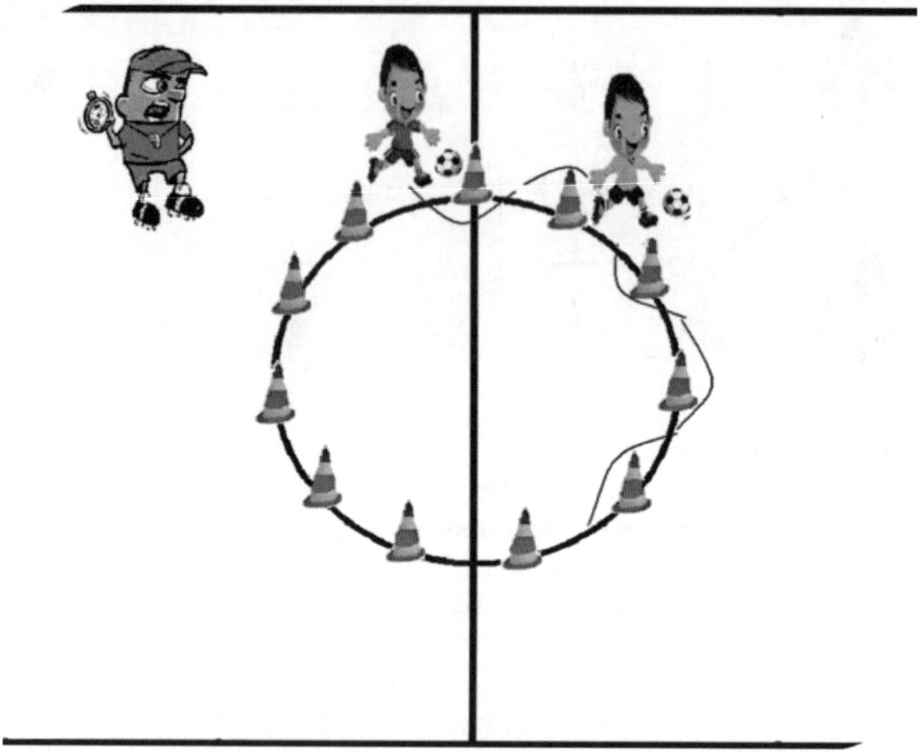

Turma dividida em: DUPLAS.
Materiais Necessários: 11 cones, 2 bolas de futebol de campo.
Principais Capacidades Físicas Trabalhadas: Coordenação, Agilidade e Velocidade.
Fundamentos Técnicos Trabalhados: Deslocamento com Bola.

Organizar de 10 a 12 cones sobre o círculo central, de acordo com esquema acima. Dois jogadores em posse de bola deverão realizar zigue zague pelos cones, o jogador que está à frente não pode deixar que o oponente o toque. Ao sinal do treinador deve-se trocar o perseguidor e o sentido da corrida, que deve iniciar no sentido horário.

NÍVEL DIFÍCIL

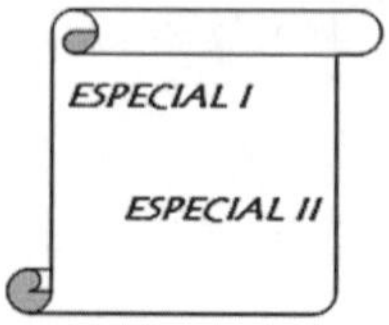

EXERCÍCIO Nº 77
QUAL É O CAMINHO?

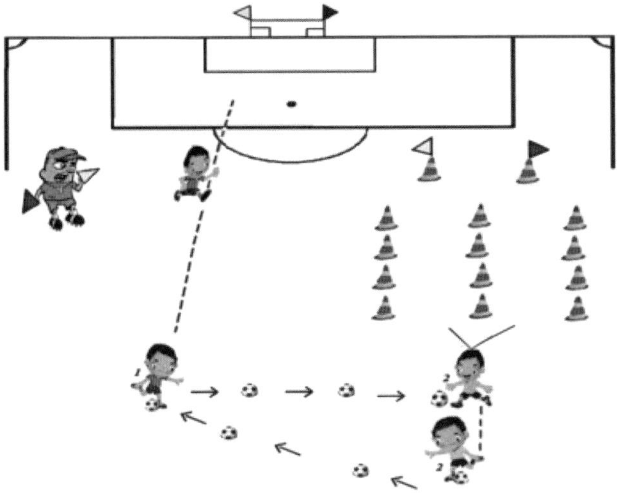

Turma dividida em: DUPLAS.
Materiais Necessários: 14 cones, 1 bola de futebol de campo, 2 pares de bandeirolas.
Principais Capacidades Físicas Trabalhadas: Velocidade, Coordenação, Força e Agilidade.
Fundamentos Técnicos Trabalhados: Passe, Domínio, Deslocamento com Bola, Drible e Chute.

Deve-se delimitar dois ângulos na trave, de acordo com esquema acima, e dois corredores de cones identificados por uma cor colocada em um cone nas saídas destes corredores. O jogador (2) deverá estar em posse de bola e realizar um passe para o jogador (1) logo à sua frente, este por sua vez receberá a bola e devolverá logo à frente para o jogador (2) que já terá deslocado e deverá receber instrução do treinador, através das cores das bandeirolas, sobre qual corredor deverá percorrer, para que no fim deste corredor realize cruzamento para o jogador (1) que já deverá ter se deslocado para efetuar o chute a gol no ângulo determinado através da cor definida pelo treinador.

NÍVEL DIFÍCIL

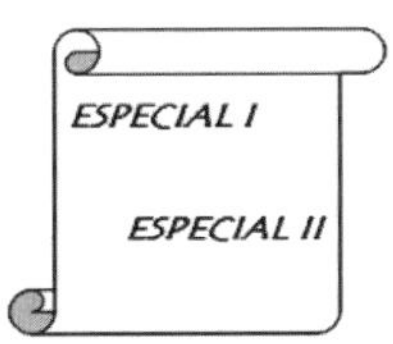

EXERCÍCIO N° 78
LIGAÇÃO DIRETA

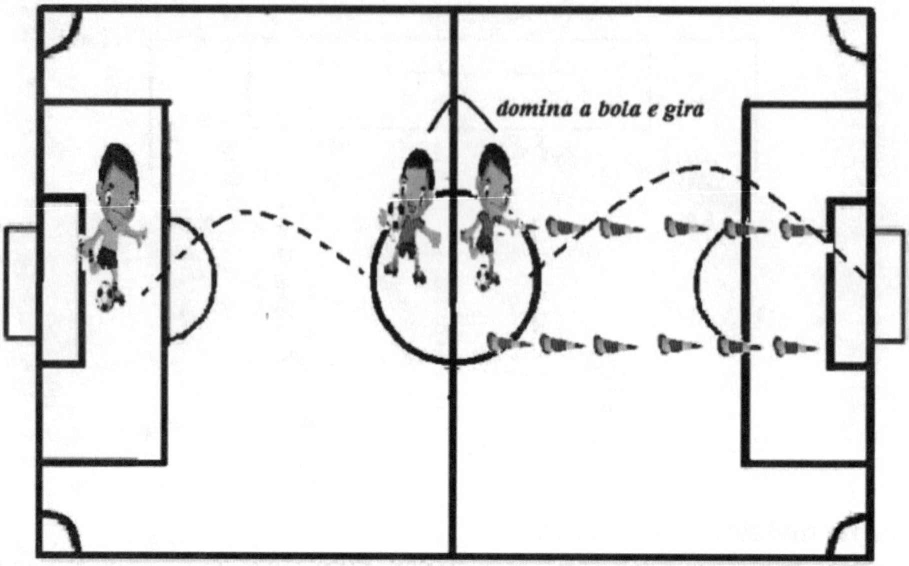

Turma dividida em: DUPLAS.
Materiais Necessários: 1 bola de futebol de campo, 12 cones.
Principais Capacidades Físicas Trabalhadas: Força e Coordenação.
Fundamentos Técnicos Trabalhados: Passe, Domínio e Chute.
Para este exercício deverá ser posicionado doze cones, partindo do centro do campo em direção a grande área, de modo a formar um corredor.
Um jogador em posse de bola deverá posicionar-se dentro da grande área e outro dentro do círculo central. O jogador em posse de bola deverá realizar um lançamento (chute longo) para o jogador posicionado dentro do grande círculo, sendo que este deverá dominar a bola girar o corpo em direção oposta de onde a bola veio e realizar chute a gol.
Obs.: O chute a gol deve seguir a trajetória dos cones sendo realizado dentro do grande círculo, o jogador deverá dominar a bola da forma que considerar melhor.

NÍVEL DIFÍCIL

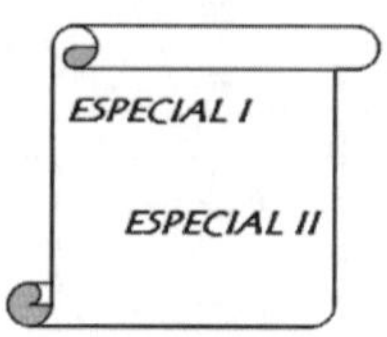

EXERCÍCIO Nº 79
BATE-REBATE

Turma dividida em: TRIOS.
Materiais Necessários: 3 bolas de futebol de campo, 4 cones, cordas.
Principais Capacidades Físicas Trabalhadas: Velocidade, Força, Coordenação e Agilidade.
Fundamentos Técnicos Trabalhados: Deslocamento com Bola e Chute.

Dispor quatro cones de modo a formar um quadrado a 10 metros de distância da trave que deverá ser demarcada por cordas com largura de 1 metro. O jogador 1 em posse de bola deverá contornar o quadrado de cones em velocidade máxima e ao completar o percurso todo deverá adentrá-lo e erguer a bola para em seguida, sem que a mesma toque o chão, realizar chute a gol nos ângulos delimitados. Em seguida o jogador 3 realizará arremesso de bola alta para que o jogador 1 realize chute a gol de dentro do quadrado, o chute deve ser efetuado sem que a bola quique ao chão, o mesmo deverá ser feito à sua direita com o jogador 2.

NÍVEL DIFÍCIL

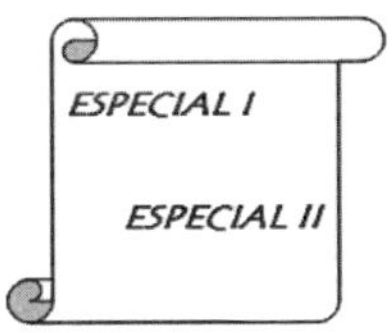

EXERCÍCIO N° 80
"V" COM PASSE

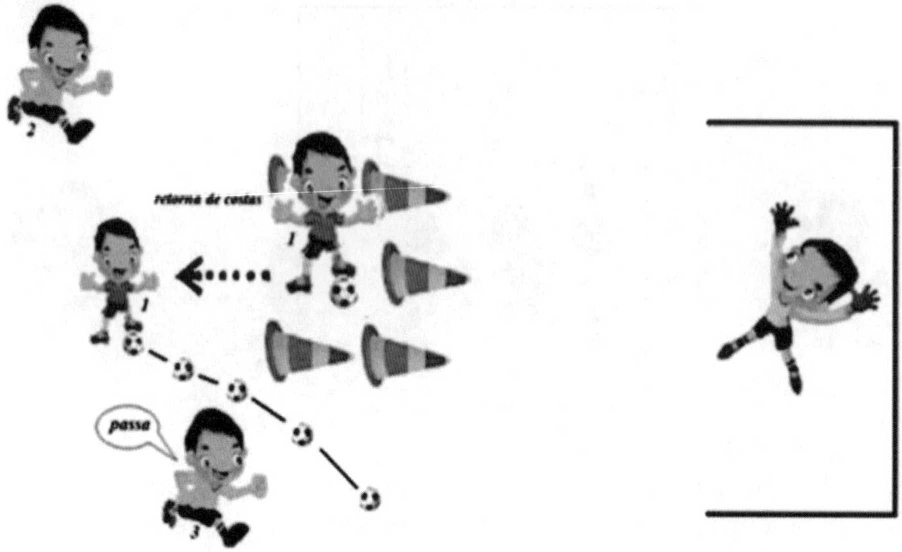

Turma dividida em: TRIOS.
Materiais Necessários: 1 bola de futebol de campo, 5 cones.
Principais Capacidades Físicas Trabalhadas: Velocidade, Força e Coordenação.
Fundamentos Técnicos Trabalhados: Deslocamento com Bola, Passe, Domínio e Chute.
Organizar 5 cones em forma de "V" sendo que o vértice deve ficar em direção a grande área (de acordo com esquema acima).
Nesta variação saem três jogadores correndo simultaneamente sendo que um deles esta em posse de bola e deverá deslocar-se em direção ao obstáculo de cones onde no centro deste obstáculo onde deverá pisar na bola e deslocar-se de costas puxando a bola e neste momento um dos companheiros, o que estiver mais próximo do jogador em posse de bola deverá pedir um passe e realizar chute a gol.

NÍVEL DIFÍCIL

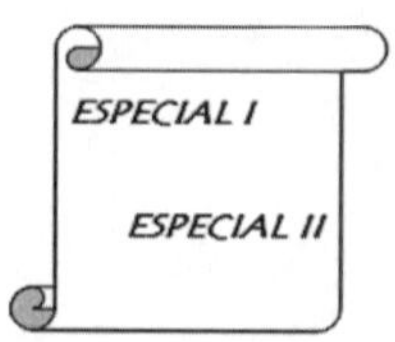

EXERCÍCIO Nº 81
DRIBLE ORIENTADO

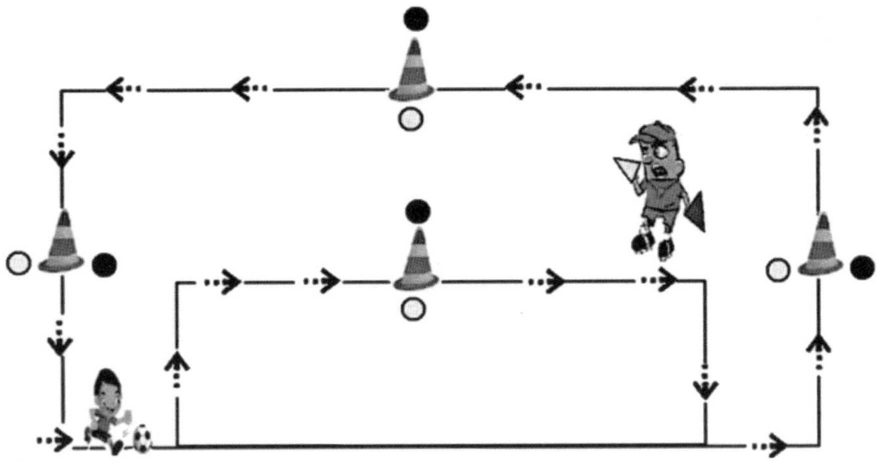

Turma dividida em: INDIVIDUAL.
Materiais Necessários: 1 bola de futebol de campo, 4 cones, 4 pratos demarcatório de cada cor.
Principais Capacidades Físicas Trabalhadas: Equilíbrio, Força e Agilidade.
Fundamentos Técnicos Trabalhados: Deslocamento com Bola e Drible.
Dispor 4 cones sobre as linhas da grande e pequena área, cada cone deve ter um prato demarcatório de cada lado, sendo um de cada cor, de acordo com esquema acima.
Jogador em posse de bola é obrigado a conduzí-la em cima da linha da pequena área até chegar próximo ao primeiro cone onde deverá olhar para o treinador que levantará a bandeira correspondente a cor do prato demarcatório, determinando o lado por onde o jogador deverá seguir, retornando a conduzir a bola por cima das linhas. Assim por diante até ultrapassar o último obstáculo retornando a posição inicial.

NÍVEL DIFÍCIL

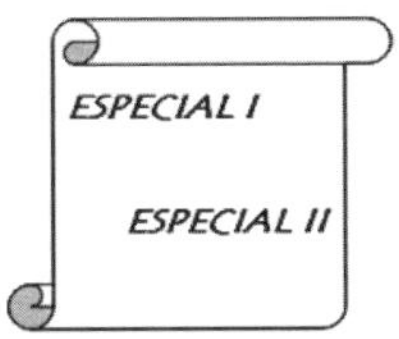

EXERCÍCIO Nº 82
NA LINHA PRO GOL COM OBSTÁCULOS

Turma dividida em: INDIVIDUAL.
Materiais Necessários: 3 bolas de futebol de campo, 5 cones.
Principais Capacidades Físicas Trabalhadas: Velocidade, Equilíbrio e Força.
Fundamentos Técnicos Trabalhados: Chute.

Dispor três bolas de futebol de campo, sendo uma em cada ponta da pequena área e outra no centro da grande área. No decorrer das linhas da grande área e da pequena área dispor cones, de acordo com o esquema acima. Jogador, sem bola, deverá deslocar-se em cima da linha da grande área, ao se deparar com um cone em seu trajeto deverá saltá-lo e cair em cima da linha buscando o equilíbrio, (realizando este salto toda vez que encontrar um cone no trajeto), retornando ao trajeto das linhas até chegar à bola de número 1 e realizar chute a gol, deslocando-se até a bola de número 2 e realizar outro chute a gol, em seguida deslocar-se por cima da linha da grande área, de acordo com o esquema acima, até a linha de fundo de campo aproximando-se da bola de número 3 e realizar o último chute a gol. Todos os cones do percurso devem ser saltados.

NÍVEL DIFÍCIL

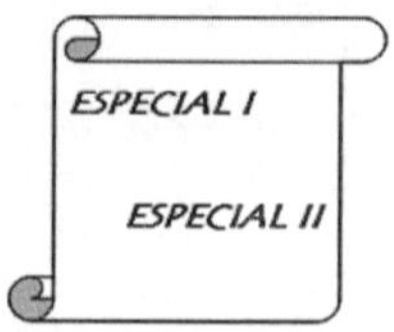

EXERCICIO Nº 83
PASSE NOTA 10

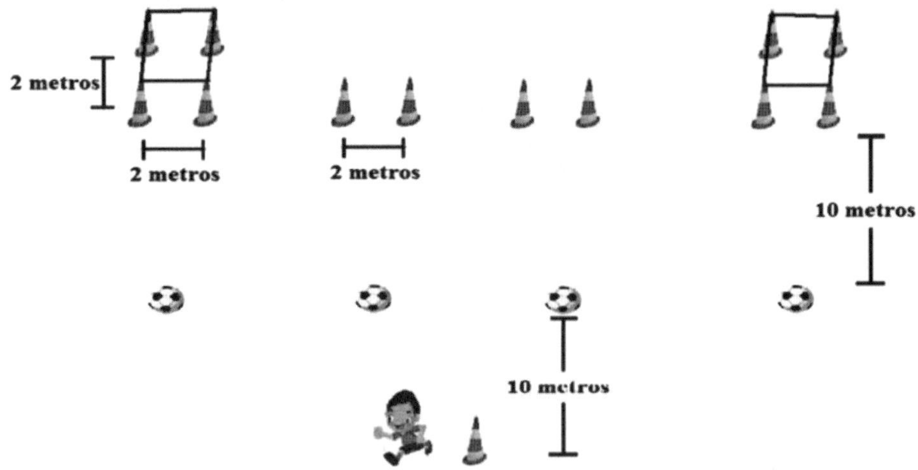

Turma dividida em: INDIVIDUAL.
Materiais Necessários: 4 bolas de futebol de campo, 13 cones, 2 cordas.
Principais Capacidades Físicas Trabalhadas: Força, Coordenação, Agilidade e Resistência Anaeróbia.
Fundamentos Técnicos Trabalhados: Passe.

Organizar dois quadrados de cones amarrados por cordas com dimensões de 2 metros, entre estes dois quadrados organizar dois pares de cones com intervalos de 2 metros entre eles. Em frente de cada meta dos cones posicionar uma bola distante 10 metros e 10 metros atrás destas bolas, posicionar 1 cone centralizado, de acordo com o esquema acima. O jogador posicionado atrás deste último cone centralizado, partirá em direção à bola posicionada à sua esquerda, realizando um passe parabólico que deverá cair dentro do quadrado de cones, em seguida retornará ao cone inicial, tocando-o e partindo imediatamente para realizar o segundo passe, rasteiro que deverá passar entre os cones, retorna ao cone inicial e realizará o restante do percurso.

NÍVEL DIFÍCIL

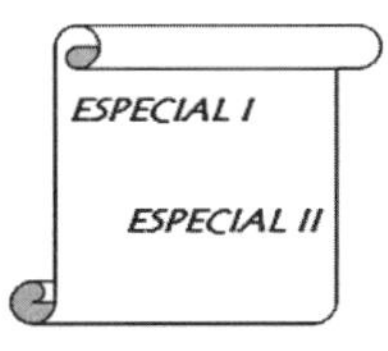

EXERCÍCIO Nº 84
BUSCANDO O ALVO

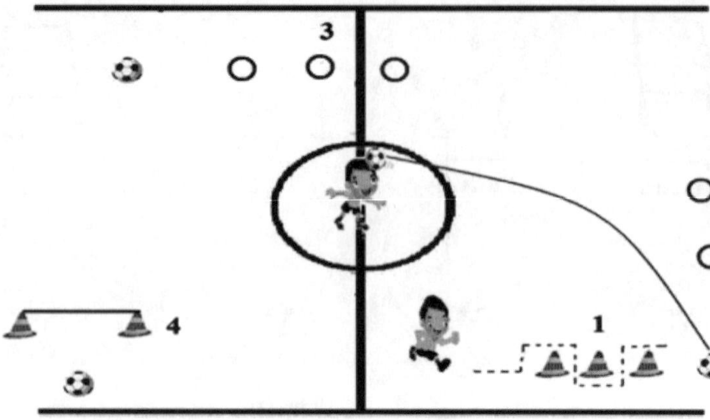

Turma dividida em: DUPLAS.

Materiais Necessários: 5 cones, 4 bolas de futebol de campo, 7 arcos, 1 corda.

Principais Capacidades Físicas Trabalhadas: Velocidade, Força, Resistência aeróbia, Resistência Anaeróbia e Equilíbrio.

Fundamentos Trabalhados: Passe e Domínio.

Organizar circuito em torno do círculo central, de acordo com o esquema acima. Um jogador deve posicionar-se dentro do círculo central enquanto seu companheiro deverá deslocar-se pelos obstáculos do circuito da seguinte forma: 1° Obstáculo realizar zigue zague e no fim realizar um lançamento para seu companheiro posicionado no círculo central, sendo que este deve dominar a bola antes que ela toque o chão; 2° saltar dentro dos arcos, pernas alternadas, e ao fim realizar outro lançamento para seu companheiro posicionado no círculo central; 3° Realizar passada larga, e fazer lançamento, por fim no 4° obstáculo o jogador deverá realizar um salto sobre os cones amarrados e realizar último lançamento. Após esta sequência deve-se trocar a posição dos jogadores. O treinador deve observar que o jogador posicionado no círculo central deverá tocar a bola em todas as sequências antes que ela toque ao chão.

NÍVEL DIFÍCIL

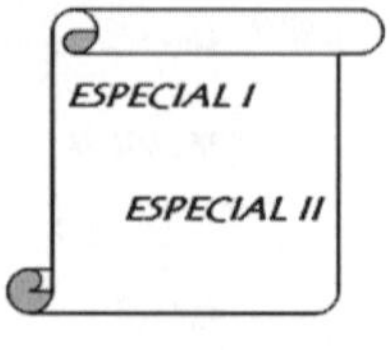

EXERCÍCIO Nº 85
"FOMINHA"

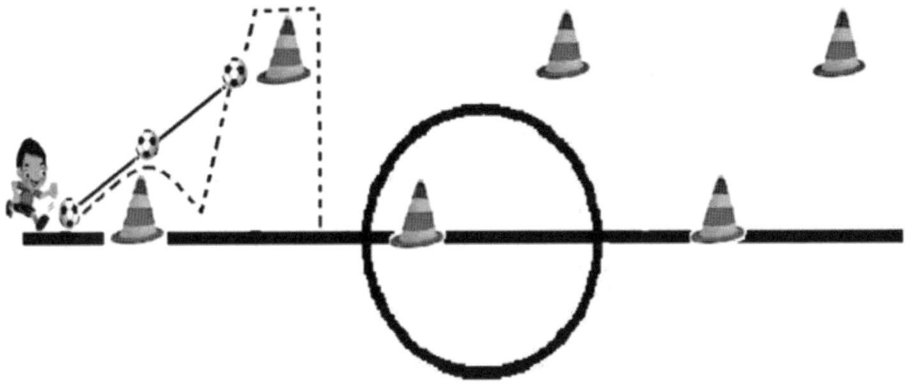

Turma dividida em: INDIVIDUAL.
Materiais Necessários: 1 bola de futebol de campo, 6 cones.
Principais Capacidades Físicas Trabalhadas: Velocidade, Força, Resistência Anaeróbia, Equilíbrio e Agilidade.
Fundamentos Trabalhados: Deslocamento com bola, Passe e Domínio.
Organizar uma fila de cones sobre a linha central do campo e outra fila em paralelo, de acordo com o esquema acima.
O jogador em posse de bola deverá realizar um passe, para ele mesmo, na direção do cone da outra fila, saltar o cone à sua frente e imediatamente deslocar-se para dominar a bola. Após dominar a bola contornar o cone até a linha inicial onde deverá realizar o mesmo procedimento até o final do percurso.

NÍVEL DIFÍCIL

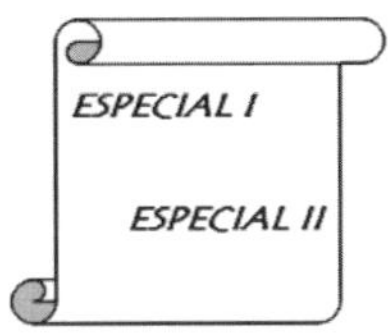

EXERCÍCIO Nº 86
CIRCUITO LONGO

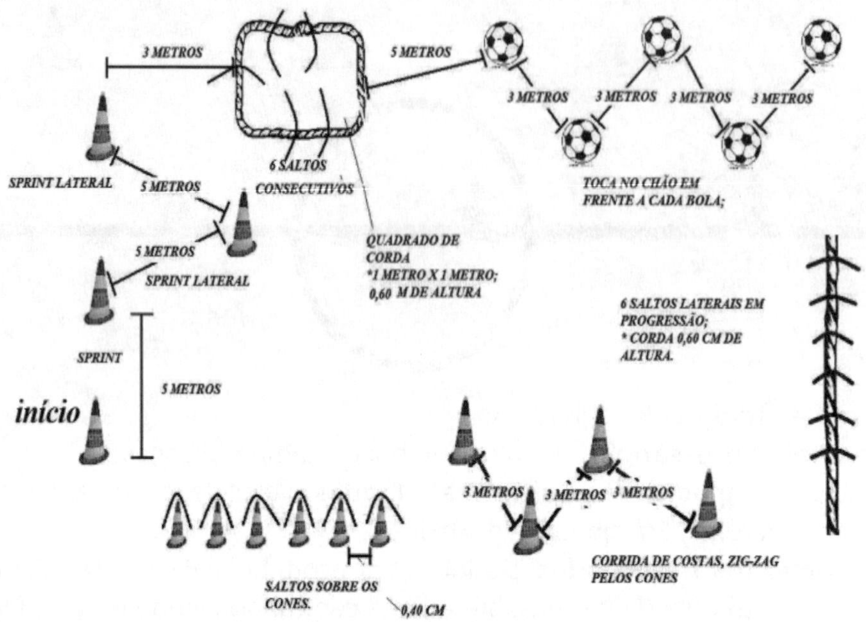

Este exercício fica como sugestão para um treino convencional de preparação física sem bola. Neste exercício o atleta irá trabalhar força, velocidade, coordenação, equilíbrio e resistência anaeróbia.

NÍVEL DIFÍCIL

ESPECIAL I

ESPECIAL II

25. JOGOS ADAPTADOS NO TREINAMENTO DE FUTEBOL

Jogos adaptados ou pequenos jogos: pequenos jogos em treinamentos, além do papel educativo, servem de preparação específica à modalidade esportiva. Podem se distinguir em diversos objetivos:

1. Recreativos;
2. Físicos;
3. Físico-técnicos;
4. Técnico-táticos;
5. Táticos.

Definição: São treinos de situações táticas em forma de jogos. Com objetivo de desenvolver as valências físicas e intelectuais dos jogadores atendendo às exigências do futebol competitivo e inteligente.

Fatores importantes:

- Tempo de duração;
- Número de participantes;
- Dimensões do campo de jogo;
- Regras.

Os pequenos jogos permitem o desenvolvimento do perfil técnico e fisiológico necessário para a prática da modalidade esportiva, neste caso do futebol.

PEQUENOS JOGOS NO TREINAMENTO FÍSICO

É importante acompanhar a participação individual dentro dos pequenos jogos, para que quando ocorra pouco envolvimento os ganhos físicos não sejam somente parciais. Por isso é importante a criação de um programa de treinamento essencialmente físico para se obter as capacidades físicas condicionantes.

Valências físicas presentes nos pequenos jogos:

- Velocidade de reação;
- Força explosiva;
- Resistência geral (resistência aeróbia);
- Resistência muscular (membros inferiores).

EXERCÍCIO N° 1
VIRANDO A CASACA

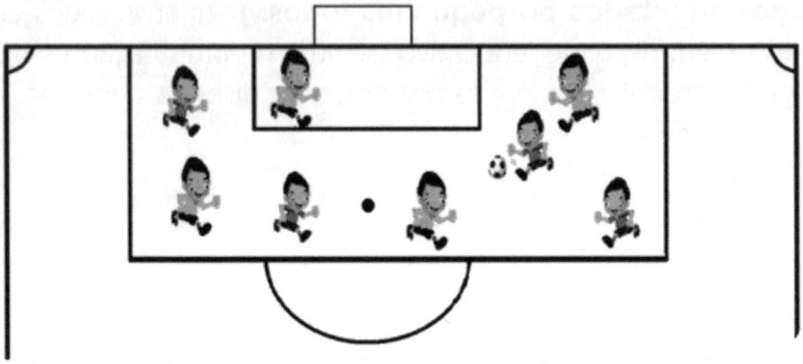

Turma dividida em: 2 EQUIPES COMPOSTAS POR 4 JOGADORES.
Materiais Necessários: 1 bola de futebol de campo.
Principais Capacidades trabalhadas: Velocidade, Força e Resistência Aeróbia.
Fundamentos Técnicos Trabalhados: Passe, Domínio, Deslocamento com Bola e Visão de Jogo.

Este exercício se baseia na troca de passes em espaço reduzido. Deve-se delimitar um espaço para que as equipes realizem a troca de passes, neste caso será utilizada a grande área. A equipe que conseguir realizar 5 passes consecutivos deverá escolher um oponente para fazer parte do seu grupo, o jogo só acaba quando restar apenas 1 adversário. A equipe que tocar a bola para fora deverá ceder um atleta para seu adversário.

Obs.: Para estes pequenos jogos podemos utilizar qualquer parte do campo como, círculo central, pequena área, grande área. Podemos também variar no número de passes ou integrantes em cada equipe.

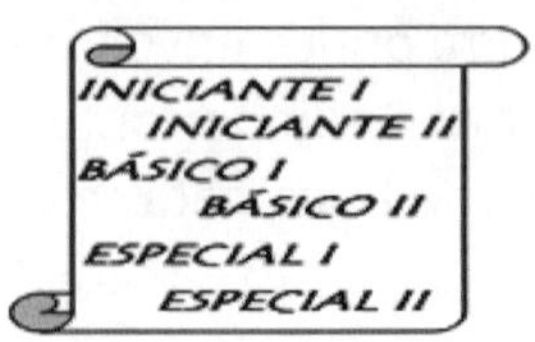

EXERCÍCIO Nº 2
MUVUCA

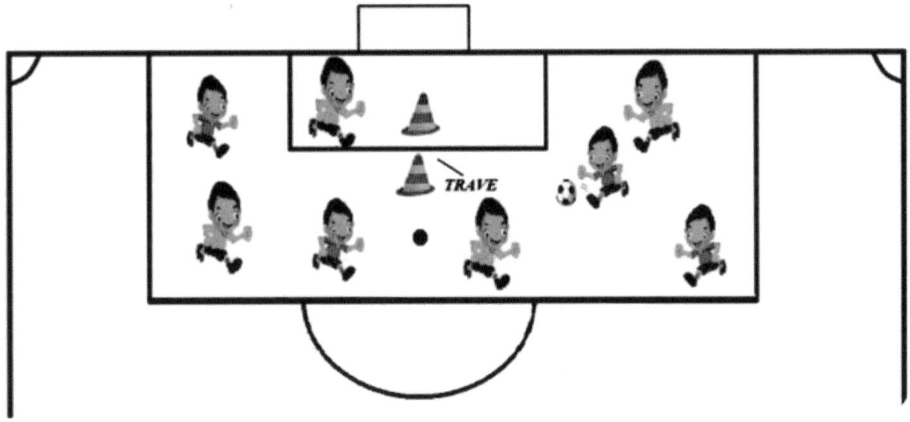

Turma dividida em: 2 EQUIPES COMPOSTAS POR 4 JOGADORES.
Materiais Necessários: 1 bola de futebol de campo, 2 cones.
Principais Capacidades trabalhadas: Velocidade, Força e Resistência Aeróbia.
Fundamentos Técnicos Trabalhados: Passe, Domínio, Deslocamento com Bola e Visão de Jogo.
Este exercício se baseia na troca de passes em espaço reduzido. Deve-se delimitar um espaço para que as equipes realizem a troca de passes, neste caso será utilizada a grande área onde deverão ser dispostos dois cones centralizados de modo a formar uma "trave". A equipe em posse de bola deverá realizar passes com o intuito de que a bola passe entre os cones marcando assim 1 ponto para a sua equipe. A bola poderá passar por qualquer lado da trave. A equipe que tocar a bola para fora deverá ceder um 1 ponto para seu adversário.

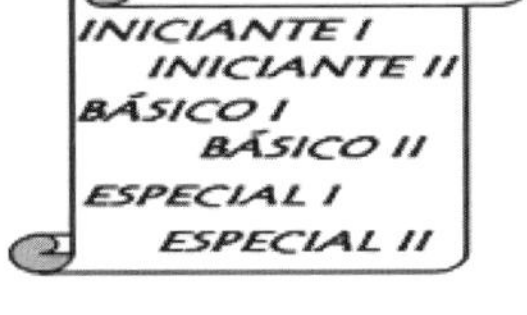

EXERCÍCIO Nº 3
INVADINDO O ESPAÇO

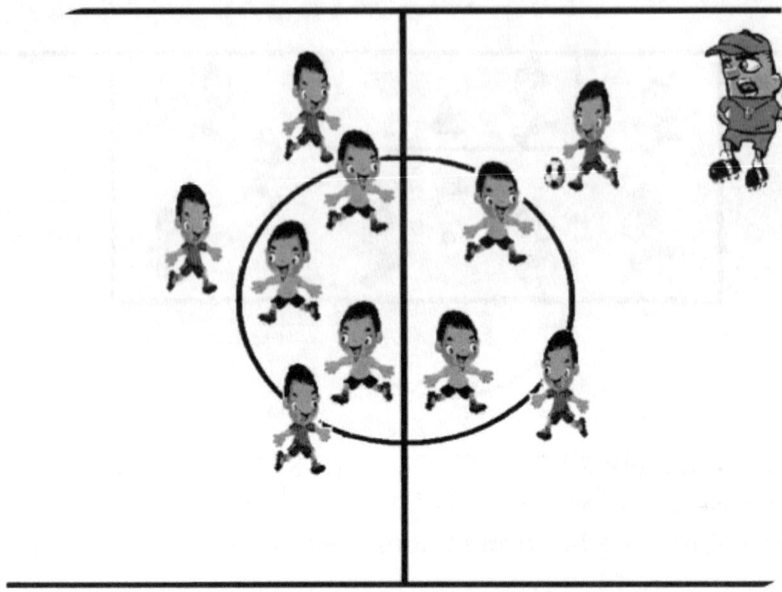

Turma dividida em: 2 GRUPOS COM 5 ATLETAS.
Materiais Necessários: 1 bola de futebol de campo.
Principais Capacidades trabalhadas: Resistência Aeróbia, Agilidade e Velocidade.
Fundamentos Técnicos Trabalhados: Passe, Domínio, Deslocamento com Bola e Visão de Jogo.

Para este exercício utilizaremos o círculo central. Serão 5 jogadores por fora do grande círculo em posse bola sendo que estes deverão realizar a troca de passes até surgir a oportunidade de adentrar o círculo sem ser tocado pelos outros 5 atletas que estão dentro do círculo realizando o papel de marcadores. A bola pode passar por dentro do círculo, mas os jogadores não, sendo assim os marcadores podem interceptar a bola ou o oponente. Cada invasão com bola, sem ser tocado pelo adversário, valerá um ponto. A equipe terá 3 minutos para conseguir marcar o maior número de pontos.

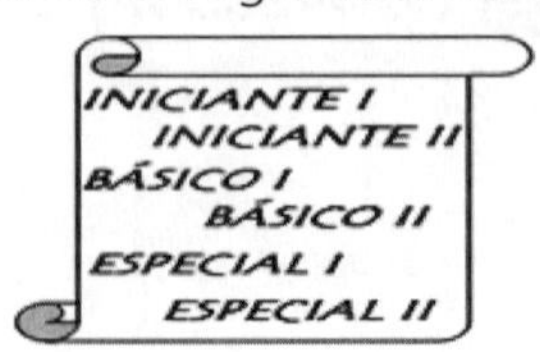

EXERCÍCIO Nº 4
AMIGO DO OPONENTE

Turma dividida em: GRUPOS.
Materiais Necessários: 1 bola de futebol de campo, 10 faixas coloridas.
Principais Capacidades Físicas Trabalhadas: Coordenação.
Fundamentos Técnicos Trabalhados: Passe, Domínio e Visão de Jogo.
Separar duas equipes por cor de faixas, posicionados de acordo com esquema acima. Neste exercício o intuito é realizar a troca e passes entre os integrantes das duas equipes, sendo que as equipes só se diferenciam pela cor da faixa amarrada na cabeça, o passe só pode ser feito do jogador de faixa amarela para o jogador de faixa azul, e do jogador de faixa azul para o jogador de faixa amarela, sendo que o passe não pode ser devolvido de onde veio. Qualquer dessas infrações vale ponto para equipe adversária. O jogo não deve parar, portanto o treinador deverá ir computando a pontuação. O jogo pode ser feito por pontos sendo assim a equipe que marcar 10 pontos primeiro vence ou por tempo determinado a equipe que estiver com mais pontos será a vencedora.

EXERCÍCIO N° 5
ÁREA DE GOL

Turma dividida em: 1 TRIO, 1 DUPLA E GOLEIRO.
Materiais Necessários: 1 bola de futebol de campo.
Principais Capacidades Físicas Trabalhadas: Velocidade, Força e Agilidade.
Fundamentos Técnicos Trabalhados: Deslocamento com Bola, Drible, Chute, Passe e Domínio.

Para este exercício deve-se utilizar o espaço da grande área. Jogo de movimentação intensa de dois atacantes contra três defensores e goleiro. O objetivo do jogo é que os atacantes marquem o gol sem possibilitar aos defensores afastarem a bola da grande área ou linha de fundo. Recomendamos que sejam feitas 5 tentativas por grupos de jogo. O treinador deve seguir as regras oficiais do futebol, como marcações de: penalidade máxima, impedimento, etc.

EXERCÍCIO Nº 6
ÁREA DE GOL 2

Turma dividida em: 2 DUPLAS E GOLEIRO.
Materiais Necessários: 1 bola de futebol de campo.
Principais Capacidades Físicas Trabalhadas: Velocidade, Força e Agilidade.
Fundamentos Técnicos Trabalhados: Deslocamento com Bola, Drible, Chute, Passe e Domínio.

Variação do exercício anterior. Para este exercício deve-se utilizar o espaço da grande área. Jogo de movimentação intensa de dois atacantes contra dois defensores e goleiro. O objetivo do jogo é que os atacantes marquem o gol em no máximo 10 segundos, sem possibilitar aos defensores afastarem a bola da grande área ou linha de fundo. Recomendamos que sejam feitas 5 tentativas por grupos de jogo. O treinador deve seguir as regras oficiais do futebol, como marcações de: penalidade máxima, impedimento, etc.

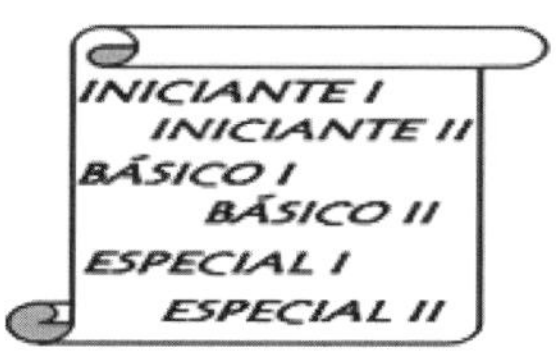

26. MÉTODO TRANSFERT

Gostaríamos de apresentar neste capítulo a proposta de Claude Bayer sobre a transferência de habilidades adquiridas em um jogo e transferidas para outro, este método chamado de TRANSFERT nos traz elementos benéficos ao desporto ensinado, proporcionando aulas inovadoras, quebrando a rotina de treinamentos e criando situações de jogo muitas vezes inéditas e que requerem criatividade e inovação na solução por parte dos atletas. Neste sentido é importante que o treinador inove, sugestione, crie ou modifique regras, mas, de maneira alguma resolva os problemas. Desta forma os alunos-atletas desenvolvem a responsabilidade na execução e resolução das tarefas e não se tornam dependentes do treinador. Ainda explorando a proposta de Bayer (1994) devemos entender que os esportes coletivos, de forma geral, apresentam seis características inerentes a todos ou à grande maioria deles, são elas:

1. Objeto de jogo (geralmente a bola);
2. Terreno de jogo delimitado e demarcado;
3. Metas;
4. Companheiros;
5. Adversários;
6. Regras.

Seguindo estas seis características, porém adaptando-as de forma criativa, inteligente e em direção ao objetivo programado, o treinador poderá formar aulas que proporcionem aos alunos-atletas a criatividade, a movimentação intensa e adaptação aos problemas sugeridos. Os esportes coletivos trazem em si elementos essenciais e que os torna tão atrativos, segundo Bracht (1986) a falta de um ou mais companheiros torna o jogo esportivo desmotivante, enfadonho e descaracterizado; sendo assim, todos são importantes dentro dessa linha de pensamento, não importa quanto um jogador seja bom, sem os outros integrantes não pode haver o jogo.

Por isso propomos exercícios de diversas modalidades com adaptações de muitas características do esporte coletivo, porém com ênfase às habilidades que possam trazer ao futebol através de seus movimentos e exigências físicas.

EXERCÍCIO N° 1
FUTETÊNIS

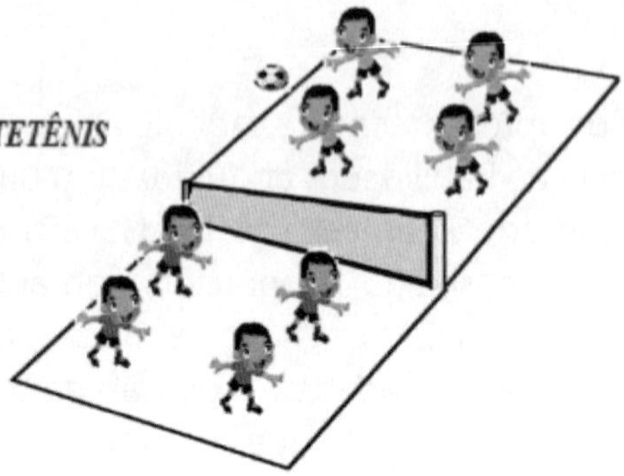

Turma dividida em: 2 GRUPOS COMPOSTOS COM 4 ATLETAS.
Materiais Necessários: 4 chapéus demarcatório (para delimitar quadra), 1 rede, 1 bola de futebol de campo.
Principais Capacidades Físicas Trabalhadas: Coordenação e Força.
Fundamentos Técnicos Trabalhados: Passe e Domínio.
O objetivo deste exercício é delimitar uma área retangular e na metade desta colocar uma rede ou então corda para que os jogadores passem a bola por cima dela, para a quadra adversária. A primeira bola, o saque, deve ser feito somente com um toque na bola podendo deixá-la quicar antes de chutá-la. Para iniciantes sugerimos começar o jogo com 4 atletas por equipe e cada equipe podendo dar 3 toques na bola antes de passá-la para a quadra adversária no intuito de marcar um ponto. O futetênis pode trazer diversas variações, porém para jogadores em formação ao contrário do futevôlei ele permite um quique da bola no chão. Com isso o jogador tem mais tempo para reagir e preparar o movimento com mais qualidade. Pode-se variar o número de jogadores por equipe, a dimensão da quadra e o número de toques na bola que cada equipe pode dar.

EXERCÍCIO N° 2
FUTETÊNIS COM INTRUSO

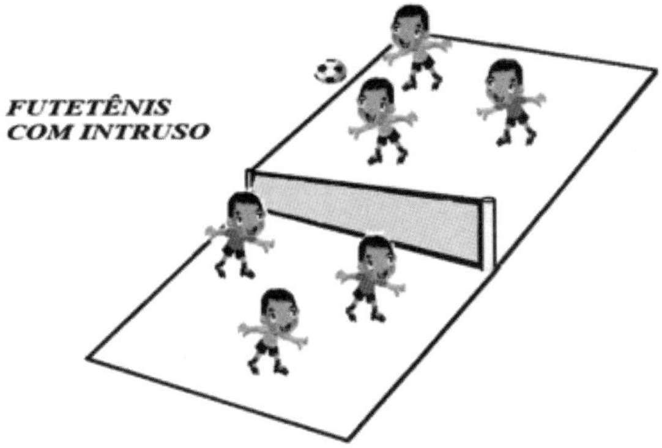

Turma dividida em: 2 GRUPOS COMPOSTOS COM 3 ATLETAS.
Materiais Necessários: 4 chapéus demarcatório (para delimitar quadra), 1 rede, 1 bola de futebol de campo.
Principais Capacidades Físicas Trabalhadas: Força, Agilidade e Coordenação.
Fundamentos Técnicos Trabalhados: Passe, Domínio e Visão Periférica.
Variação do exercício anterior: O objetivo deste exercício é delimitar uma área retangular e na metade desta colocar uma rede ou então corda para que os jogadores passem a bola por cima dela, para a quadra adversária. A primeira bola, o saque, deve ser feito somente com um toque na bola podendo deixá-la quicar antes de chutá-la. Nesta variação cada equipe terá em seu lado da quadra um oponente. Sendo que este tem o papel de antecipar e receber o passe da sua equipe fazendo com que a bola retorne ao seu campo, marcando assim 2 pontos, caso devolva a bola para fora o ponto será da equipe adversária. Cada equipe podendo dar 3 toques na bola antes de passá-la para a quadra adversária sendo permitido um quique da bola no chão (por jogador). Com isso o jogador tem mais tempo para reagir e preparar o movimento com mais qualidade. Pode-se variar o número de jogadores por equipe, a dimensão da quadra e o número de toques na bola que cada equipe pode dar.

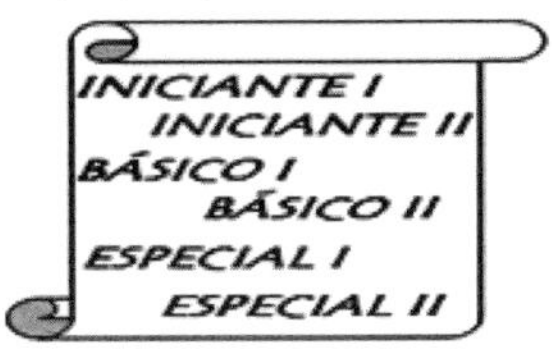

EXERCÍCIO Nº 3
HANDCAMPO

Turma dividida em: 2 Grupos de 11 jogadores.
Materiais Necessários: 1 bola de futebol de campo, 22 coletes.
Principais Capacidades Físicas Trabalhadas: Velocidade, Força, Resistência aeróbia, Equilíbrio, Agilidade.
Fundamentos Trabalhados: Compactação.

Realizar um jogo de handebol em campo de futebol, com todas as regras de handebol, exigindo que o gol seja marcado de dentro da grande área e de fora da pequena área. Como os passes feitos com as mãos são geralmente mais curtos e precisos, este tipo de jogo exige a aproximação da equipe para evoluir no campo de jogo. Pode-se utilizar 11 jogadores de cada lado ou adaptar com menos jogadores exigindo maior movimentação, ou com todos os alunos da aula para que haja participação integral do grupo.

EXERCÍCIO Nº 4
FUTEVÔLEI

Turma dividida em: Grupos de 3 jogadores.
Materiais Necessários: 1 bola de futebol de campo, 6 coletes, Rede de vôlei (cordas para rede adaptada).
Principais Capacidades Físicas Trabalhadas: Velocidade, Força, Resistência aeróbia, Resistência Anaeróbia, Equilíbrio, Agilidade.
Fundamentos Trabalhados: Passe, Cabeceio, antecipação.
Realizar jogo de futevôlei com ou sem quique da bola ao chão, dependendo do nível da turma. Turmas bem desenvolvidas recomenda-se que não se deixe quicar a bola ao chão e que a equipe realize três passes entre si, antes de repassar a bola ao adversário, turmas menos desenvolvidas pode-se deixar a bola dar um quique no chão e então realizar passes entre si.

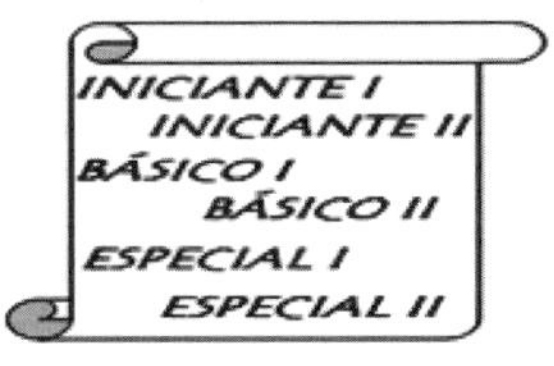

EXERCÍCIO Nº 5
FUTEBASQUETE

Turma dividida em: 2 Grupos de 11 jogadores.
Materiais Necessários: 1 bola de futebol de campo, 22 coletes, 2 arcos.
Principais Capacidades Físicas Trabalhadas: Velocidade, Força, Resistência aeróbia, Resistência Anaeróbia, Equilíbrio, Agilidade.
Fundamentos Trabalhados: Deslocamento com bola, passe, domínio, chute, cabeceio.
Realizar jogo de futebol, com os goleiros em áreas contrárias à sua equipe. Cada goleiro estará de posse de um arco na mão, e não poderá sair de dentro da grande área e os jogadores não podem entrar na grande área. Cada atleta só poderá dar dois toques na bola e ao se aproximar da grande área deverá lançar a bola ao seu goleiro que deverá fazer com que a bola antes de cair ao chão passe por dentro do arco que estará em sua posse. Cada êxito neste processo valerá dois pontos. O jogo será semelhante ao futebol, com o arco como meta e a pontuação de cada conquista, valendo dois pontos por equipe.

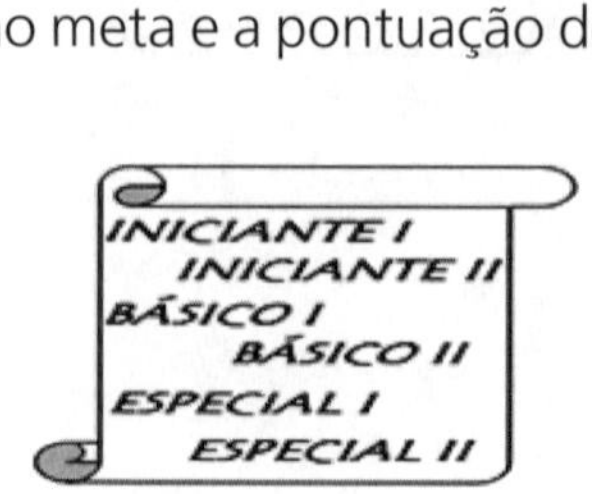

EXERCÍCIO Nº 6
REVEZAMENTO COM BOLA 4 X 20 METROS

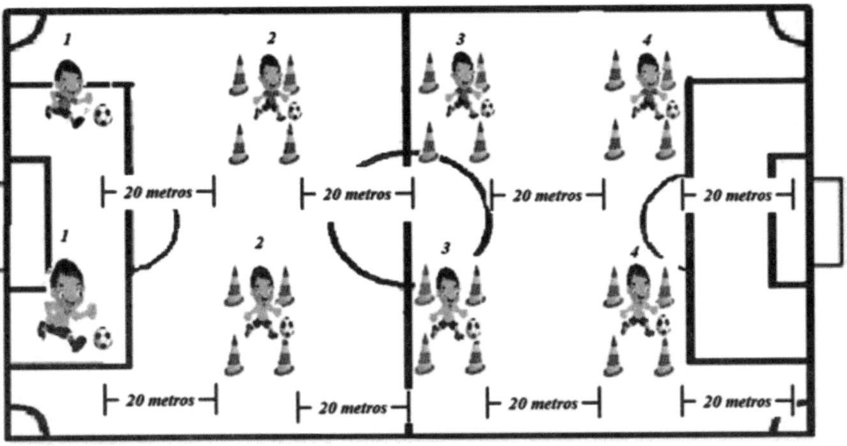

Turma dividida em: Grupos de 4 atletas.

Materiais Necessários: 1 bola para cada aluno, 12 cones por grupo de atleta.

Principais Capacidades Físicas Trabalhadas: Velocidade, Força, Resistência Anaeróbia.

Fundamentos Trabalhados: Deslocamento com bola.

Realizar corrida em máxima velocidade com posse de bola, durante os 20 metros que o separam do quadrado de cones de 2 x 2 metros, onde estará posicionado seu companheiro de posse de uma bola, deverá parar a bola completamente, ficando no lugar de seu companheiro que partirá em máxima velocidade até o próximo componente da equipe. Será vencedor o grupo que terminar primeiro o revezamento.

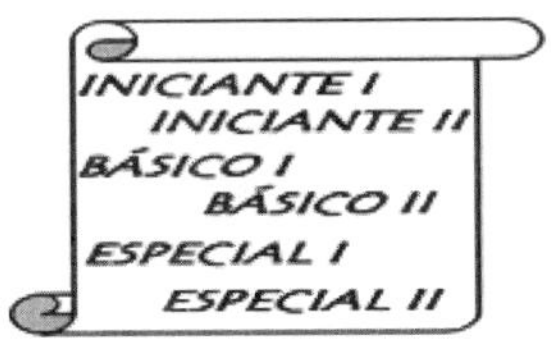

27. ESTAFETAS

As estafetas propostas trabalham diversas capacidade físicas durante suas execuções. Basicamente no que diz respeito à parte técnica, o deslocamento, condução e controle de bola são os mais observados. Neste tipo de exercício verifica-se um grande empenho físico dos alunos-atletas, pois precisam dedicar-se ao máximo para ajudar seu grupo na conquista dos objetivos. As estafetas tanto podem ser competitivas entre duas ou mais equipes, ou cooperativas quando proposto pelo treinador que a tarefa seja executada em certo tempo. Nas estafetas cooperativas observa-se um desenvolvimento do coletivo de todo o grupo e se torna interessante quando a equipe esta dentro dos períodos competitivos, pois verifica-se a força do grupo como uma equipe. As estafetas competitivas promovem um maior esforço físico, porém criam-se rivalidades no grupo, mas como a competição é condição motivante do ser humano, na prática ela torna-se interessante aos objetivos do treinador no condicionamento físico. Qualquer que seja a modalidade executada, elas são de grande validade e divertidas durantes os treinos físicos, deixando a aula mais atrativa e descontraindo o grupo.

ESTAFETA Nº 1

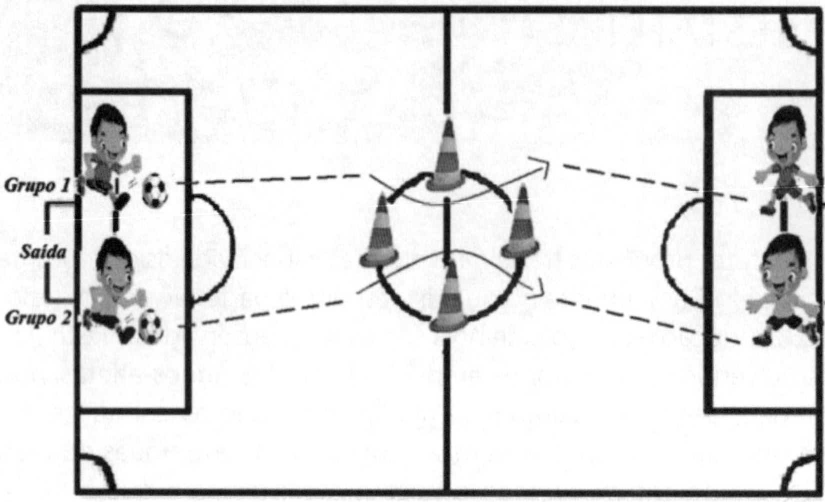

Turma dividida em: 2 grupos iguais.
Materiais Necessários: 4 cones, 2 bolas de futebol de campo.
Principais Capacidades trabalhadas: Resistência Anaeróbia, Velocidade e Agilidade.
Dispor 4 cones no círculo, sendo dois na vertical e dois na horizontal de acordo com esquema acima.
Os grupos devem se posicionar um em cada "pau" da trave em posse de uma bola, sendo que metade dos integrantes de cada grupo deverá se posicionar do outro lado do campo, na outra trave. Neste exercício o primeiro jogador de cada grupo deverá sair correndo conduzindo a bola passando por dentro dos cones realizando a mudança de direção e entregá-la ao seu companheiro que o estará esperando na trave do outro lado do campo. Este por sua vez deverá realizar o mesmo percurso devolvendo a bola para sua equipe, todos deverão realizar o mesmo procedimento até o último. O grupo que terminar primeiro vence.

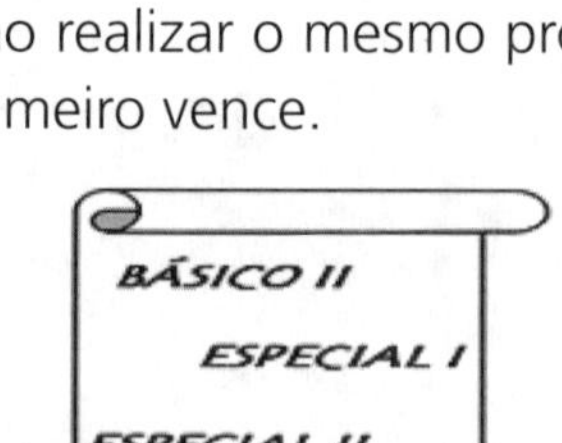

ESTAFETA Nº 2

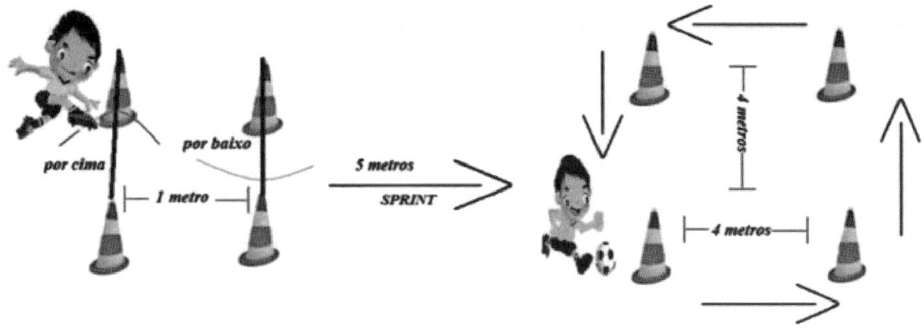

Turma dividida em: 2 ou 3 grupos iguais.
Materiais Necessários: 4 cones, 1 bola de futebol de campo, 2 cordas (por grupo)
Principais Capacidades trabalhadas: Força, Velocidade, Agilidade e Coordenação.
Dispor 2 pares de cones amarrados afastados 1 metro. Após 5 metros posicionar uma bola e organizar um quadrado de cones com dimensões de 4 x 4 metros.
O primeiro jogador de cada grupo deverá saltar o primeiro obstáculo (cones amarrados) e passar por baixo do segundo cone amarrado, levantar-se e correr até a bola posicionada dominando-a e conduzindo-a de modo a contornar todo o quadrado, e ao fim deixar a bola no mesmo lugar voltando a passar por baixo do obstáculo e em seguida saltando, para então o próximo companheiro realizar o mesmo percurso. Todos os integrantes do grupo devem proceder da mesma forma.

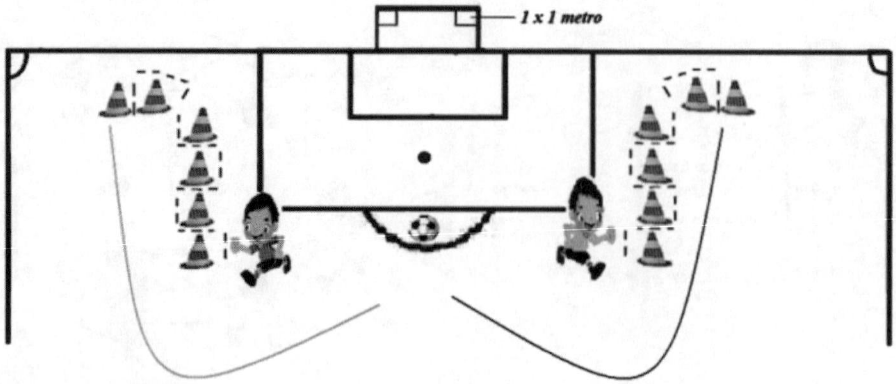

Turma dividida em: GRUPOS IGUAIS.
Materiais Necessários: 12 cones, 1 bola de futebol de campo, 2 cordas.
Principais Capacidades trabalhadas: Agilidade, Força e Velocidade.
Dispor 6 cones enfileirados ao lado da grande área de modo a formar um "L", conforme esquema acima, deve-se posicionar uma bola na meia lua e delimitar os ângulos da trave com dimensão de 1 x 1 metro.
O primeiro jogador de cada grupo deverá deslocar-se em zigue zague pelos cones, em seguida deslocar-se em velocidade até a bola posicionada e realizar o chute a gol no espaço delimitado. O chute deve ser realizado no ângulo contrário ao da bola. O jogador que primeiro conseguir efetuar o chute convertendo o gol nos ângulos marcará ponto para seu grupo.

ESTAFETA N° 4

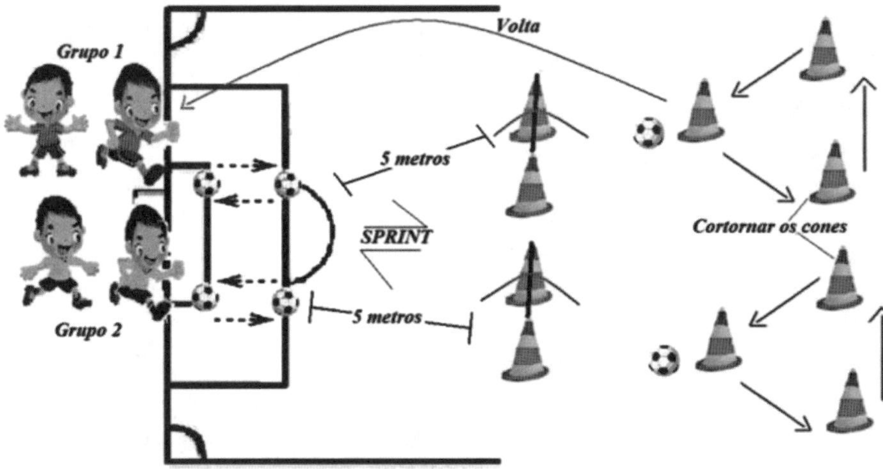

Turma dividida em: GRUPOS IGUAIS.
Materiais Necessários: 10 cones, 6 bolas de futebol de campo, 2 cordas.
Principais Capacidades trabalhadas: Agilidade, Força, Coordenação e Velocidade.

Dispor uma bola sobre a linha da pequena área e outra bola sobre a linha da grande área, em seguida organizar dois cones amarrados distantes da bola 5 metros, e por fim formar um triângulo de cones, e acordo com esquema acima.

O primeiro jogador de cada grupo deverá deslocar-se e conduzir a bola posicionada sobre a linha da pequena área até a linha da grande área onde deverá dominar a bola posicionada anteriormente e conduzi-la até a linha da pequena área, trocando as bolas de lugar. Após realizar a troca das bolas deverá deslocar-se em velocidade máxima e saltar sobre os cones amarrados para então dominar a bola posicionada à frente do triângulo e deslocar-se o contornando. Feito isso posicionar a bola em sua posição inicial e deslocar-se em velocidade máxima até o primeiro jogador do seu grupo que deverá realizar o mesmo percurso. Ganha a equipe em que todos os integrantes realizarem todo o percurso primeiro.

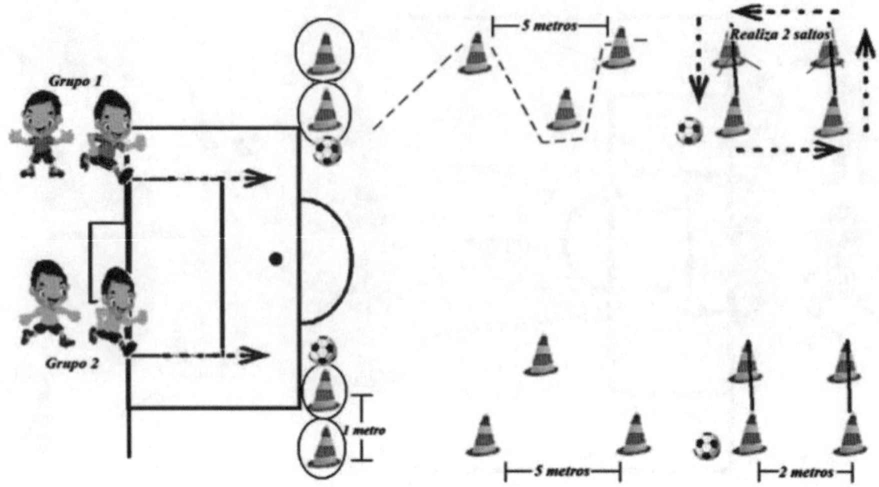

Turma dividida em: GRUPOS IGUAIS.
Materiais Necessários: 18 cones, 4 bolas de futebol de campo, 4 cordas.
Principais Capacidades trabalhadas: Agilidade, Força, Coordenação e Velocidade.

Dispor dois cones na ponta da grande área distantes 1 metro, logo à frente organizar três cones formando um triângulo com extensão de 5 metros e por fim organizar um quadrado de cones amarrados com dimensões de 2 metros, posicionando uma bola à frente deste obstáculo, de acordo com esquema acima. O primeiro jogador de cada grupo deverá deslocar-se em velocidade máxima até os cones posicionados na ponta da grande área, onde em posse de bola deverá contornar os cones realizando movimento conhecido como "8", após contornar os cones e posicionar a bola, deslocando-se por entre os cones na frente realizando mudança de direção, e por fim deverá dominar a bola que estará à frente do quadrado de cones contornando-o e posicionando a bola em sua posição inicial e então realizar dois saltos sobre os cones amarrados. Após realizar o circuito o jogador deverá deslocar-se em velocidade até o primeiro jogador do seu grupo que deverá realizar o mesmo percurso. Ganha a equipe em que todos os integrantes realizarem todo o percurso primeiro.

ESTAFETA N° 6

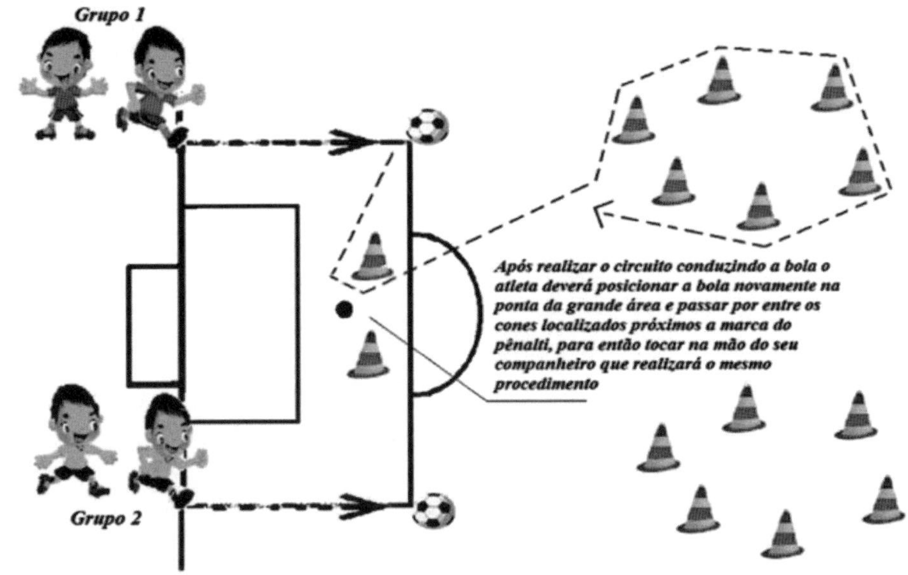

Turma dividida em: GRUPOS IGUAIS.
Materiais Necessários: 18 cones, 4 bolas de futebol de campo, 4 cordas.
Principais Capacidades trabalhadas: Agilidade, Força, Coordenação e Velocidade.

Dispor uma bola na ponta da grande área e próximo a marca do pênalti posicionar dois cones, em seguida organizar seis cones de modo a formar um círculo, de acordo com esquema acima.

O primeiro jogador de cada grupo deverá deslocar-se em velocidade máxima até a bola posicionada na ponta da grande área dominando-a, para em seguida deslocar-se com bola até os cones localizados próximos a marca do pênalti, passando por entre eles, e deslocando-se até o círculo de cones contornando-o por completo e posicionando a bola na ponta da grande novamente. Após realizar todo o percurso e posicionar a bola na ponta da grande área os jogadores devem retornar a fila do seu grupo passando por entre os cones localizados próximos a marca do pênalti. Ganha a equipe em que todos os integrantes realizarem todo o percurso primeiro.

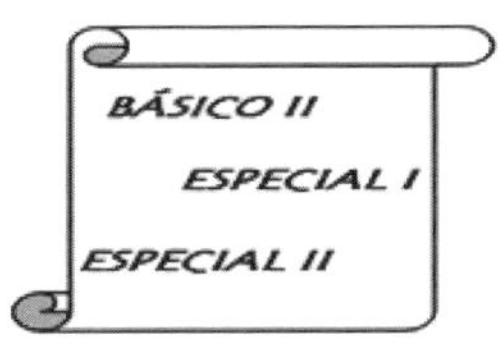

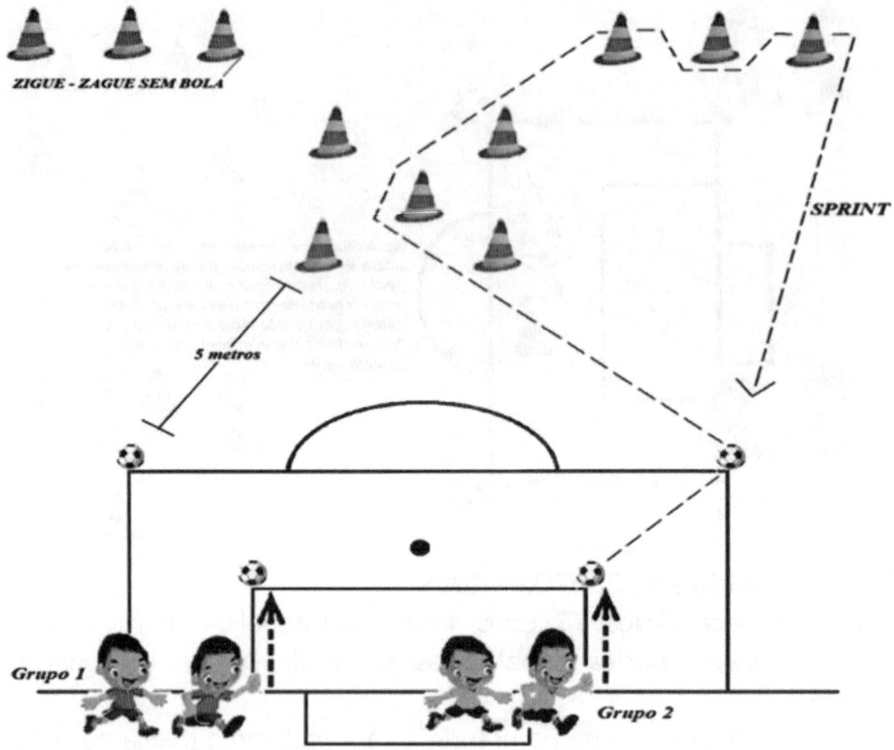

Turma dividida em: GRUPOS IGUAIS.
Materiais Necessários: 11 cones, 4 bolas de futebol de campo.
Principais Capacidades trabalhadas: Agilidade, Força e Velocidade.
Dispor uma bola na ponta da pequena área e outra bola na ponta da grande área, distantes 5 metros da bola organizar um quadrado de cones com um cone posicionado no centro, em seguida uma fila com três cones. O primeiro jogador de cada equipe deverá deslocar-se até a bola posicionada na ponta da pequena área conduzindo-a até a ponta da grande área onde deverá trocar de bola, para em seguida conduzí-la passando por dentro do quadrado de cones (o cone posicionado no centro do quadrado obriga aos jogadores realizarem a mudança de direção na condução de bola), chegando a frente da fila de cones o jogador deverá parar a bola e realizar deslocamento em zigue zague, dominar a bola novamente e deslocar-se em velocidade máxima conduzindo a bola até a linha da pequena área

onde deverá posicioná-la para então tocar na mão do próximo companheiro autorizando-o a realizar o percurso. Ganha a equipe em que todos os integrantes realizarem primeiro todo o percurso.

ESTAFETA N° 8

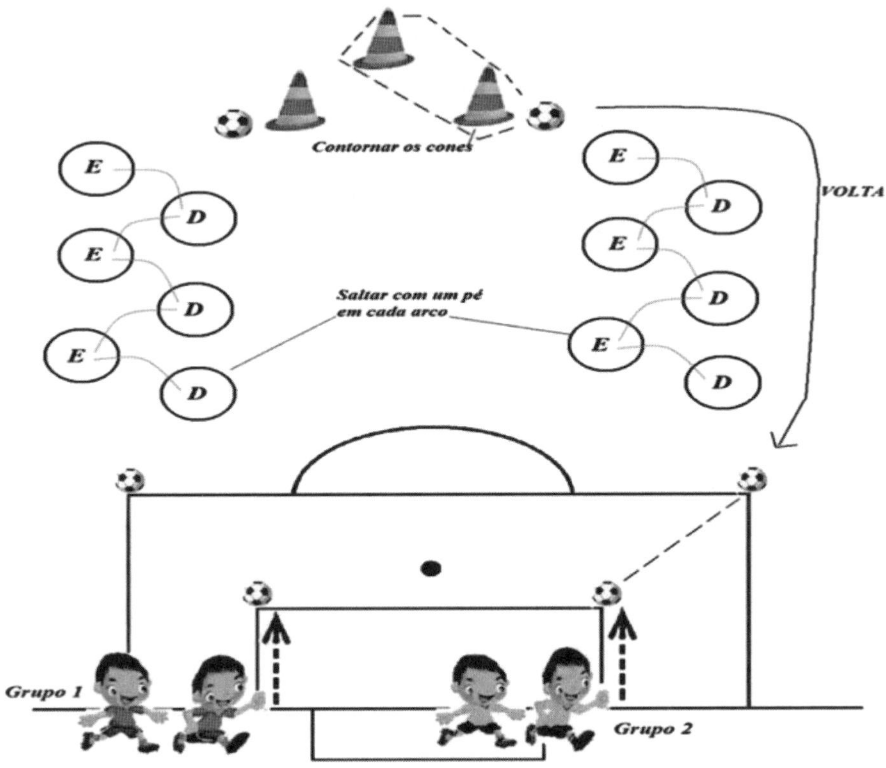

Turma dividida em: GRUPOS IGUAIS.
Materiais Necessários: 3 cones, 6 bolas de futebol de campo, 12 arcos.
Principais Capacidades trabalhadas: Agilidade, Força, Equilíbrio e Velocidade.

Dispor uma bola na ponta da pequena área e outra bola na ponta da grande área, em seguida posicionar 6 arcos e por fim um triângulo de cones com uma bola posicionada em duas pontas do triângulo, de acordo com esquema acima.

O primeiro jogador de cada equipe deverá deslocar-se até a ponta da pequena área, dominado a bola e conduzindo-a até a ponta da grande área onde deverá posicioná-la e trocar de bola levando a outra bola para a ponta da pequena área. Realizado a troca de bolas o jogador deverá deslocar-se até os arcos onde deve saltá-los, com um pé em cada intervalo, em seguida dominar a bola no triângulo contornado somente o cone que representa a ponta do triângulo, posicionando a bola na sua posição inicial. Realizado todo o circuito o jogador deverá deslocar-se em velocidade máxima até o primeiro jogador do seu grupo que deverá realizar o mesmo percurso. Ganha a equipe em que todos os integrantes realizarem primeiro todo o percurso.

28. EXERCÍCIOS BASEADOS EM CITAÇÕES DE DIVERSOS AUTORES

Neste tópico foram criados exercícios baseados em citações de diversos autores que estudam o futebol e suas características físicas, técnicas e táticas. Pretendemos criar exemplos, sugerindo que os treinadores procurem orientação dentro dos estudos da ciência esportiva e possam criar seus próprios exercícios.

EXERCÍCIO 1

- Floriano *et al.* (2007) diz que a dinamicidade do futebol atual vem exigindo que os atletas sejam cada vez mais polivalentes e tenham todas as suas capacidades físicas, referentes à modalidade, desenvolvidas ao máximo.
- Os sprints ocorrem aproximadamente a cada 90 segundos, com uma duração que varia de 2 a 4 segundos. (Bangsbo *et al.*, 1991; Reilly & Thomas, 1976).

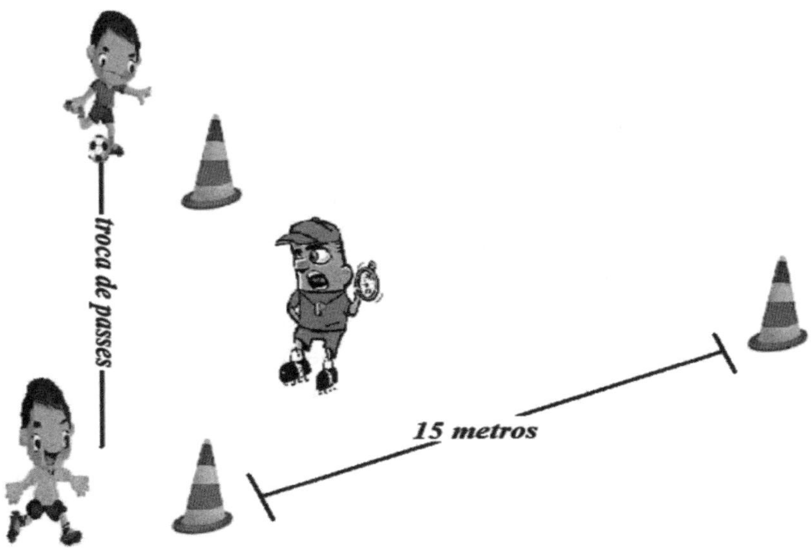

Turma dividida em: DUPLAS.
Materiais Necessários: 3 cones, 1 bola de futebol de campo.
Organizar três cones de modo a formar um triângulo, conforme esquema acima. Jogadores devem realizar troca de passes durante 90 segundos, após este tempo o treinador irá apitar avisando os jogadores que devem parar a bola, deslocando-se em velocidade máxima até o cone localizado a 15 metros de onde é realizada a troca de passes. Assim que os jogadores terminarem o sprint o tempo começa a ser contado novamente. O número de repetições fica a critério do treinador de acordo com a faixa etária trabalhada.

VARIAÇÃO DO EXERCÍCIO ANTERIOR

Turma dividida em: DUPLAS.
Materiais Necessários: 4 cones, 1 bola de futebol de campo.
Organizar quatro cones de modo a formar um losango, conforme esquema acima. Jogadores devem realizar troca de passes em deslocamento entre os cones 1 e 2, distantes 10 metros, em velocidade moderada, durante 90 segundos, após este tempo o treinador irá apitar determinando o momento em que os jogadores devem parar a bola, deslocando-se um jogador para o cone 3 e outro jogador para o cone 4, em velocidade máxima. Assim que os jogadores terminarem o sprint o tempo começa a ser contado novamente. O número de repetições fica a critério do treinador de acordo com a faixa etária trabalhada.

EXERCÍCIO 2

- São realizados durante uma partida: 10 a 20 sprints a cada 70 segundos, aprox. 15 corridas com mudança de direção, 10 cabeceios, 50 envolvimentos com bola, aprox. 30 passes, bem como, mudanças de ritmo de corrida e contrações vigorosas para manter o equilíbrio e o controle de bola contra pressões defensivas. (Ekblom, 1986; Whiters *et al.*, 1982; Bangsbo *et al.*, 1991; Agnevik, 1970);
- Simplício (2004), afirma em seu estudo, que o futebol é um esporte que se caracteriza por movimentos rápidos, deslocamentos curtos e com bruscas mudanças de direção (drible), com e sem bola, exige um nível elevado das qualidades físicas, velocidade, força e agilidade.

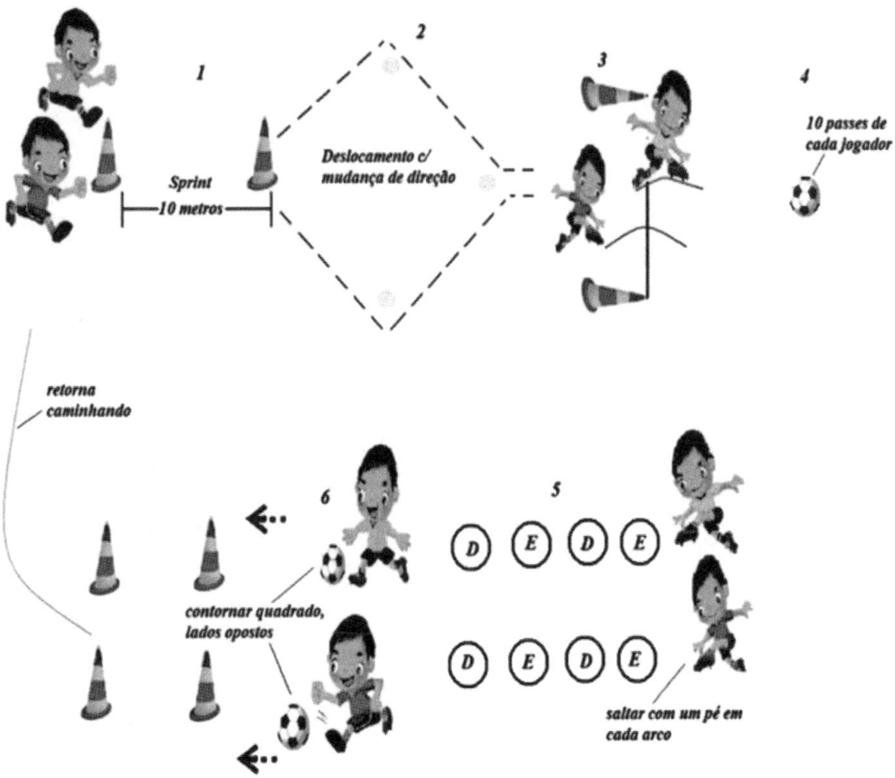

Turma dividida em: DUPLAS.

Materiais Necessários: 8 cones, 3 bolas de futebol de campo, 3 pratos demarcatório, 8 arcos, 1 corda.

Organizar circuito de acordo com esquema acima.

Dois jogadores devem deslocar-se em velocidade máxima nos primeiros cones distantes 10 metros, em seguida realizar deslocamento com mudança de direção nos pratos demarcatórios para então saltar por dois cones amarrados. Após saltar os cones os jogadores irão realizar 10 trocas de passes, somente após a troca de passes deslocarem-se até a fileira de arcos e realizar saltos com um pé só alternando-os e por fim dominar bola posicionada no quadrado de cones e deslocar-se contornando o quadrado em direções opostas.

EXERCÍCIO 3

- Carravetta (2006) afirma que para o futebolista atingir o elevado rendimento no cabeceio, em contatos corporais, mudanças de direção, potência nos chutes e arrancadas, deverão ser desenvolvidos os pressupostos básicos para esses domínios através do treinamento de força por meio do uso da massa muscular, enfatizando a força rápida.
- Para Bompa (2005, p. 159) a potência é a capacidade de aplicar força no mais curto período. E ainda diz que um jogador potente, sempre conseguirá iniciar ações táticas mais rapidamente que o adversário, sendo muito útil ao seu time e treinador.

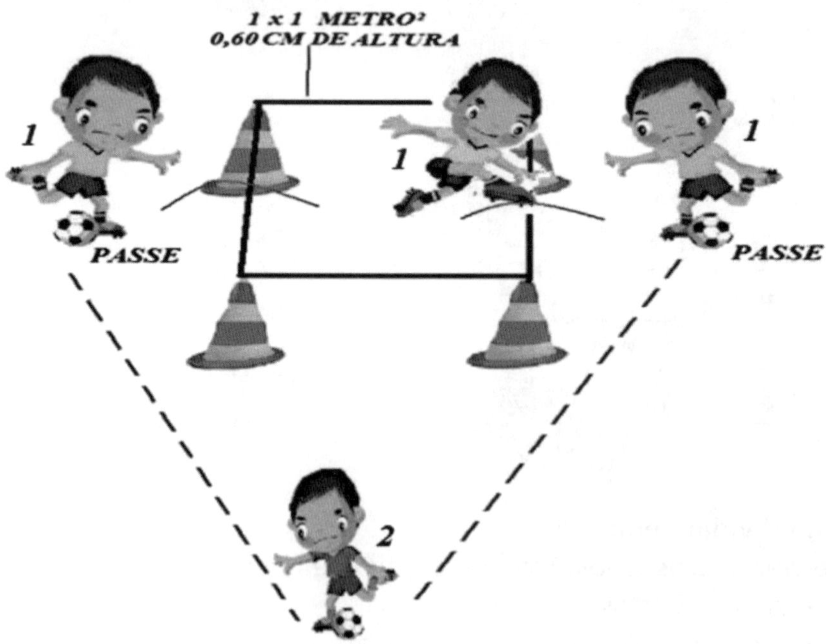

Turma dividida em: DUPLAS.
Materiais Necessários: 4 cones, 1 bola de futebol de campo, 1 corda.
Organizar um quadrado com quatro cones amarrados. O jogador 1 deverá posicionar-se dentro do quadrado de cones e à sua frente distante 10 metros o jogador 2 estará posicionado em posse de bola. Neste exercício o jogador 1 posicionado dentro dos cones deverá saltar para o lado esquerdo onde receberá um passe do jogador 2, devolvendo imediatamente, saltando para dentro do quadrado. Em seguida o jogador 1 irá saltar para o lado direito onde receberá outro passe do jogador 2. O número de repetições fica a critério do treinador de acordo com a faixa etária trabalhada.
Obs.: Os jogadores devem trocar de posição após as repetições solicitadas pelo treinador.

EXERCÍCIO 4

- Nunes (2004) aponta que para jogar qualquer modalidade coletiva, entre elas o futebol, ter a habilidade de mudar de direção com precisão e rapidez é uma característica necessária para os atletas, para isso a coordenação da marcha e uma passada de grande distância determina a melhor e mais rápida ocupação de espaços, diversos estudiosos e treinadores de futebol apontam caminhos, no que diz respeito à ocupação do espaço, para que ela (a ocupação) ocorra de forma satisfatória (Leitão, 2009).

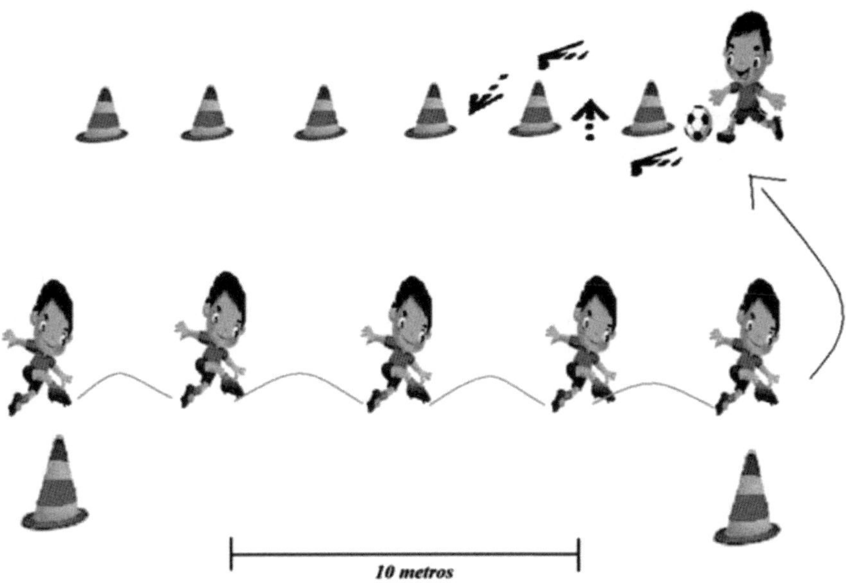

Turma dividida em: DUPLAS.
Materiais Necessários: 8 cones, 1 bola de futebol de campo.
Organizar dois cones distantes 10 metros, e ao lado organizar uma fileira com 6 cones e posicionar uma bola no início desta fila, de acordo com esquema acima.
O jogador deverá deslocar-se no intervalo de 10 metros realizando o trabalho de "passada larga", ou seja, saltando afastando as pernas o máximo possível alargando a passada cobrindo um maior espaço a cada toque do pé ao chão. Em seguida deverá deslocar-se até a bola posicionada na outra fila de cones e realizar condução de bola em zigue zague por entre os cones.

EXERCÍCIO 5

- Segundo Rigo (1977), agilidade é a movimentação do corpo no espaço, ou seja, movimentos que incluam trocas de sentido e direção.

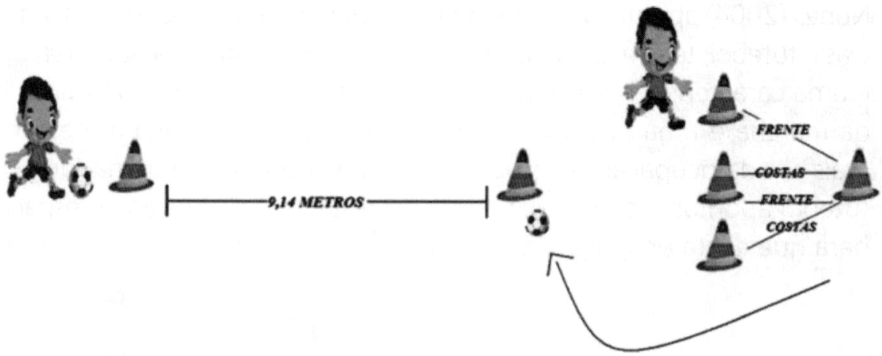

Turma dividida em: INDIVIDUAL.
Materiais Necessários: 6 cones, 1 bola de futebol de campo.
Organizar dois cones distantes 9,14 metros, e seguida dispôs três cones enfileirados com outro cone à frente, de acordo com esquema acima.
O jogador em posse de bola deverá deslocar-se conduzindo-a no espaço de 9,14 metros em velocidade máxima, ao fim deste percurso deverá posicionar a bola próximo ao segundo cone, feito isso o jogador, sem bola, deverá realizar deslocamento no primeiro cone enfileirado até o cone à frente voltando para o segundo cone de costas e assim até terminar os três cones. Por fim deverá dominar a bola deixada anteriormente e deslocar-se voltando para o ponto de partida.
Obs.: a distancia entre os dois primeiros cones de 9,14 metros, é baseada no teste Shuttle Run, que mensura a agilidade dos atletas.

EXERCÍCIO 6

- Em relação às ações motoras, diferentes autores apresentam que a maioria das atividades realizadas pelos futebolistas acontece sem bola, em ações para criar espaços para os companheiros que estão com a bola, para enganar os adversários ou para acompanhar os oponentes (Reilly, Bangsbo, Franks, 2000), tudo isto é considerado deslocamento e contribui para o desgaste físico do atleta e deve ser considerado para análise da preparação do futebolista.

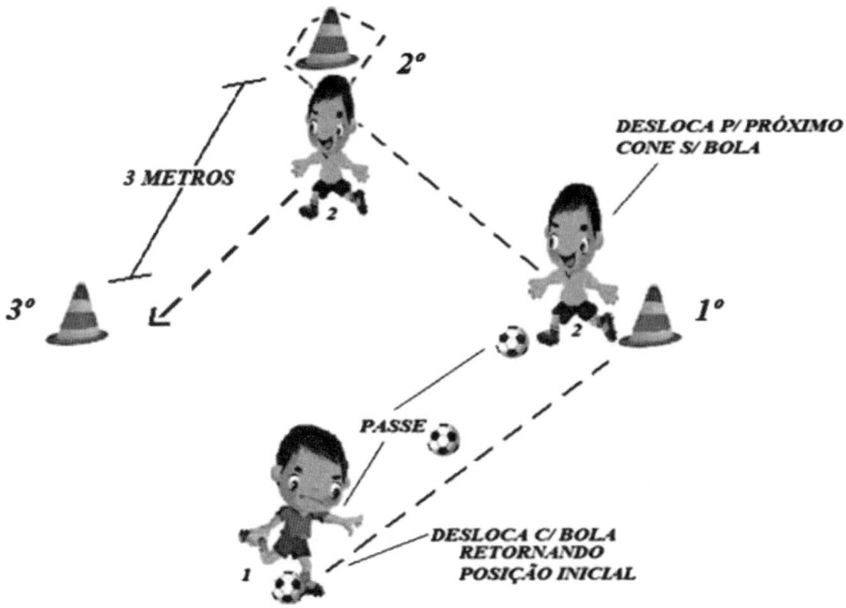

Turma dividida em: INDIVIDUAL.
Materiais Necessários: 6 cones, 1 bola de futebol de campo.
Organizar três cones distantes 3 metros um do outro, formando um triângulo. O jogador 1 deverá estar em posse de bola e realizar um passe para o jogador 2 que estará posicionado no primeiro cone. Após o jogador 1 realizar o passe este irá receber a bola novamente devendo deslocar-se com bola até o primeiro cone, neste mesmo momento o jogador 2, após ter devolvido o passe, deverá deslocar-se contornando o segundo cone e posicionando-se à frente do terceiro cone para receber o próximo passe. O jogador 2 irá receber os passes sempre no primeiro cone e no terceiro, já o jogador 1 irá deslocar-se com bola na direção oposta a que o jogador 2 estará posicionando-se, sempre voltando a sua posição inicial.

29. EXERCÍCIOS EM ESCADA DE COORDENAÇÃO/CIRCUITO

saltar com um pé só

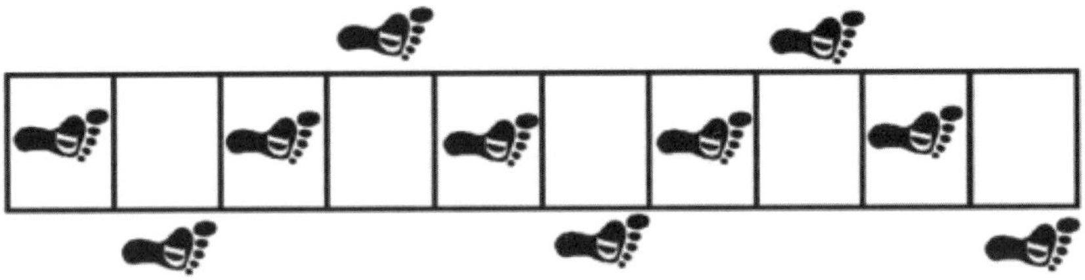

Variação: perna direita e esquerda

dois pés em cada intervalo
elevando joelho

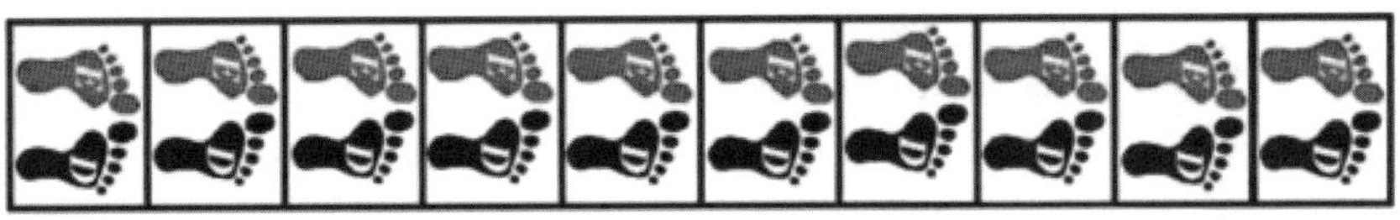

realizar movimentos com pés alternados

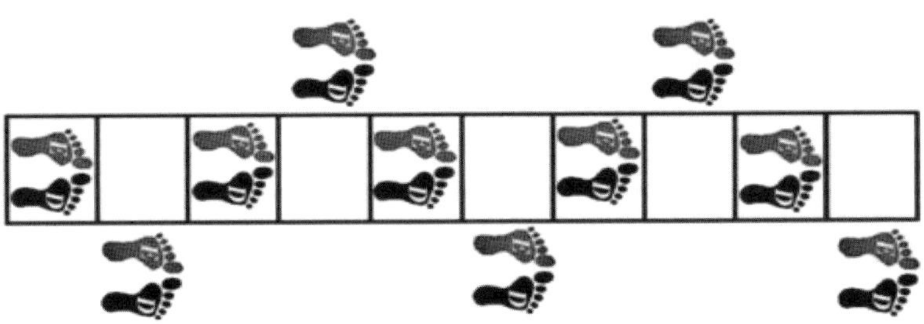

Realizar da seguinte forma: entra pé direito depois o pé esquerdo, sai lateralmente pé direito depois pé esquerdo, desta forma até o fim da escada.

saltar com pernas
afastadas lateralmente

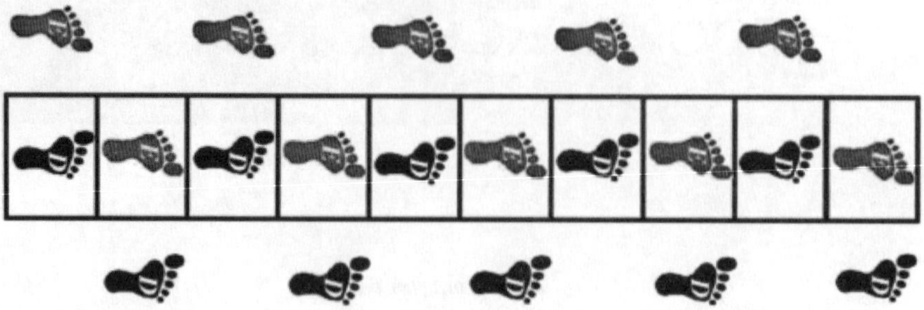

um pé em cada intervalo
cruzando a perna à frente

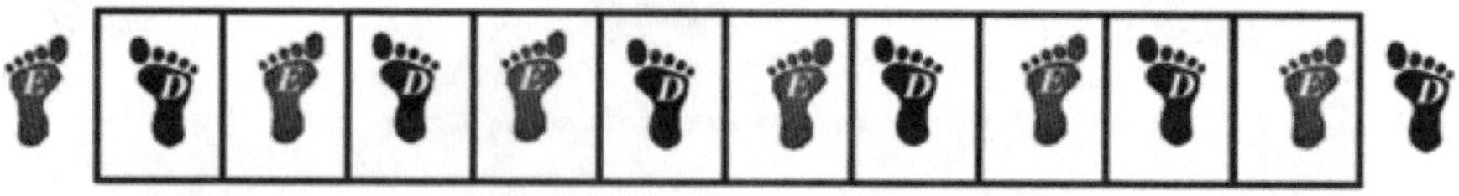

Variação: cruzar perna por trás

saltar com um pé só somente nos degraus
sinalizados com demarcadores amarelos

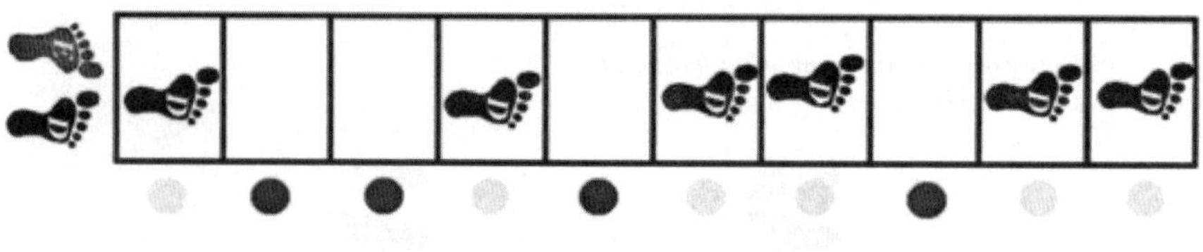

Variações: saltar com pé esquerdo e mudar as
ordens das cores do pratos demarcatórios

30. MATERIAIS ALTERNATIVOS

Este é um assunto que enfocamos apesar de saber que a realidade de alguns não apresenta esta dificuldade, porém apresentamos a discussão porque ainda existem escolas de iniciação esportiva que apresentam dificuldades nos treinamentos pela falta de equipamentos. Para estas escolas trazemos alternativas fáceis de adquirir e que trarão o mesmo efeito de materiais de alto custo utilizados pelos clubes e escolas de futebol. Com isto não se pode utilizar a falta de recursos como impeditivo de aulas criativas e de aperfeiçoamento físico e técnico do futebol por meio delas. Para Escamez (1999) em muitas ocasiões enfrentamos a falta de meios tanto físicos como de instalações e equipamentos, obrigando-nos a buscar novas formas de desenvolver um programa de trabalho, estas formas podem ser traduzidas na utilização de materiais alternativos e até mesmo recicláveis na obtenção dos equipamentos de montagem das aulas. Para correta utilização dos materiais, o professor de educação física, que naturalmente apresenta a criatividade em seu repertório de qualidades deverá selecionar materiais adequados, similares ao oficial, de segurança, sem proporcionar risco aos praticantes, polivalentes e gratuitos ou de baixo custo. Ao citarmos a criatividade Aguiar (1992) diz que ela distingue-se muito mais pelos interesses, atitudes e motivos das pessoas do que pelas suas habilidades intelectuais, conjuntamente a isso, o conhecimento técnico adquirido pelos profissionais graduados, com conhecimento sobre os materiais oficiais utilizados nos grandes clubes poderá servir para se criar objetos semelhantes, de baixo custo e com alta eficiência aos treinamentos. Larentis (2003) em seu estudo afirma que dentro da área da Educação Física o material pedagógico é muito importante para o desenvolvimento das habilidades motoras, tendo o treinador conhecimento técnico para observar as necessidades dos alunos poderá desenvolver ferramentas excelentes através destes materiais de baixo custo. Em conformidade a esta afirmação encontramos no estudo de Amaral (1988), para ele muitos materiais podem ser desenvolvidos de maneira alternativa e adaptáveis ao desenvolvimento das habilidades motoras, uma vez que todo e qualquer objeto pode ser transformado em um material que auxilie de forma segura e facilitadora do processo de ensino-aprendizagem. Desta forma exemplificamos a seguir alternativas viáveis e de fácil acesso, proporcionando aos profissionais desta área a utilização de todos os exercícios propostos no livro através da utilização destes.

1. MATERIAIS ALTERNATIVOS

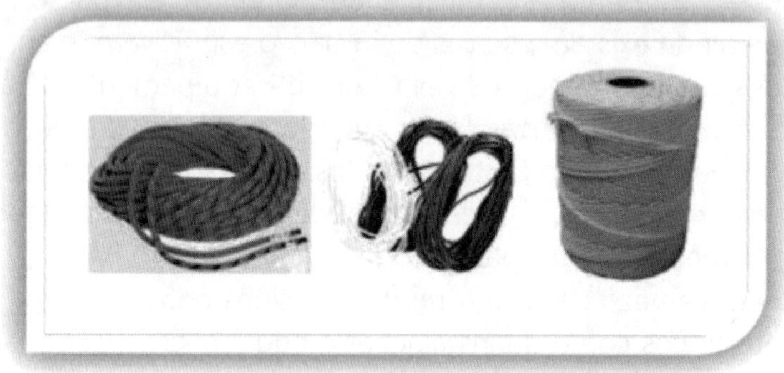

Cordas: De qualquer material ou cor, são importantes, pois delas podemos criar obstáculos, marcações, delimitar espaços, delimitar ângulos de chute a gol, corredores, escada de coordenação, entre outros.

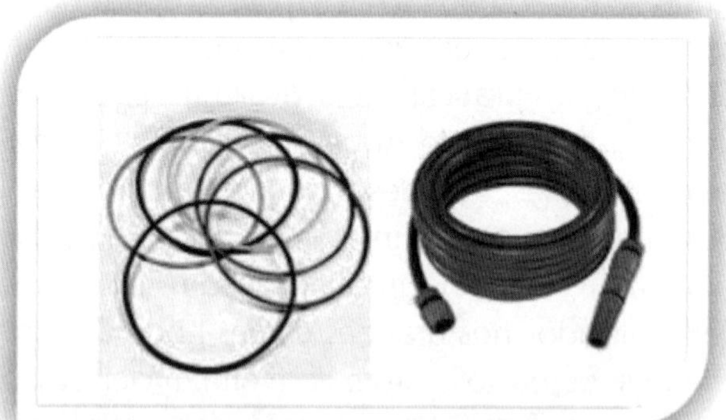

Arcos ou Bambolês: Podem ser confeccionados de mangueiras ou reutilizando bambolês de crianças. Sua utilização pode ser feita em exercícios de coordenação, equilíbrio e força, substituindo escadas de coordenação, servem de demarcadores, entre outros.

Garrafa Pet: Garrafas vazias de refrigerante podem ser reutilizadas como demarcadores, substituindo os cones.
Dica: *Enchê-las com água e/ou areia para dar maior sustentação.*

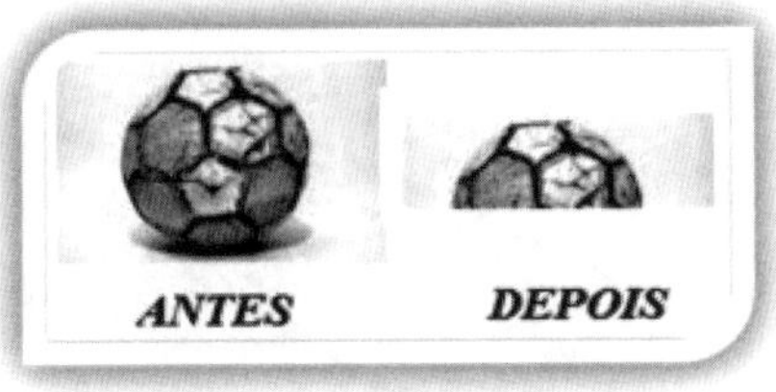

Bolas Furadas: Sabe aquela bola que não há conserto?! Ela pode ser reutilizada para servir de demarcador, basta cortá-la ou dobrá-la em forma de chapéu. Caso queira diferenciá-los é só pintar de cores diferentes, evitando utilizar a cor verde, pois é a cor do gramado.

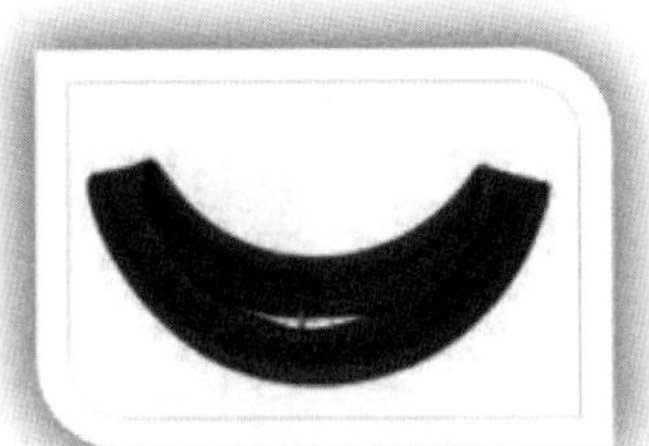

Câmara de Pneu: Câmaras de pneu velho podem ser cortadas e ser utilizadas como resistência em exercícios de tração. Podem também ser utilizadas para demarcar ângulos de chute a gol.

Pneus Velhos: Além das mesmas funções dos arcos, podem ser reutilizados como barreiras, demarcadores e quando empilhados podem servir como obstáculos para saltos verticais.

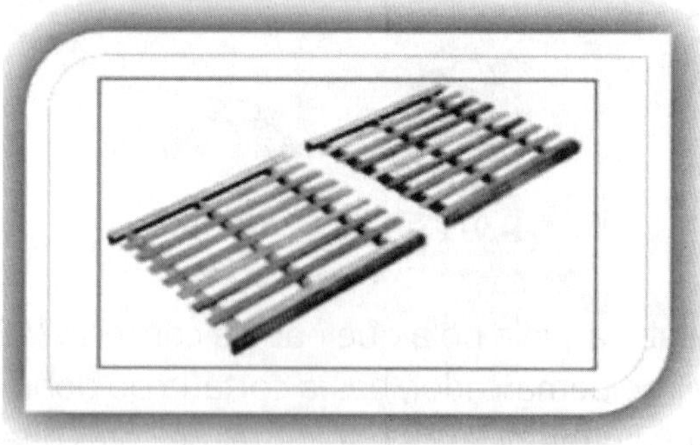

Estrado de Madeira: Podem ser utilizados como barreiras em exercícios de chute a gol, precisão de passe, entre outros.

Fitas de Tecido: Podem ser de qualquer material maleável e colorido, serve para diferenciar alunos e ângulos de chute a gol. Quando da inexistência de uniformes para a prática dos coletivos uma alternativa é diferenciar as equipes por faixas colocadas na cabeça dos atletas diferenciando assim a identificação do companheiro e do adversário.

Cabo de Vassoura: Pode ser utilizado como hastes para regular altura de obstáculos, como o próprio obstáculo, demarcar espaços e para trabalhos de coordenação.

Confecção da Escada de Coordenação ou Circuito: Geralmente utilizada para trabalhos de coordenação, força, equilíbrio e velocidade. Sugerimos que cada treinador confeccione sua própria escada com materiais de custos mais baixos.

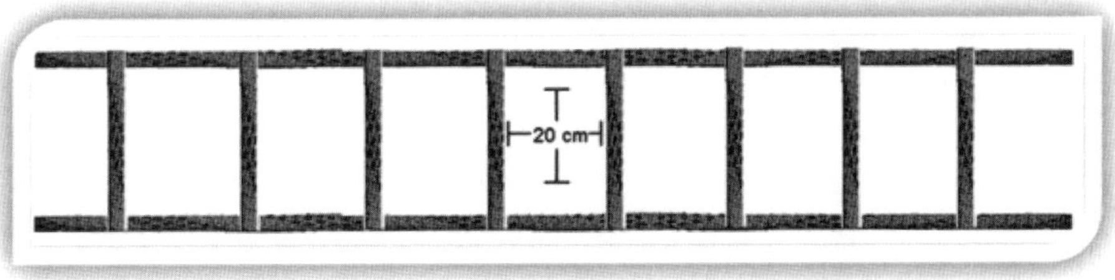

Modo de Confecção: Duas cordas com espessura de no mínimo 8mm e comprimento de 2 metros e 11 pedaços de corda com comprimento de 20 centímetros. Para fixar os degraus da escada uma agulha grossa e linha grossa ou de pesca. Posicionar as duas cordas de 2 metros uma ao lado da outra e começar a medir 20 centímetros da ponta da corda onde será fixado/costurado um dos pedaços da corda, desta mesma forma na outra corda, em seguida medir mais 20 centímetros e fixar/costurar outro pedaço de corda e assim sucessivamente até o fim da escada. Desta forma a escada deverá ter 10 degraus com espaços de 20 centímetros[2].

CONSIDERAÇÕES FINAIS

"O que as vitórias têm de ruim é que elas não são definitivas. O que as derrotas têm de bom é que elas não são definitivas."

José Saramago

Nas últimas décadas, o futebol tem passado por uma verdadeira transformação, em termos físicos e táticos. O que se evidencia atualmente além desta revolução dentro dos gramados, é o profissionalismo que o cerca. São especialistas de diversas áreas que possibilitam espetáculos cada vez mais disputados e que fazem o futebol continuar a ser um dos esportes mais atraentes do mundo. As teorias provenientes de áreas como a administração cada vez mais devem fazer parte do cotidiano dos treinadores de futebol, verdadeiros gestores de pessoas e líderes de grupos de atletas que movem este esporte fantástico. Termos que sempre utilizamos no futebol como motivação, liderança, treinamento, desempenho, desenvolvimento, planejamento, temporada entre tantos, são comumente utilizados em empresas que visam lucro e sucesso com seus clientes. Por isso o treinador deve conhecer o significado destes termos e trazer para aliar aos seus conhecimentos práticos do futebol toda esta organização que faz a diferença no mundo dos negócios para dentro das quatro linhas do campo de futebol. Em uma partida de futebol, existem vários fatores que formam o contexto do jogo e influenciam no resultado de jogos e campeonatos, os sistemas e esquemas táticos, a habilidade individual de atletas, a criatividade de toda a equipe ou de lances geniais de jogadores, a parte psicológica dos esportistas, suas motivações e frustrações, seu desenvolvimento e preparo físico do atleta, bem como a organização da temporada de treinos, exercícios e materiais utilizados. Por isto para liderar uma equipe efetiva, não basta ser um excelente treinador é preciso entender de sentimento, emoção, e capacidade física destes seres humanos passíveis de falhas, mas também de desempenhos que validam todo o treinamento, preparo físico e disciplina exigidos pelo treinador.

Para encerrar este assunto queremos terminar com algumas dicas que demonstram o papel deste líder, mentor ou gestor de pessoas e equipes de sucesso: o treinador de futebol.

- O treinador não é dono da razão, ele dialoga;
- O treinador não grita, extravasa emoção;
- O treinador não se conforma com erros, ele busca o desenvolvimento;
- O treinador não é rival, ele é facilitador;
- O treinador não desanima, motiva até o fim;
- O treinador é amigo;
- O treinador é humilde;
- O treinador é leal;
- O treinador é humano, erra buscando acertar arrisca pelo bem da equipe,
- Disciplina em favor do bom ambiente trabalha em razão do sucesso da equipe.

E lembre-se:

Equipes de talentos	+	**Líder fraco**	=	**Resultados negativos**
Equipe disciplinada	+	**Líder atualizado**	=	**Resultados positivos**
Equipe de talentos	+	**Líder competente e atualizado**	=	**Sucesso contínuo!**

REFERÊNCIAS BIBLIOGRÁFICAS

AGUIAR, M. A. F. **Psicologia Aplicada à Administração**. 1ª ed. São Paulo: Excellus, 1992.

ALBUQUERQUE, L. G.; A Gestão Estratégica de Pessoas. *In*: FLEURY, M. T. L.. **As Pessoas na Organização**. São Paulo: Gente, 2002, p. 35-50.

ALVIM, P. C. R. C. **Inteligência Competitiva nas Empresas de Pequeno Porte**. I Workshop brasileiro de inteligência competitiva e gestão do conhecimento. Rio de Janeiro, 2000.

AMARAL, C. N. **Subsídios para a Educação Física de 1ª a 4ª Série**. Petrópolis: Vozes, 1988.

ARENA, S. S.; BOHME, M. T. S. **Programas de Iniciação e Especialização Esportiva na Grande São Paulo**. São Paulo: Revista Paulista de Educação Física: 2000, p. 184-195.

BAHRY, C. P.; BRANDÃO, H. P. **Gestão por Competências: métodos e técnicas para mapeamento de competências**. Revista do Serviço Público, v. 56, nº 2, abril/junho, 2005, p. 55-70.

BANGSBO, J.; NORREGAARD, L.; THORSOE, F. **Active Profile of Competition Soccer. Canadian Journal of Sports Science**. Canadá, 16:110-6, 1991.

BARBANTI, V. J. **Teoria e Prática do Treinamento Esportivo**. 2ª ed. São Paulo: Edgard Blucher, 1997.

BARBANTI, V. J. **Teoria e Prática do Treinamento Esportivo**. São Paulo: Edgard Blucher,1979.

BARBANTI, V. J. **Treinamento Físico: bases científicas**. 3ª ed. São Paulo: CLR Balieiro, 1996. 116 p.

BARBOSA, D. J. O Adolescente e o Esporte. *In*: MAAKAROUN M. F.; SOUZA, R. P.; CRUZ, A. R. **Tratado de Adolescência: um estudo multidisciplinar**. Rio de Janeiro: Cultura médica, 1991.

BAYER, C. **O Ensino dos Esportes Coletivos**. Lisboa: Dinalivros, 1994.

BOM SUCESSO, E. P. **Auto-estima e Felicidade**. Rio de Janeiro: Qualitymark, 2003.

BOMPA, T. O. **A periodização no Treinamento Esportivo**. 1ª ed. Ed. Manole, 2002.

BOMPA, T. O. **Treinando Atletas de Desporto Coletivo**. 1ª ed. Ed. Phorte Editora Ltda, 2005.

BORGES-ANDRADE, J. E. **Trabalho, Organizações e Cultura**. Coletâneas da ANPEPP, v. 1, nº 6, outubro/1996, p.116-133.

BOSCO, C. **Aspectos Fisiológicos de la Preparación Física Del Futbolista**. Barcelona, Paidotribo, 1993.

BRACHT, V. **A Criança que Pratica Esporte Respeita as Regras do Jogo Capitalista**. Revista Brasileira de Ciências do Esporte, v. 7, nº 2, p. 62-68, 1986.

BRUNO-FARIA, M. F.; BRANDÃO, H. P. **Competências Relevantes a Profissionais da Área de T&D de uma Organização Pública do Distrito Federal**. Revista de Administração Contemporânea, v. 7,nº 3, julho/setembro, 2003, p. 35-56.

CAICEDO, J. G., MATSUDO, S. M. M., MATSUDO, V. K. R. **Teste Específico para Mensurar Agilidade em Futebolistas e sua Correlação com o Desempenho no Passe em Situação Real de Jogo.** [Specific test for measurement of agility among soccer players and its correlation with development of passes at a real game situation]. Rev Bras Ciênc Mov. 1993; 7(2):7-15

CARBONE, P. P. *et al.* **Gestão por Competências e Gestão do Conhecimento**. Rio de Janeiro: Editora FGV, 2005.

CARRAVETA, E. **O Jogador de Futebol – técnica, treinamento e rendimento**. Porto Alegre: Mercado Aberto, 2001, p. 48,126 e 128.

CARRAVETTA, E. S. P. **Modernização da Gestão do Futebol Brasileiro**. Porto Alegre: AGE, 2006.

CASADO, T. O Indivíduo e o Grupo: a chave do desenvolvimento. *In*: FLEURY, M. T. L. **As Pessoas na Organização**. São Paulo: Gente, 2002, p. 235-246.

CHIAVENATO, I. **Planejamento Estratégico – fundamentos e aplicações**. Rio de Janeiro, Campus, 2003.

COUSINEAU, P. **O Ideal Olímpico e o Herói de Cada Dia**. São Paulo, Editora Mercuryo, 2004.

CUNHA, F.A. **Futebol Vitórias e Número de Finalizações no Futebol Profissional** – HTTP://www.cdof.com.br/futebol21.htm – Acesso em: 27/03/2009.

DANIEL, J. F. **Efeitos da Suplementação Crônica de Glutamina sobre a Performance de Atletas de Futebol da Categoria Juvenil**. 2003, 158f., Dissertação (Mestrado em Educação Física), Faculdade de Ciências da Saúde, Universidade Metodista de Piracicaba, Piracicaba, 2003.

DUPONT, G.; AKAKPO, K.; BERTHOIN, S. **The Effect of In-season, Ighintensity Interval Training in Soccer Players**. J Srength Cond Res. v. 18, p. 584– 589, 2004.

EDUARDO, M. **O que é Planejamento?** – http://www.via6.com/topico.php?tid=60961 – 2007– Acesso em: 26/08/2009.

EKBLOM, B. **Applied Physiology of Soccer**. Sports Medicine. 1986 v. 3, p. 50-60.

ESCÁMEZ, J. L. M. **Iniciação aos Jogos e Esportes Alternativos**. 1ª ed. Belo Horizonte: Editora Itatiaia. 1999

FAISSAL, R. *et al.*; **Atração e Seleção de Pessoas**. Rio de Janeiro: Editora FGV, 2005.

FARINATTI, P. T. V. **Criança e Atividade Física**. Rio de Janeiro: Sprint, 1995.

FILIN, V. P; VOLKOV, V. M. **Seleção de Talento nos Desportos**. Organização e adaptação científica: Antonio Carlos Gomes, Edson Marcos de Godoy Palomares, Pedro Lanaro Filho: tradução Antonio Carlos Gomes e Edson Marcos de Godoy Palomares. Londrina: Midiograf, 1998.

FLECK, Steven; J. KRAEMER, Willian J. **Fundamentos do Treinamento de Força Muscular**, Porto Alegre: Artes Médicas Sul Ltda,1999.

FLEURY, M. T. L.; OLIVEIRA Jr. M. M. Aprendizagem e Gestão do Conhecimento. *In*: FLEURY, M. T. L., **As Pessoas na organização**. São Paulo: Gente, 2002, p. 133-146.

FLORIANO, L. T.; SILVA, J. F.; ROSSATO, G. V.; ROSSATO, M.; MONTE, A. A. M. **Velocidade e Tempo de Resposta no Futebol a Partir de um Teste com Precisão Eletrônica** – http://www.unesporte.org.br/forum2007/apresentacao_oral/09_leandro_teixeira_floriano.pdf – Acesso em: 25/03/2009

FRISSELLI, A.; MANTOVANI, M. **Futebol: teoria e prática**. 1ª ed. São Paulo: Ed. Phorte LTDA, 1999.

GODIK, M. A. **Futebol: preparação dos futebolistas de alto nível**. Rio de Janeiro: Grupo Palestra Sport, 1996.

GODIK, M. A.; POPOV, A. V. **La Preparación del Futbolista**. Tradução de Natalia Innes. 2ª ed. Barcelona: Paidotribo, 1999.

GOLDENBERG, L.; TWIST, P. **Strength Ball Training: 69 exercises using swiss balls and medicine balls**. United States of America. Human Kinetics. 2002.

GOLOMAZOV, S.; SHIRVA, B. **Futebol: treino da qualidade do movimento para atletas jovens**. Adaptação técnica e científica de Antonio Carlos Gomes e Marcelo Mantovani. São Paulo: FMU, 1996.

GOUBEL F. **Series Elastic Behavior During the Stretch-shortening cycle**. J Appl Biomech, 1997; 3:439-43.

GRAÇA, A. S.; MESQUITA, I. R. **A Investigação Sobre os Jogos Desportivos: ensinar e aprender as habilidades do jogo.** Revista Portuguesa de Ciências do Desporto. Porto, 2002. v. 2, nº 5, p. 67-79.

GRECO, P. J. O Sistema de Formação e Treinamento Esportivo. *In*: GRECO, P. J. [Org.]. **Caderno de Rendimento do Atleta de handebol**. Belo Horizonte: Editora Health, 2001, 170 p.

GUEDES, D. P.; **Composição Corporal: princípios e técnicas de mensuração**. Londrina: APEF; 1994.

HAYWOOD, Kathleen M.; GETCHELL, Nancy. **Desenvolvimento Motor ao Longo da Vida**, Porto Alegre: Artemed, 2004.

HEYWARD, V. H.; STOLARCKZYK, L. M. **Avaliação da Composição Corporal Aplicada**. São Paulo: Manole, 2000.

HIRIGOYEN, M. F. **Assédio Moral: a violência perversa no cotidiano**. 7ª ed. Rio de Janeiro: Bertrand Brasil, 2005.

KOTLER, Philip. **Administração de Marketing**. São Paulo: Atlas, 1975.

KOWALSKI, M. **Especialização Precoce e o Contexto Social no Abandono do Esporte por Jovens Campeões de Atletismo**. Curitiba: Cnpq: 1985.

KUBO, K.; KAWAKAMI, Y.; FUKUNAGAT, T. **Influence of Elastic Properties of Tendon Structures on Jump Performance in Humans**. J Appl Physiol 1999; 87:2090-6.

KUNZE, A. **Futebol**. Tradução de Ana Maria de Oliveira Mendonça. Revisão científica de Eduardo Vingada. Coleção Desporto nº 10. Lisboa: Estampa, 1987. Cap. 6, p. 129-141.

LARENTIS, I. **O Material Pedagógico na Criatividade Infantil**. Revista Virtual EFArtigos. Disponível em: http://www.efartigos.hpg.ig.com.br/efescolar/artigo14.html>. Acesso em: 01 out 2008.

LEAL, J. C. **Futebol: Arte e Ofício**. 2ª ed. Rio de Janeiro: Editora Sprint, 2001.

LEAL, J. C. **Futebol, Arte e Ofício**. Rio de Janeiro: Sprint, 2000.

LEITÃO, R. A. http://www.cidadedofutebol.com.br/Jornal/Colunas/,10808,FUTEBOL+UM+JOGO+TAMBEM+DE+OCUPACAO+DE+ESPACO.aspx. Acesso em: 25/06/2009.

LIMONGI-FRANÇA, A. C.; ARELLANO, E. B. Liderança, Poder e Comportamento Organizacional. *In*: FLEURY, M. T. L. **As Pessoas na Organização**. São Paulo: Gente, 2002, p. 259-269.

MACHADO, M. S. **Equipes de Trabalho: sua efetividade e seus preditores**. Dissertação (Mestrado em Psicologia Social e do Trabalho), Instituto de Psicologia, Universidade de Brasília, Brasília, 1998.

MARQUES, A. **A Especialização Precoce na Preparação Desportiva**. Portugal: 1991, p. 9-15.

MATHWES, D. K. **Medidas e Avaliação em Educação Física**. Rio de Janeiro: Guanabara; 1986.

MATSUDO, V. K. R. **Teste em Ciências do Esporte**. 5ª ed. São Caetano do Sul: Gráfico Burti, 1995.

MATSUDO, V. K. R. **Testes em Ciências do Esporte**. 4ª ed. S. C. do Sul,1987.

MILKOVICH, G. T.; BOUDREAU, J. W. **Uma Abordagem Diagnostica para a Administração de Recursos Humanos.** São Paulo: Atlas, 2000, cap. 1.

MUCHINSKY, P. M. **Decisões de Contratações**. São Paulo. Pioneira Thompson Learning, 2004, p. 62-63.

NADLER, L. **The Handbook of Human Resources Development**. New York: Wiley, 1984.

NAHAS, M. V. **Fundamentos da Aptidão Física Relacionada à Saúde**. Local: UFSC, 1989.

NUNES, C. G. **Associação entre a Força Explosiva e a Velocidade de Deslocamento em Futebolistas Profissionais**, 2004, 75 f. Dissertação (Mestrado em Educação Física), Faculdade de Educação Física, Universidade Estadual de Campinas, Campinas, 2004.

OLIVEIRA, J. L.; VOSER, R. C.; HERNANDEZ, J. A. E. A Comparação da Preferência do Estilo de Liderança do Treinador Ideal entre Jogadores de Futebol e Futsal. *In*: **LECTURAS: EDUCACIÓN FÍSICA Y DEPORTES**. Revista Digital. Buenos Aires, año 10, nº 76, set./2004. Disponível em: <http://www.efdeportes.com>. Acesso em: 29 dez. 2004.

OLIVEIRA, M. M. A.; FORTE, S. H. A. C. **Gestão Estratégica do Conhecimento: um estudo da gestão do conhecimento e estratégica empresarial nas maiores empresas do estado do Ceará**. Read, v. 10, nº 2, março/abril, 2004.

OSTERMANN, R. C. **Felipão: a alma do penta**. 2ª ed. Porto Alegre: Zero Hora, 2002.

PAIM, M. C. C. **Motivos que Levam Adolescentes a Praticarem Futebol**. HTTP://www.efdeportes.com/ – Revista Digital. Buenos Aires – Ano 7 – nº 43 – Diciembre – 2001.

PAVANELLI, C. **Ciência do Futebol**. Turíbio Leite de Barros e Isabela Guerra-2004.

PINHO, S. T.; ALVES, D. M.; FILHO, L. A. O. R. **Adaptações ao Treinamento no Futebol**. XXIV Simpósio Nacional de Educação Física, II Seminário de Extensão-2005.

PINI, M. C. **Fisiologia Esportiva**. Rio de Janeiro: Guanabara Kuogan: 1983, 2º, cap.12, p. 249-270.

REES, R.; MEER, C. **Coaching Soccer Successfully**. Champaign: Human Kinetics, 1997.

REILLY T., BANGSBO J.; FRANKS, A. **Anthropometric and Physiological Predispositions for Elite Soccer** Journal of Sports Sciences, v. 18, p. 669-683, 2000.

REILLY, T.; THOMAS, V. **A Motion Analysis of Work-rate in Different Positional Roles in Professional Football Matchplay**. Journal of Human Movement Studies. Edinburgh, 2: 87-97, 1976.

REZENDE, B. R. **Transformando Suor em Ouro**. Rio de Janeiro: Sextante, 2006.

RIGO, L. **Preparação Física**. São Paulo: Global, 1977.

ROBBINS, S. P. **Comportamento Organizacional**. 8ª ed. Rio de Janeiro: LTC, 1999, p. 136-140.

ROBERTS, J. M. **O Livro de Ouro da História do Mundo**. Rio de Janeiro: Editora Ediouro, 2004.

ROCHA, P. S. O.; ANDRADE, P. J. A.; CALDAS, P. R. L. **Treinamento Esportivo**. Brasília: MEC, 1978. 170 p.

ROCHEFORT, R. S. **Voleibol: das questões pedagógicas a técnica e tática do jogo**. Pelotas: Universitária, 1998.

SÁ LEITÃO, J. S.; GUIMARÃES, T. A. **Metodologia de Diagnóstico de Clima Organizacional em Ambiente de Inovação Tecnológica**. *In*: 22º Encontro Nacional de Pós-Graduação em Administração – ENANPAD, 1998.

SCHERMERHORN Jr., J. R.; HUNT, J. G.; OSBORN, R. N. **Fundamentos do Comportamento Organizacional**. 2ª ed. Porto Alegre: Bookman, 1999.

SCHMID, S.; ALEJO, B. **Complete Conditiong for Soccer**. Champaign: Human Kinetics, 2002. 184 p.

SIMPLÍCIO, A.T. **Relação entre Parâmetros Dinâmicos de Membros Inferiores e Velocidade de Locomoção em Jogadores de Futebol.** Dissertação (mestrado) – Universidade Federal de Minas Gerais, Belo Horizonte, 2004.

SOUZA, M. Z. A. *et al.* **Cargos, Carreira e Remuneração**. Rio de Janeiro: FGV, 2005.

TACHIZAWA, T.; FERREIRA, V. C. P.; FORTUNA, A. A. M. **Gestão com Pessoas: uma abordagem aplicada às estratégias de negócios**. 2ª ed. Rio de Janeiro: FGV, 2001.

TANI, G.; BENTO, J.; PETERSEN, R. **Pedagogia do Esporte**. Rio de Janeiro: Guanabara Koogan, 2006.

TARAPANOFF, K.; ARAUJO Jr, R. H.; CORNIER, P. M. J. **Sociedade da Informação e Inteligência em Unidades de Informação**. Ciência da Informação. Brasília: v. 29, nº 3, p. 91-110, setembro/dezembro, 2000.

VARELLA, J.M.; Ética e Recursos Humanos. *In*: BOOG, G.; BOOG, M.; **Manual de Gestão de Pessoas e Equips: estratégias e tendências**. V. 1. São Paulo: Gente, 2002, cap. 7.

VIANA, A. R.; RIGUEIRA, J. E. **Futebol Prático: preparação física, técnica e tática**. Viçosa: UFV, 1990.

WEINECK, E. J. **Futebol Total: o treinamento físico no futebol**, Guarulhos, São Paulo: Phorte Editora, 2000.

WEINECK, J. **Biologia do Esporte**. Traduzido por Anita Viviane. São Paulo: Manole, 1991.

WEINECK, J. **Treinamento Ideal**. 9ª ed. São Paulo: Ed. Manole, 2003.

WILMORE, J. H.; COSTILL, D. L. **Training for Sporting and Activity, Dubuque**, IA: WM. C. Brown publishers.1988.

WILMORE, Jack H.; COSTILL, David L. **Fisiologia do Esporte do Exercício**. 2ª ed. São Paulo: Manole, 2000.

WINTERS, R.T. *et al.* **Match Analysis of Australian Professional Soccer Players**. Journal of Human Movement Studies, p. 159-176, 1982.

WORLD HEALTH ORGANIZATION OBESITY. **Preventing and Managing the Global Epidemic.** Report of a WHO consulation of obesity. Geneva, 1997.

ZACHAROGIANNIS, E.; PARADISIS, G.; TZIORTZIS, S. **An Evaluation of Tests of Anaerobic Power and Capacity**. Medicine and Science in Sports and Exercise, v. 36, nº 5, p. S116, 2004.

ZAKHAROV, A. **Ciência do Treinamento Desportivo**. Adaptação científica de Antonio Carlos Gomes. Rio de Janeiro: Grupo Palestra Sport, 1992.

ZELINSKI, E.J. **O Sucesso é mais Simples do que Você Pensa**. Rio de Janeiro: Editora Sextante, 2007.